게슈탈트 코칭
바로 지금 여기

Gestalt Coaching: Right here, right now

 호모코치쿠스 17

게슈탈트 코칭
바로 지금 여기

Gestalt Coaching: Right here, right now

피터 브루커트 지음
임기용, 이종광, 고나영 옮김

 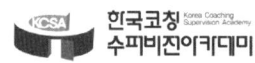

이 도서의 국립중앙도서관 출판예정도서목록(CIP)은 서지정보유통지원시스템 홈페이지 (http://seoji.nl.go.kr)와 국가자료종합목록 구축시스템(http://kolis-net.nl.go.kr)에서 이용하실 수 있습니다. (CIP제어번호 : CIP2020027035)

Gestalt Coaching, 1st Edition

Korean Language Edition Copyright © 2020 by McGraw-Hill Education Korea, Ltd. and Korea Coaching Supervision Academy. All rights reserved. No part of this publication may be reproduced or distributed in any form or by any means, or stored in a database or retrieval system, without prior written permission of the publisher.

1 2 3 4 5 6 7 8 9 10 KCSA 20 20

Original: Gestalt Coaching, 1st Edition © 2015
By Peter Bluckert
ISBN 978-0-33-526456-8

This authorized Korean translation edition is jointly published by McGraw-Hill Education Korea, Ltd. and Korea Coaching Supervision Academy. This edition is authorized for sale in the Republic of Korea
This book is exclusively distributed by Korea Coaching Supervision Academy.
When ordering this title, please use ISBN 979-11-89736-17-0

Printed in Korea

한국어판 ⓒ 2020. McGraw-Hil Education Korea Ltd. 한국코칭수퍼비전아카데미.
이 간행물의 어떤 부분도 출판사의 사전 서면 허가 없이 복사, 녹음, 녹화는 물론 데이타베이스, 정보와 검색 시스템을 포함한 어떠한 형태나 방법을 통해 전자적, 또는 기계적 방법으로 복제하거나 전송할 수 없습니다. 이 책은 한국코칭수퍼비전 아카데미에서 독점 배포합니다.

ⓒ 한국코칭수퍼비전아카데미 2020
* 이책의 전부 또는 일부를 재사용하려면 반드시 사전에 저자 및 맥그로우 힐 교육 코리아, 한국코칭수퍼비전아카데미 양쪽의 동의를 받아야 합니다.

목 차

역자 서문	⋯⋯ 8
서문	⋯⋯ 12
감사의 말	⋯⋯ 18
게슈탈트에 대한 이전 경험이 있는 분들에게	⋯⋯ 20

도입 : 게슈탈트의 전통 ⋯⋯ 23
1장. 게슈탈트 접근법 특징 ⋯⋯ 31
2장. 알아차림 향상 및 창의적 실험 ⋯⋯ 65
3장. 케이프 코드 모델 ⋯⋯ 85
4장. 게슈탈트 코칭의 본래 영역 ⋯⋯ 101
5장. 게슈탈트 코칭 과정 ⋯⋯ 111
6장. 게슈탈트 코칭의 실제 ⋯⋯ 127
7장. 고위 경영진 코칭 ⋯⋯ 153
8장. 게슈탈트 팀 코칭 접근을 지원하는 개념적 프레임워크 ⋯⋯ 179
9장. 경험적 팀 학습: 도구, 진단 및 구조화된 실습 ⋯⋯ 197
10장. 숙련된 게슈탈트 코치 ⋯⋯ 209
결론 ⋯⋯ 243

참고문헌	⋯⋯ 250
색인	⋯⋯ 253
저자 소개	⋯⋯ 257
역자 소개	⋯⋯ 258
발간사	⋯⋯ 263

표, 그림, 상자 목차

그림
그림 1.1	프레임워크로서 경험 주기	……	42
그림 3.1	케이프 코드 모델을 사용하는 코칭에 적용된 경험 주기	……	94
그림 6.1	개인코칭에 적용되는 게슈탈트 주기	……	129

표
표 1.1	게슈탈트의 진화 – 1920년대부터 현재까지	……	25
표 1.2	조직 맥락에서의 게슈탈트	……	28
표 1.3	사회·정치적 맥락에서의 게슈탈트	……	29
표 3.1	강점과 그 이면	……	97
표 5.1	사전 미팅과 계약	……	112
표 5.2	시작하기 – 첫 세션	……	115
표 5.3	코칭 주제 결정 및 피드백 과정	……	118
표 5.4	일련의 코칭 세션/대화	……	120
표 5.5	코칭 과정의 검토와 평가	……	124
표 5.6	임원코칭 수련회	……	125
표 6.1	몇 가지 피드백 과정의 조합	……	135
표 8.1	작업/프로세스 도전	……	188
표 8.2	전략적이고 친밀한 상호작용의 어려운 균형	……	196
표 9.1	게슈탈트 팀 코칭의 일반적인 목적	……	198

상자
상자 4.1	수직적 성장을 촉진하는 삶의 경험과 발달 과정	……	107
상자 4.2	개인 성장과 계발 안건	……	108
상자 8.1	팀 내에 사회적 자본 구축	……	195
상자 9.1	팀 선언문의 예	……	206
상자 10.1	게슈탈트 코치의 기술	……	219
상자 10.2	조직 맥락에서의 알아차림 향상 기법	……	222
상자 10.3	게슈탈트의 공통 목적	……	232
상자 10.4	게슈탈트 코칭을 위한 종합적인 훈련 목록	……	241

역자 서문

게슈탈트 코칭Gestalt coaching은 게슈탈트 심리치료 개념과 기법을 코칭에 활용한 것이라 할 수 있다. 게슈탈트 심리치료는 상당히 독특하면서도 효과적인 기법으로 개인 치료를 넘어서 집단 치료에 매우 효과적이다. 심리학과 상담심리의 다양한 이론과 기법이 코칭 영역에 접목되어 활용된다. 게슈탈트 코칭은 다른 기법에 비해 기업의 조직개발에 더 많이 활용되고 있다. 그러나 아쉽게도 국내의 코칭 교육기관에서 게슈탈트 코칭을 가르치거나 소개하는 곳은 많지 않다. 중소기업의 자문 코치로 활동하는 역자는 조직개발 활동에 게슈탈트적 접근을 활용하고 있다. 혼자만의 고민과 연구가 갖는 한계로 늘 아쉬움과 두려움이 많았는데 이 책을 통해서 많은 위안과 통찰을 얻었다.

이 책의 저자인 피터 브루커트는 게슈탈트 수련을 거친 뒤 처음에는 상담사로 일하다가 30대 이후 조직개발 컨설팅과 개인 치료를 동시에 수행하였다. 그러나 곧 조직개발 관련 일이 급증하여 개인 상담을 중단하고 리더십 개발, 임원과 팀 코치, 코치 훈련과 글쓰기에 집중했다. 이는 저자가 게슈탈트의 초기 모습보다는 조직에서 작업을 많이 했던 쿠르트 레빈Kurt Lewin에게 더 많은 영향을 받았기 때문으로 보인다. 저자는 오랜 현장 경험을 통해 요즘과 같이 복잡한 세상에서는, 내면의 리더를 성장시키는 변혁적 개발과 역량 개발 접근법을 결합해야 한다는 것을 발견하였으며, 새로운 리더십 개발에 게슈탈트 접근법이 잘 맞는다는 것을 경험으로 확인할 수 있었다고 한다. 환경의 변동성과 불확실성이 높고 업무의 복잡성과 모호성이 증가하는 VUCAVolatility, Uncertainty, Complexity, Ambiguity 시대에 게슈탈트를 많은 현장에서 다양한 문제에 적용한 경험이 풍부하게 녹아 있는 게슈탈트 코칭 책을 소개하는 것은 참으로 시의적절한 일이라 생각한다.

  이 책은 총 10장으로 구성되어 있다. 1장은 게슈탈트 코칭 접근법의 특징에 관해 설명하며, 2장에서 5장까지 게슈탈트 코칭의 핵심 개념과 모델 및 적용 분야에 관해 설명한다. 6~7장은 게슈탈트 코칭을 조직에서 실제 적용한 사례에 관해서 기술하고 있으며, 8~9장은 팀 코칭에 적용하는 법을 설명한다. 마지막 10장에서는 숙련된 게슈탈트 코치가 되기 위한 조언과 학습에 관한 권장 사항을 제시한다.

  역자가 게슈탈트를 처음 접한 것은 대학원에서 뇌과학 박사과정 공부를 하던 때였다. 코치로서 인간의 근본적인 변화와 성장 원리를 알고 싶은 욕구에 뇌과학을 전공했지만 심리학과 상담에 대해서도 관심이 있었다. 어느 날 상담학과 친구가 게슈탈트 상담이라는 재미있는 과목이 있는데 코칭에도 도움이 될 테니 한 번 들어보라고 추천해서 듣게 되었다. 첫 수업을 마치고 나오면서 바로 그 친구에게 전화했다. 정말 고맙다고. 게슈탈트가 코칭에 적합한 것인지 내가 게슈탈트에 빠진 것인지는 모르겠으나 이후 나는 게슈탈트 상담심리학회의 상담심리사 과정을 수료하고 자격증까지 취득했다. 이후 게슈탈트는 내가 가장 즐겨 사용하는 코칭 기법 목록에 들어 있다. 그런데 이 책을 번역하면서 게슈탈트가 기업 코칭이나 조직개발에서 이토록 광범위하게 사용되는지를 보면서 깜짝 놀랐다. 국내에서 그런 코치나 사례를 거의 보지 못했기 때문이었다. 이 책은 앞으로 기업의 코칭이나 조직개발 장면에서 어떻게 접근해야 할지에 관해 많은 아이디어와 통찰을 주었다. 저자가 이 책에서 자신의 임무라고 말한 것과 같이 역자 역시 HR 관리자, 학습 개발 전문가, 조직개발OD 컨설턴트, 상담심리사와 리더십 코치 등 광범위한 내외부 조직 코치들을 게슈탈트 코칭 세계로 데려오는 것이다.

함께 번역에 참여한 이종광 소장은 국내 대기업에서 20여년 넘게 HR 분야, 특히 조직개발 분야 프로젝트를 수행한 실무 전문가다. 현재는 국내 대기업에서 게슈탈트에 기반을 둔 상담심리사로 활동 중이며, 임직원 코칭도 수행하고 있다. 이 책의 저자와 유사한 경력을 가지고 개인 심리상담과 조직개발 분야에서 게슈탈트를 근간으로 상담과 코칭을 구현하는 국내에서 몇 안 되는 기업 상담 분야 전문가다. 고나영 박사는 독일에서 임상심리학과 심리치료를 전공한 게슈탈트치료 전문가이다. 게슈탈트치료를 기반으로 심리치료와 심리상담 장면에서 다양한 내담자들을 만나고 있으며 게슈탈트 집단상담을 꾸준히 이끌고 있다. 두 분의 경력과 경험으로 인해 이 책의 깊은 의미를 독자들에게 좀 더 잘 전달할 수 있게 되었다고 생각한다. 각자 맡은 부분의 번역에 최선을 다했지만 서로가 놓친 부분을 예리하게 지적하면서 멋진 번역에 대해서는 칭찬과 격려를 아끼지 않으면서 즐겁게 작업할 수 있었던 것은 함께 한 세 사람이 게슈탈트를 공부한 사람이어서가 아닐까 생각한다. 문장 하나 심지어 단어 하나를 두고서도 다른 표현, 다른 느낌으로 의견이 대치되고 고민에 쌓여 있을 때 늘 게슈탈트 정신인 현전presence과 알아차림으로 극복할 수 있었다. 번역을 함께 하면서 더 큰 도전을 함께 하고 싶다는 소망이 생겼다. 다음에는 번역을 넘어서 기업에서 직접 게슈탈트 코칭 프로젝트를 함께 하는 의미 있는 발자국을 남기고 싶은 욕구가 일어났다. 공동 작업이 피곤함을 남긴 것이 아니라 새로운 도전과 활력이란 선물을 주었다.

끝으로 거칠고 투박한 글을 매끈하고 멋진 문장으로 다듬어 주신 한국코칭수퍼비전아카데미의 김상복 대표님과 편집진에게 감사드린다.

2020년 6월
역자 대표 임기용

서문

> 우리는 모든 것을 보는 눈을 제외하고 모든 것을 볼 수 있다.
> - 슈마허 E.F. Schumacher,
> 『당혹한 이들을 위한 안내서 from The Guide for the Perplexed』, 1977.

> **우리는 사물을 있는 그대로 보지 않고, 보고 싶은 대로 본다.**
> - 탈무드

나는 아주 어렸을 때부터 객관적인 진리나 **실재**라는 관념보다는 주관적인 경험에 더 관심이 있었다. 그러므로 서로 다른 두 사람이 경험하는 세계가 결코 같을 수 없다고 말하는 심리를 그때 내가 알아차릴 수 있었던 것은 별로 놀라운 일이 아니다. 그것은 우리가 아무리 서로 비슷할지라도, 그리고 실제로 그런 부분이 있다 하더라도, 우리는 미묘하게 다르며, 어떤 경우에는 현저하게 다른 때도 있다는 것을 의미한다. 자동차 운전자는 달리는 길 앞의 풍경만 보겠지만, 자전거를 타고 가는 사람은 훨씬 더 많은 것에 주의를 기울일 것이다.

나는 내가 세상을 다르게 보고, 다르게 생각하고, 다르게 행동하고, 다르게 존재하는 것에 끌린다는 사실을 오래전부터 알고 있었다. 다행히도 세상의 주류사회에서 꽤 잘 적응해 왔고, 최근 몇 년 동안 내 일의 대부분도 주류사회에서 발생해 왔는데, 그 과정에서 특별한 일을 하는 몇몇 대단한 사람들을 알 기회를 얻었다. 그러나 나 자신도 그 주류 세계에 완전히 속하지는 못했던 것 같다. 왜냐하면 항상 새로운 아이디어와 프로젝트를 찾아다니느라 가만히 있을 수 없었기 때문이다.

나에 대해 두 번째로 이야기하고 싶은 것은, 좋은 대화보다 더 즐거운 것은 거의 없다는 점이다. 특히 경계를 넘어 함께 배울 수 있을 만큼 강하게 접촉할 때가 가장 큰 즐거움이었다. 그런 면에서 비록 그것이 그렇게 간단하지는 않았지만, 좋아하는 일을 하면서 생계를 꾸릴 수 있어 나는 운이 좋은 편이다. 나는 항상 질문하는 나 자신을 발견하게 된다. 그 이유는 단순히 내가 코치라는 직업을 선택했기 때문만이 아니라, 이런 종류의 일이 일반적으로 그러하듯 코칭도 나를 선택했기 때문이다.

나는 다른 사람, 관계, 삶, 세상, 그리고 나에 대해 궁금한 게 많았기 때문에 항상 질문을 해왔다. 오랜 친구들과 동료들은 내가 자주 평화로운 상태를 방해하는 경향성이 있음을 일깨워 주었다. 그런데 고위 리더들이 자주 평화를 깨도록 요구하기도 하고 기대하기 때문에, 나에게는 그런 경향성이 직업적으로 도움이 되는 자질에 해당한다. 단, 그들이 정말 그것을 원하는지는 별개의 문제이다.

40년 동안의 내 경력은 이러한 주제들 가운데 일부를 반영한 것이었다. 젊었을 때 나는 정신과 사회복지사가 되기 위한 훈련을 받기 전에 노숙자들을 위한 호스텔을 설립했고, 치료 공동체에서 일했으며, 게슈탈트에서 추가 훈련을 받아, 나중에는 개업해서 상담사/치료사로도 일했다. 그때 경험한 일대일 대면 상담은 비록 그것만으로는 충분하다고 느껴지지 않았지만, 더 깊게 인간적 탐구를 할 가능성 때문에 나에게는 매우 매력적이었다. 치료 공동체에서 일한 경험은 나에게 학습, 개발, 변화를 위한 집단 상황에서 아직 실현되지 않은 엄청난 잠재력을 알려주었다. 나는 또한 개인 차원을 넘어 시스템 수준에서 내 명성을 쌓을 필요성을 느꼈다. 아마도 그것은 내 사회 활동 뿌리와 더 큰 규모의 변화에 영향을 미치려는 내 열망과 관련되어 있었을 것이다.

그 결과, 나는 30대에 조직개발 컨설팅과 개인 치료를 동시에 실행하여 두 개의 업무 흐름을 병행하였다. 그로부터 몇 년 뒤에는, 조직 관련 업무가 늘어나면서 더는 실현 불가능해졌고 나는 약간의 슬픔과 후회를 느끼며 치료 업무를 마무리 지었다. 그 이후로 나는 리더십 개발, 임원과 팀 코치, 코치 훈련과 글쓰기에만 집중했다.

조직에 대해서는 세 가지 주요한 이유로 관심을 두고 있었다. 첫째, 조직은 세상에서 일을 완수하기 위한 중요한 수단이고, 둘째는 많은 사람이 삶의 대부분 시간을 보내는 곳이다. 세 번째 이유가 나를 정말 사로잡은 것인데, 사람들이 더 일하기 좋은 환경으로 만드는 것을 돕는 도전에 점점 더 매료되었다.

그 과정에서 나는 운 좋게도 몇몇 대단한 사람들과 이 여정을 함께 했는데, 그들은 비전, 용기, 영향력 있는 개인으로서 그들이 보유한 최고의 리더십을 제공하는 데 헌신했다. 그들은 많은 것을 변화시켰고 나는 그들 옆에서 일하면서 말 그대로 혁신적이고 모범 사례가 되는 많은 조직을 보았다. 이것은 변화를 일으킬 수 있다는 내 믿음과 낙관론을 강화했다. 물론 40년의 경력 동안 팀과 팀원들이 어려움을 겪고 신뢰 수준은 낮으며 갈등은 많은 부정적인 조직 분위기도 많이 관찰하였다. 이러한 사례들을 이 책에서 다룰 예정이며, 일부는 좀 더 심층적으로 공개할 것이다.

시간이 지나면서 나는 개인, 팀, 조직 수준에서 어떻게 하면 성과를 높일 수 있을까에 점점 더 관심을 두게 되었다. 흔히 조직 패러다임은 역량과 행동, 그리고 사람들의 지식, 기술, 전문성을 향상하는 것이었다. 이런 것들이 중요한 토대를 제공하고 변화를 가져올 수 있다고 믿어 왔지만, 이제는 이러한 접근법을 넘어설 필요가 있다고 생각한다. 나는 새로운 리더십 개발 언어인 수직적 성장과 발전을 환영하며 이는 게슈탈트 접근법과 잘 맞아떨어진다. 요즘과 같이 복잡한 세상에서는, 내면의 리더를 성장시키는 변혁적 개발과 역량 개발 접근법을 결합해야 한다고 생각한다. 현재와 미래의 과제는 우리가 더 크고, 더 능력 있고, 더 통합적인 리더를 성장시킬 것을 요구한다. 이들은 정보와 전문성이 주요 이슈와 문제들을 해결하는 데 필요하듯, 대화의 질과 협업을 하는 강점이 문제해결의 성공 여부를 결정할 수 있다는 것을 이해한다.

이 일을 시작했을 때만 해도, 나는 이 일이 얼마나 오래갈지 또는 이 일이 나를 어디로 데려갈지 전혀 알지 못했다. 나는 단지 사람들이 성장하고, 발전하며, 더 깊이 연결될 수 있도록 돕는 일을 좋아했다. 그 때문에 세계 각지 수천 명의 사람이 소속된 200개 이상의 조직에서 일할 수 있는 영광을 누렸다. 그 과정에서 나는 온갖 종류의 개인, 팀, 조직 차원의 도전에 직면했던 몇몇 훌륭한 사람들을 만났다. 그들 가운데 일부는 이 책에 나온다. 그들의 신분을 보호하기 위해 모든 사례의 정보를 철저히 각색했지만, 그들의 이야기들을 통해서만 진정으로 게슈탈트 코칭을 이해할 수 있는 유일한 방법이라고 믿는다. 사례 속의 이론적 개념, 도구, 기법만으로는 충분하지 않다. 맥락적 상황, 사람들, 그리고 그 과정에서 경험한 느낌들이 바로 이 일(게슈탈트 코칭)이 의미하는 모든 것이다.

상당히 긴 시간이 걸리는 체크인이었지만, 본 서문을 통해 독자 여러분이 저자에 관해 조금이나마 알 기회가 되었기를 바라며 이만 줄이도록 하겠다. 반대로 내가 독자 여러분에 관해 알 수 있으면 참 좋겠지만, 아마도 언젠가 우리가 걸어가는 길이 교차하여 서로에 대해 알게 되는 날이 올 수 있을 것이라 기대해 본다.

이 책의 목적

이 책을 쓰는 목적은 게슈탈트 치료를 활용한 코칭에 대해 당신을 깊숙한 곳으로 인도하기 위함이며, 그것을 위해 나는 실제로 느낀 경험을 폭넓게 그릴 것이다. 그러므로 이 책에서 기술되는 사례들을 읽어보도록 강력히 추천한다. 이 사례들을 단지 해당 상황의 명암을 보여주기 위해 포함한 것이 아니라 책의 흐름에 필수적이기 때문에 추가하였다. 사례들의 대부분은 조직 내 리더십 차원에서 개인과 팀 코칭에 초점을 맞추고 있지만, 추가로 프로 스포츠계의 사례들도 섞어서 제시하였다.

 이 책을 시작하며 분명히 언급하고 싶은 점은 나 스스로는 현재 **통합된 게슈탈트 코칭 접근법이 존재**한다고 생각하지 않는다는 것이다. 그 대신 유사한 방법론과 비슷한 스타일을 지니면서 공유된 원칙, 가정, 이론적 개념에 기반을 둔 실행들이 있다. 또 이 세상에는 탁월한 개인들과 훌륭한 훈련 기관들이 많이 있다. 나는 이 책의 여러 곳에서 그들을 참조할 것이다.

 내 임무는 HR 담당자, 학습 개발 전문가, 조직개발OD 컨설턴트, 심리상담사와 리더십 코치 등 광범위한 내외부 조직 코치들을 게슈탈트 코칭의 세계로 데려오는 것이다. 나는 내 고객들을 염두에 두고 이 책을 썼으며, 기업 임원, 중간관리자, 초급관리자들이 관심 두기를 바란다.

 이 책은 교육 자료로써, 고급 코칭 훈련 프로그램 과목을 가르치는 사람들과 훈련을 받는 코치들에게 도움이 될 것이며, 활동 중인 코치 가운데서도 일과 관련하여 더 나은 정보를 제공할 심리학적 관점을 찾는 코치들에게 도움이 될 것이다. 코칭 감독자이거나 치료사/상담사인 경우에도 임원과 팀 코칭으로의 전문성 전환을 고려하는 분들에게 도움이 될 것이다..

대부분의 게슈탈트 문헌은 게슈탈트 치료에 중점을 두고 있을 뿐, 조직적 맥락에서 게슈탈트 적용을 다루는 것은 소수의 서적, 책의 일부 장, 그리고 약간의 기사 정도에 불과하다. 게슈탈트 코칭 문헌을 찾아본 경험이 있다면, 아마 실망하고 좌절했을 것이다. 현시점에서 그리 많지 않은 실정이다. 게슈탈트 전문가들은 책을 쓰기보다는 고객과 함께 일하는 것을 더 선호하는 경향이 있었다. 그러나 지금은 이러한 경향이 바뀌고 있다고 나는 느낀다. 치료, 상담, 코칭을 넘어서 정치 및 사회 환경까지 맥락적으로 게슈탈트 개입을 설명하는 문헌이 더 많이 등장하고 있다.

레빈Lewin이 말한 유명한 명언, '좋은 이론만큼 실용적인 것은 없다There is nothing so practical as a good theory'라는 말에 나는 크게 동의하기 때문에 복잡한 생각과 관념을 간단하게 이해하는 방법으로 제시하는 재능을 가진 작가들에게 감사를 표한다. 결국 강력한 아이디어는 사람들에게 도달한 경우에만 실용적이다. 그런 면에서 아인슈타인이 말한 '모든 것은 되도록 단순해야 한다Everything should be made as simple as possible, but not simpler'라는 말도 우리에게 매우 중요한 메시지를 전달한다고 생각한다.

역사적으로 게슈탈트는 이해하기 쉽다거나 명료한 언어로 제시된다고 알려지지 않았다. 그런데도 내 핵심 목표 가운데 하나는 이 책을 전문가가 아닌 사람도 접근할 수 있도록 하는 것이다. 나는 또한 개인적인 글쓰기 스타일을 선택하고, 책 전반에 걸쳐서 내 스타일로 계속 글을 쓰고자 한다. 나는 게슈탈트가 그런 방식에 가장 적합하다고 믿는다.

감사의 말

가장 첫 번째로 그 누구보다도 이 책에 엄청난 공헌을 한 아내 레슬리Lesley에게 감사하고 싶다. 지난 30년 동안 우리는 동료이자 파트너로서 함께 일했다. 그녀의 지혜, 통찰력, 정직, 동정심은 언제나 나와 수많은 사람에게 큰 힘과 영감의 원천이었다. 또 내가 글을 쓰기 위해 책상에 앉아 있는 부재의 시간을 오랫동안 견뎌주고, 이 기간에 그녀가 기울인 인내심과 관용에 매우 감사하게 생각한다. 내 두 아들 알렉스Alex와 루이스Louis에게도 감사를 표한다. 아들들 덕분에 내 삶이 항상 빛나고, 항상 나를 웃게 해주었으며, 내가 매번 원했던 것은 아니지만 나에게 항상 소중한 피드백을 주었다.

그리고 수년 동안 함께 일할 수 있는 영광을 나에게 준 모든 훌륭한 사람들에게도 감사의 말을 전하고 싶다. 모두를 언급하기에 너무 많아서 그들의 이름을 다 쓸 수가 없지만, 그 가운데서도 동네에서 맥주 한 잔 마시면서 멋진 대화를 함께 나눠준 친구이자 동료인 제프 펠럼Geoff Pelham에게 개인적으로 감사를 전한다. 이 일에 대한 그의 깊은 지식은 이 책과 나를 풍

요롭게 했다. 또 내가 아는 그 누구보다 게슈탈트 원문을 많이 읽고 나에게 자료와 격려를 제공하는 데 헤아릴 수 없을 정도로 관대했던 존 맥머쉬John Mackmersh에게도 감사하고 싶다. 내가 여기에서 언급하지 않았으나, 내 오랜 동료들과 고객들은 이미 내가 누구를 생각하는지 모두 잘 알고 있을 것이다. 내가 그들과 함께 한 일을 소중하게 여기고 있다는 말을 이 자리를 빌려 하고 싶다. 마지막으로 이 책에 담긴 표와 그림을 훌륭하게 디자인해준 리차드Richard에게도 감사를 전한다.

게슈탈트에 대한
이전 경험이 있는 분들에게

여러분 가운데 게슈탈트를 처음 접하는 사람도 있을 것이고, 이전에 경험을 한 사람도 있을 것이다. 만약 1960년대에서 1980년대 사이에 게슈탈트를 접했던 사람이라면, 그때의 방법론이 완전히 실험적이었고 게슈탈트 치료법 개발자인 프리츠 펄스Fritz Perls의 작업과 관련된 빈 의자 기법에 주로 기초하였기 때문에, 이 책에서 제시하는 게슈탈트 접근법은 매우 다르게 보일 것이다. 여기서 기술하는 게슈탈트는 그때와는 상당히 다르다. 반면, 레빈Lewin의 작업 기법에 익숙한 독자들에게는 이 책이 쿠르트Kurt 시대에서 비롯된 원칙과 관행에 더 가깝게 충실하다는 점을 느낄 것이다. 내가 그때의 게슈탈트 접근법이 일반적으로 조직 컨설팅과 코칭에 더 적합하다고 믿기 때문이다. 당신도 이 말에 동의하는지 앞으로 살펴보길 바란다.

도입:
게슈탈트의 전통

본질에서 게슈탈트는 지각(우리가 보는 것), 건강한 자기조절(우리의 욕구를 만족시키는 방법), 그리고 자기 실현화(잠재력을 발휘하고자 하는 우리의 동기)에 뿌리를 둔 성장과 학습 이론이다. 게슈탈트 전문가들은 알아차림awareness 자체가 변화의 시작점에 해당하며 그 방법론도 알아차림 능력 향상에 큰 기반을 두고 있다.

게슈탈트의 이론적 전통은 약 100년 전인, 당시 베를린 학교로 알려진 곳의 창립자인 막스 베르트하이머Max Wertheimer, 볼프강 쾰러Wolfgang Kohler, 쿠르트 코프카Kurt Koffka가 독일에서 게슈탈트 심리학을 발전시켰던 시대로 거슬러 올라간다. 그들은 지각의 본성에 관심을 기울였으며, 마음이 사물을 부분이 아닌 전체로 지각하고 완결성을 추구한다고 믿었다.

그들은 지각 경험의 본질과 구조에 관심을 두고 객관적인 현실이 존재한다는 믿음에 반기를 들었으며, 그 대신에 우리가 순간 순간에 어떻게 경험을 지각하는지 이해하고자 하였다. 그들은 사람들이 보고 경험하는 것에 대해서 질서와 의미 있는 전체상을 부여하기 위해 적극적으로 노력한다고 믿었다. 실제로, 독일어 단어인 **게슈탈트**Gestalt는 영어로 번역하기 어렵지만 '패턴', '형태', '구성', 또는 '의미 있는 조직화한 전체'라는 단어에 가장 가깝다.

게슈탈트 치료가 단순히 게슈탈트 심리학의 직접적인 확장이 아니라는 점에 유의해야 한다. 게슈탈트 치료 창시자들은 몇 가지 철학과 심리학 전통을 흡수하였다. 1950년대부터 80년대 사이, 특히 영향력 있는 연구가 상당히 수행되었던 초기 연도에는 현상 유지에 대한 깊은 의문과 불만이 있었다. 이 변화에 대한 열렬한 열망과 그것이 일어날 수 있다는 낙관적 믿음이 있었다. 초기 창시자인 프리츠 펄스Fritz Perls, 로라 펄스Laura Perls, 폴 굿맨Paul Goodman은 프로이트 이론에 기반을 둔 정신분석적 확립에 맞서 당시의 급진주의를 받아들였다.

게슈탈트 치료 창시자들은 정신분석학과 게슈탈트 심리학뿐만 아니라 레빈Lewin의 장 이론field theory, 개인적 책임 및 자유와 진정성을 주제로 한 키에르케고르Kierkegaard와 하이데거Heidegger의 실존철학, 그리고 그 무렵 있었던 인간의 잠재의식 고양 운동에서도 영향을 받았다. 또 대화에 대한 부버Buber의 철학도 현상학으로서 영향력이 있었는데, 그것은 현상을 해석하거나 판단하기보다는 지금 여기here-and-now의 데이터와 주관적인 경험에 집중하는 것의 가치를 주창했다.

게슈탈트의 주요 적용

만약 게슈탈트를 처음 접한 사람이라면, 치료 맥락에서의 게슈탈트를 가장 먼저 떠올릴 것이다. 최근 몇십 년까지도 게슈탈트의 일반적인 사용법으로 가장 널리 알려진 것은 심리치료였다. 게슈탈트 치료는 1950년대부터 시행됐으며, 게슈탈트 치료사들과 양성 기관을 전 세계적으로 접할 수 있는 수준에 이르렀다. 상대적으로 덜 알려져 있지만, 게슈탈트는 커플과 가족을 위한 개입 프로그램에도 적용되고 있으며, 비치료 분야인 조직개발 Organization Development(OD), 리더십 개발, 코칭 프로그램에도 상당히 주요한 영향을 미치고 있다. 이 외에도 게슈탈트는 정치 체제, 지역사회 구축, 사회 변화에도 적용되고 있다.

[표 1.1] 게슈탈트의 진화 – 1920년대부터 현재까지

게슈탈트 심리학	게슈탈트 치료	조직 및 공동체 맥락에서의 게슈탈트
• 시각적 인식에 관한 연구 • 전경-배경 지각 프로세스, 미해결 과제, 자기 조절, 창조적 적응과 자기실현 • 장 이론	• 성장 및 발전을 위한 개별 심리치료	• 커플 및 가족 치료 개입 • 조직 및 리더십 개발, 컨설팅 및 코칭 • 지역사회 개발, 교육, 사회변화

조직 맥락에서의 게슈탈트

게슈탈트가 가장 중요한 기여를 한 분야는 조직개발이며, 특히 쿠르트 레빈의 영향이 컸다. 레빈은 장 이론, 변화의 단계, 집단역학, 실행 연구, 민감성 훈련, 리더십 스타일, 경험학습이론experiential learning theory을 포함하여 많은 연구를 수행하였고, 이를 통해 많은 사람이 레빈은 조직개발 분야의 발전에서 중요한 인물이라는 결론을 내리게 되었다. 그의 유명한 명언인 '좋은 이론만큼 실용적인 것은 없다'라는 말은 관련 분야 서적에서 가장 많이 인용되는 문구로 알려져 있다. 그의 주요 관심사는 이론 자체가 아니라 이론과 실천의 통합에 있었다.

레빈의 도움으로 개발된 'T그룹 방법론T-group methodology'은 통합을 실천에 옮기는 실험적인 접근법의 한 예에 해당한다. 이 방법은 집단 구성원들이 집단 대화와 피드백에 직접 관여하는 일련의 경험을 토대로 자신과 타인에 대한 인식을 높이는 데 목적을 두었다. 차이점을 가치 있게 여기고 감사하게 여기는 것이 T그룹 방법의 핵심이었다. 이 방법론은 경영학과 조직개발 분야에서 주류로 성장하였으며, 특히 코네티컷주에서 설립된 1940년대 중반에 가장 부흥기를 맞이했다. 초기 버전의 방법은 NTL연구소National Training Laboratory를 통해 오늘날까지 이어지고 있으며, NTL연구소에서는 지금까지 말 그대로 수만 명에게 핵심 방법론을 훈련시켰다.

관리 및 리더십 개발

경영 및 리더십 프로그램에서 초기에 게슈탈트를 적용한 데에는 리처드 월렌Richard Wallen과 에드윈 네비스Edwin Nevis의 공헌이 있었다. 1959년 초반, 그들은 관리자들을 대상으로 한 민감성 훈련에서 알아차림 능력 향상 기술awareness-raising techniques을 사용하였고, 이러한 방식은 오늘날 행해지는 워크숍 기반의 정서지능EI 프로그램의 시초로 여겨진다. 네비스는 존 카터John Carter, 렌 허쉬Len Hirsch와 캐롤린 루켄스마이어Carolyn Lukensmeyer와 함께 미국 클리블랜드 게슈탈트 연구소에 조직개발 센터를 설립했다. 이후 큰 영향력을 발휘하게 되는 저서 『**조직 컨설팅: 게슈탈트 접근**』(1987)을 집필하는 등 게슈탈트 원칙을 조직 컨설팅에 적용하는 데 주도적인 역할을 계속하였다.

조직 컨설팅과 코칭

세계 곳곳에서 게슈탈트식 조직 전문가들이 점점 늘어나고 있으며 저마다 게슈탈트 스타일을 정립하여 프로세스 컨설팅, 팀 개발, 중재, 그리고 리더십 컨설팅에 적용해오고 있다. 최근 몇 년 동안 그들 가운데 많은 사람이 '임원코칭'이라는 이름 아래 일대일 코칭을 브랜드화하여 자신들만의 게슈탈트 코칭 접근법을 개발하였다. 저자를 포함한 일부 전문가들은 게슈탈트의 원칙과 방법을 전적으로 또는 주요 기반으로 고급 코치 훈련과 교육을 제공하기도 하였다.

단 하나로 귀결된 **게슈탈트식 조직개발** 또는 **코칭 접근법**이 없었기 때문에, 각 전문가의 배경에 따라 수많은 작업 양식이 생성되었다. 게슈탈트 치료와 훈련에서 조직 분야로 넘어온 전문가들의 경우, 불가피하게 치료 관점을 작업에 접목했고 작업하는 동안 기본적으로 개인 내적 힘의 작용에 주목하였다. 한편, 리더십과 조직개발 분야에서 넘어온 전문가들은 다른 관점에서 접근하여 맥락 상황, 시스템적 영향, 권력 관계와 집단 역학에 대해 더 많은 주의를 기울이는 경향이 있었다.

컨설턴트와 코치들이 치료 장면에서 훈련받았는지 아니면 조직개발 장면에서 훈련받았는지에 따라 똑같은 캔버스에서조차 상당히 다른 것을 볼 수 있다는 것을 고려하면, 과연 게슈탈트식 조직개발 전문가로서 최적의 배경은 무엇일지에 대한 궁금증을 일으킨다. 컨설턴트나 코치가 캔버스 위 그림의 중요한 부분을 놓칠 수도 있는가? 확실히 이 이슈는 훈련을 시키는 사람과 실행에 옮기는 사람(현장 전문가) 모두에게 해당하며, 일각에서는 덜 개발된 분야를 훈련하는 것이 정답이라고 결론 내리기도 한다. 이 문제에 접근하는 또 다른 방법은 짝을 이루거나 작은 팀을 구성하여 일하는 것인데, 이렇게 하면 더 많고 풍부한 분야를 다룰 수 있다.

[표 1.2] 조직 맥락에서의 게슈탈트

적용	공헌	연구자 및 실행가
• 조직개발	• 장 이론 • 변화의 단계 • 실행 연구 • 집단 역학 • 경험학습 이론 • 문화 변화	• 레빈 • 벤Benn, 브래드포드Bradford, 기브gibb, 리핏Lippett • 콜브Kolb • 세인Schein
• 리더십 개발	• 관리자 대상 민감성 및 알아차림 훈련 • 대인관계 스킬 훈련 • 경영진 개발 및 차세대 리더십 개발	• 허먼Herman, 코레니치Korenich, 네비스, 월렌Wallen • 브루커트Bluckert, 크리첼리Critchley, 프레이저Fraser, 필립스Phillips
• 조직 컨설팅	• 조직과 시스템 개발 • 게슈탈트식 조직개발 훈련	• 버크Burke, 카터, 파란즈Farrands, 한노핀Hannofin, 허쉬Hirsch, 케프너Kepner, 루켄스마이어, 네비스 • 브루커트, 바버Barber, 크리첼리Critchley
• 코칭	• 게슈탈트 기반의 코칭 접근법, 게슈탈트 원리와 실습 기반 고급 코칭 개발	• 바버, 브루커트, 카터, 크리첼리, 길리Gillie, 리어리 조이스Leary-Joyce, 시미노비치Siminovitch, 사이먼Simon, 스티븐슨Stevenson

사회·정치적 맥락에서의 게슈탈트

초기 전통적 게슈탈트 이후, 많은 게슈탈트 전문가가 심리치료사, 조직 컨설턴트, 또는 사회 운동가로서 사회 문제에 큰 관심을 두고 관여해왔다. 사회 및 정치적 맥락에 전문화된 사람들은 세상을 변화시키는 데 깊은 관심을 두고, 더 넓은 문화적, 사회적 수준에서 그들의 영향력이 미치기를 기대하는 경향이 있다.

[표 1.3] 사회·정치적 맥락에서의 게슈탈트

적용	공헌	연구자 및 실행가
교육, 지역사회 개발, 사회적 행동 및 정치적 과정	사회 발전과 변화를 목표로 하는 공동체 및 정치적 맥락에서의 게슈탈트 원칙과 방법	개프니Gaffney, 허쉬Hirsch, 존스틴Johnston, 음웰라Mwela, 케건Kegan, 버로우스Burrows, 리히텐베르크Lichtenberg, 루켄스마이어, 사너Saner, 이우Yiu, 샤피로Shapiro

오늘날 아프리카, 유럽, 스칸디나비아, 브라질, 캄보디아, 북아일랜드, 미국 등 다양한 대륙과 나라에서 에이즈 감소, 자연재해 복구, 빈곤 완화, 정치적 분쟁과 같은 복잡한 문제를 해결하기 위해 협력하는 많은 게슈탈트 전문가들이 있다. 그들 가운데 일부는 유엔을 통해 일하거나 고위 정부 관리자들에게 조언자로 활동하는 한편, 또 다른 일부 전문가들은 비정부 기구와 다양한 비공식 네트워크를 통해 일한다.

그 전문가들 가운데 많은 사람이 처음부터 정신치료사 훈련을 받은 적이 없을 뿐 아니라 게슈탈트 치료에 대해 전문적 훈련을 받지 않은 경우도 많다. 단지, 그들은 기존에 보유하던 전문 배경(교육, 사회사업, 지역사회 개발, 미디어 사용 및 정치 체제)에 게슈탈트 원칙과 방법을 통합했을 뿐이다.

중요한 사회변화 이슈들에 관한 대화를 개선하는 데 도움을 줄 '알아차림 향상 방법론awareness-raising methodology'의 일련의 강력한 원칙들을 적용하는 것은 아마도 차세대 게슈탈트를 형성하는 과정일는지도 모른다. 만일 그렇다면, 그것은 더 넓은 사회적 수준에서 증명되는 게슈탈트의 가장 중요한 결과물(공헌)이 될 것이다.

1장.
게슈탈트 접근법 특징

본 1장에서는 게슈탈트 코칭 접근법을 정의하는 특징들을 살펴볼 예정이다. 이 특징들은 치료, 컨설팅, 사회적 변화 맥락 등 어떤 장면에서든 상관없이 게슈탈트의 모든 실행에서 핵심이 되는 사항들이다.

 게슈탈트 접근법은 '사람과 변화에 대한 특유의 원칙과 가정 그리고 가치가 있으며', '인간의 기능과 행동에 대한 욕구 기반 이론', '관계적 관점', '장 field 사고방식', '프로세스 지향'. '변화에 대한 저항을 다루는 다각도적 접근'으로 정의된다. 여기에서 언급한 사항들은 게슈탈트 접근법의 가장 기초가 되기 때문에, 하나씩 풀어서 뒷받침하는 이론들에 관해 설명하고자 한다.

사람과 변화에 대한 독특한 원칙, 가정 그리고 가치

건강한 기능은 끊임없이 변화하는 상황에 창조적으로 적응하는 데 달려있다.
첫 번째 가정은 사람들이 그들의 환경에 자신을 스스로 창조적으로 조절하거나 적응할 수 있는 타고난 능력을 갖추고 있다는 것이다. 이 능력은 건강과 생존에 필수적이다. 그러므로 계속해서 우리의 필요와 요구를 알아차리고, 효과적인 방법으로 충족하며 경험에서 배워야 한다는 것이다. 이 과정을 통해 사람들은 성장하고, 잠재력을 발휘하며 그들의 삶에서 더 성공할 수 있게 된다.

사람들은 세상을 보고 경험한 것에서 항상 자신이 할 수 있는 최선을 다한다.
이러한 믿음은 이전의 창조적 적응이라는 개념에서 비롯된다. 즉 사람들은 주어진 시간 내에 무엇이 가능한지 스스로 인식하고, 자신에게 작용하는 외부적 제약 조건 안에서 낼 수 있는 최상의 결과를 위해 최선의 결정을 내리고 최적화된 행동을 한다는 것이다. 그렇지만 그러한 최선의 결정과 행동들이 항상 다른 사람들에게 좋게 평가된다는 것을 의미하지는 않는다. 사람들은 단지 그들이 보는 환경과 조금 더 넓은 맥락에서 그들 삶 안에서 할 수 있는 최선의 생각을 할 뿐이다. 여기에서 언급한 '더 넓은 맥락'에는 역사적 영향, 미해결 상황, 미해결된 문제들을 포함한다.

알아차림 능력 향상이 학습과 개발의 핵심이다.
게슈탈트에서 알아차림은 개발 과정의 핵심으로 알려져 있다. 성장과 개발은 사람들이 보고 행동할 수 있는 범위를 확장할 때 일어난다. 그것을 가능하게 하는 권한을 부여하는 것이 모든 개인을 계발하는 접근법의 핵심이며, 그것은 알아차림을 강화하는 데서 시작된다. 이러한 관점에서 게슈탈트 코치의 역할은 명확하다. 즉 게슈탈트 코치는 알아차림 능력을 향상하는 파트너가 되는 것이다.

미해결 상황은 에너지를 고갈시키고 집중을 방해하며 동기부여에 영향을 미칠 수 있다.

게슈탈트 관점에서는 문제들을 부분이 아닌 전체로 지각하는 것이 바람직한 목표이다. 이것은 개방적이고 완료되지 않은 상황에서 사는 것과 대조적인데, 그런 상황은 사람들에게 답답함을 느끼게 하고 움직이지 못하게 하거나 후회하는 상태에 놓이게 만들 수 있다. 흔히 말하는 '**미해결 과제**unfinished business'가 갖는 지속적인 힘은 에너지를 고갈시키고 집중력과 동기를 잃게 하며, 또한 사람들이 그들의 잠재력을 극복하고 새로운 가능성을 찾는 것을 방해할 수 있다. 더 최악인 것은 미해결 상황이 애초에 그런 가능성을 보기조차 어렵게 만든다는 점이다.

코치로서 당신은 역사적 문제가 현재에 다시 발현되고 부정적인 결과를 초래하는 사례를 매일 직면하게 될 것이다. 아니면, 어차피 나아지지 않을 것으로 생각하고 그들 자신을 위해 문제를 바로잡는 일을 그냥 포기해버린 고객을 만날 수도 있다. 그들은 이미 희망, 믿음, 낙관성을 잃은 상태일 것이다.

변화는 달라지기 위해 노력할 때보다 '존재'에 온전히 접촉할 때 일어난다.

게슈탈트 변화론인 '변화의 역설적 이론'(Beisser, 1970)은 우리가 변화하기 전에 **먼저 진실해야만 되고**, 그 진실을 충분히 탐구하고 포용하는 바로 그 행위가 자발적인 자기 조직화self-organization로 이어진다는 가정에 근거를 둔다. 즉 새로운 변화가 일어난다는 것이다.

이러한 이론적 관점의 결과로, 게슈탈트 코치들이 활용하는 기술과 방법은 고객들이 '무엇이 되어야 하는가'가 아니라 '무엇이 지금 자신에게 일어나고 있는가?' 그 자체에 계속 접촉을 유지할 수 있도록 지원하려고 한다.

팀 코칭 워크숍에서 운영 책임자인 알폰소Alphonso는 다음과 같이 말했다. '나는 마침내 내가 아닌 사람이 되기 위해 노력하는 것을 그만두었다. 그 전까지 나는 항상 실패하고 있었다.'

지금-여기에 관한 탐구(직접 느끼고 경험하는 것)는 성장과 학습 기회를 제공한다. 지금-여기에 관한 탐구, 즉 즉각적인 경험은 학습과 성장 기회를 제공한다. 실제 경험에 기반을 둔 상태를 유지한다는 것은 지금 여기에서 경험하는 분명한 점들에 관해 되도록 충실해야 한다는 것을 의미한다. 지금-여기의 분명한 경험에는 실제 사용되는 단어, 분위기, 몸짓 반응, 에너지와 감정 등을 예로 들 수 있다. 이것은 직접 느낀 경험 속에 지혜가 있다는 믿음에 근거한다. 이런 관점을 차용하여 작업하기 위해서는 해석과 분석보다 서술에 더 중점을 두어야 하며, 현시점에 무엇이 눈앞에 있는지 예리하게 알아차리는 능력이 필요하다. 이것이 바로 현상학적 접근법이다.

인간의 기능과 행동에 대한 게슈탈트 이론

욕구는 우리 지각의 장을 조직한다.

게슈탈트는 인간의 기능과 행동을 이해하기 위한 욕구 기반의 접근법이다. 레빈의 연구는 우리의 욕구와 그로부터 발생한 긴장이 우리가 어떻게 인식하고 어떤 행동을 할지에 영향을 미친다는 것을 보여주었다. 즉 우리의 지각 과정은 무작위로 이루어지는 것이 아니라, 구조화되어 있고 의미를 내포하고 있다는 것이다. 그러므로 어느 순간, 특별한 이유에 의해 알아차림이 일어날 수 있다. 예를 들어, 당신에게 어린 자녀가 있다면 어떤 공공시설이 아이에게 적합하고 어떤 시설은 적합하지 않은지 알아차릴 것이다. 아마 그 전에는 이런 사실들을 인지하지 못했을 것이다. 만일 당신의 다리가 부러져 목발을 사용해야 하는 상황이라면, 어떤 건물이 들어가기 쉽고 어떤 건물은 그렇지 않은지 금방 알게 될 것이다.

레빈은 위 현상의 본질을 다음의 문구로 설명했다 - **현재의 욕구는 어떤 장에 대한 우리의 지각과 그 안에서 우리의 몰입을 만들어낸다.** 우리는 그 순간에 보고 싶어 하는 욕구를 보면서, 우리에게 중요하고 연관된 것이 무엇인지를 인식한다. 이것은 게슈탈트의 핵심 구성 원칙 가운데 하나다.

자기 조절, 창조적 적응 및 전경-배경 프로세스

자기 조절 self-regulation

게슈탈트 관점에서 볼 때, 사람들은 효과적인 자기 조절(욕구 충족과 긴장 해소 사이의 균형을 유지하는 자연스러운 과정)을 통해 건강을 유지하는 타고난 능력을 갖추고 있다. 욕구를 충족하고 긴장을 줄이거나 없앨 때, 우리는 균형감을 다시 느낄 수 있다. 그렇지 않으면, 불완전함과 미완의 느낌이 들고 균형을 잃게 된다.

물리적 수준에서는 더 자명하다. 배고픔을 느끼면, 그때 무엇을 하고 있었는지에 대한 배경 ground 보다 배고픔이라는 것이 점점 더 지배적인 전경 figure 이 된다. 배고픔의 욕구가 채워질 때까지는 일시적인 불균형 상태를 경험하고, 그 욕구가 충족되면 결국 배고픔에 대한 흥미와 에너지가 사라져 욕구가 소멸하게 된다. 이 과정은 자기 조절이라는 개념을 도입했던 골드슈타인 Goldstein 의 연구에서 처음 설명되었다(Hall & Lindzey, 1957). 골드슈

타인에 따르면, 인간 본성에 균형을 위한 생물학적 법칙이 내재하여 있으며, 우리는 그 균형을 찾기 위해 가능한 최상의 형태를 취하도록 프로그램화되어 있다고 한다. 이후, 골드슈타인은 '자기 실현화self-actualization'라는 용어를 만들어, 이를 자신의 잠재력을 충족하기 위한 내재적 추진력이라고 정의했다. 골드슈타인의 제자였던 매슬로우Maslow는 이후에 이 개념을 발전시켜, 일정 기준에 따라 자기를 실현한 것으로 확인된 사람들의 공통적인 특성을 연구했다.

창조적 적응creative adjustment

자기 조절 개념이 처음에는 생존과 자기 보존이라는 생리적인 과정을 의미했지만, 또 다른 중요한 게슈탈트 개념인 창조적 적응을 발전시켰다. 창조적 적응이란 사람들이 주어진 상황 속에서 자신의 욕구를 충족하고 당면한 문제에 대한 해결책을 찾으며, 목표를 달성하여 삶의 만족도를 높이기 위해 항상 최선을 다한다는 개념이다.

　이처럼 더 넓은 관점에서 개인의 평형 상태는 끊임없이 유동적이므로 내외부 현상에 의해 교란될 수 있다는 점을 고려한다. 즉 우리는 신체적, 감정적, 사회적, 경제적, 그리고 영적으로 균형과 불균형 사이의 일정한 흐름 속에 존재한다는 것이다. 가족과 사회생활의 변화, 직장에서의 변화, 가까운 이들의 죽음, 건강 악화, 재정적 불행 등 이 모든 것이 우리의 존재 상태를 위협하고 방해한다. 우리가 이러한 어려움에 대처하기 위해 자신을 조절하는 방법의 본질이 게슈탈트 이론의 핵심이다. 이것이 흔히 알려진 **전경-배경 프로세스**the figure-ground process이며, 또 하나의 게슈탈트 핵심 구성 원칙에 해당한다.

전경-배경 프로세스

전경은 **지금 당장** 관심의 초점이 되는 것을 의미한다. 그것은 감각일 수도, 생각일 수도, 아니면 느낌일 수도 있다. 그것은 똑같이 극복해야 할 도전, 해결해야 할 문제, 또는 걱정해야 할 문제일 수도 있다. 전경은 당신이 보고 있거나, 듣고 있거나 가지고 노는 것일 수 있다. 즉 전경이란 지금 당장 당신의 관심을 끌고 있는 무언가를 지칭한다.

예를 들어, 당신이 방금 좋은 소식을 하나 들었는데 그것에 대해 흥미롭거나 즐거움을 느꼈다면 그것이 바로 전경이 될 수 있다. 반대로, 짜증이나 긴장 또는 불안을 느꼈다면 그 감정이 곧 전경이 될 수 있다. 만약 당신이 게슈탈트 워크숍에 참가한 적이 있다면, 아마 워크숍 퍼실리테이터에게서 '그래서, 지금 이 순간 당신에게 중요한 전경은 무엇인가요?'라는 질문을 받아 보았을 것이다. 이 질문은 바로 그 순간에 당신에게 인식의 초점이 되는 것이 무엇인지 묘사해보라고 요청하는 것이다. 저자가 이 책을 개인적으로 소개할 때 사용하기도 했고 대외적으로도 자주 활용되는 '**체크인**check-in' 그룹 활동 방식도 해당 시점에 가장 중요한 것을 드러내고 그것과의 접촉을 시작한다는 점에서 유사한 목적성을 가지고 있다. 마찬가지로 심리치료, 상담, 사회 활동 분야에서 많은 도움을 제공하는 전문가들도 훈련 초기에 '**고객이 있는 곳에서 출발**'하라고 배운다.

배경은 문자 그대로 나머지 모든 것을 지칭하며, 현재 관심의 초점(전경) 이외의 내적/외적 환경을 의미한다. 배경은 전경이 나타나는 맥락에 해당한다. 더 깊은 의미에서는, 자신의 기반, 세상을 바라보고 행동하는 방식, 습관적인 패턴, 자신의 신념, 가치 및 가정, 그리고 자신의 현실을 구성하는 방식 등이 배경에 포함된다. 이 가운데 일부는 당신에게 적용 가능하지만, 또 일부는 그렇지 않을 수 있다. 즉 당신의 기반이 되는 경험적 배경은 당신이 볼 것과 보지 않을 것, 그리고 새로운 사건이나 **전경**을 어떻게 이해할 것인지를 걸러내는 렌즈와 같다. 예를 들어, 만약 당신의 배경에 복잡한 이론은 절대 이해할 수 없다는 믿음이 있으면, 당신은 새로운 개념의 학습을 재빨리 포기할 것이다.

마찬가지로, 만약 결코 육상운동은 할 수 없다는 믿음을 항상 가지고 있다면, 나중에 새롭게 신체 활동을 시도할 기회가 생겨도 피하게 될 것이다. 그리고 어릴 때 자주 비판적인 이야기를 들었다면, 어른이 된 지금 부정적인 내용은 모두 견딜 수 없는 비난이나 공격이라고 해석하여 피드백받는 것을 힘들어할 수 있다. 다시 말해서, 우리의 **배경**은 현시점의 **전경**에 어떻게 연관되는지에 큰 영향을 미칠 뿐 아니라 혼란, 잘못된 해석, 오해를 불러일으키는 원인이 될 수 있다.

아프리카 대륙의 한 국가에서 과제를 수행하던 시기에, 나는 중요한 현지 회사 경영진의 잠재력 개발을 도와 달라는 요청을 받았다. 그때 그 나라는 많은 사람의 생명을 앗아간 내전이 끝난 지 불과 15년밖에 지나지 않은 상태였으며, 분쟁의 양측을 대표하는 사람들이 그 경영진에 포함되어 있었다. 그들은 젊은이들에게 일자리와 경력을 쌓을 기회를 제공하면서 회사를 성장시키고 모범적인 고용주가 되기 위해 헌신하였다. 그들은 아픈 과거가 있었지만 어떻게든 함께 일할 방법을 찾아야 한다는 점을 이해하고 있었다. 그런데 각 경영진 구성원들과 일대일로 면담하는 동안, 그들의 대화는 현시점의 전경인 사업의 어려움과 그들의 배경인 분쟁에서 해소되지 않은 감정 사이에서 왔다 갔다 하는 양상을 보였다. 그들은 미해결 과제를 넘어서려고 애썼으며 실제 많은 시간 동안 놀라울 정도로 잘 해내고 있었지만, 불가피하게도 본인들의 배경에 남아 있는 미완의 상태로 다시 빨려 들어가는 자기 자신을 발견했다.

오늘날의 문제해결 대 혁신적 변화

위의 이야기는 만약 당신이 현재의 사건과 행동을 이해하는 동시에 도움을 줄 수 있는 위치에 있다면, 역사를 포함하여 더 넓은 맥락에 대해서 되도록 많이 이해하는 것이 얼마나 중요한지를 극명하게 보여준다. 그 덕이 아니었다면, 현재 시점의 문제와 이슈가 복잡하고 미해결된 경험의 재활성화로 인해 일어났다는 것을 결코 알 수 없었을 것이다. 만일 이 문제를 좀 더 전체적으로 접근한다면 사소한 사건의 의미까지 밝혀내고 깊은 통찰이 일어나는 '아하' 순간을 만들어낼 수 있을 것이다.

더 큰 그림에서는, 학습과 변화는 단지 현재의 **전경**만 다루는 것이 아니라 그 **배경**을 바꾸는 것과도 관련이 있다. 그렇지 않으면, 사람들은 계속해서 똑같은 전경에 갇히게 될 것이다. 치유, 성장, 그리고 학습에는 배경의 변화가 있어야 하며, 이는 왜 혁신적 발전에 더 깊이 있는 작업과 자주 더 긴 시간을 요구하는지를 설명해준다.

오늘날의 이슈와 문제를 다루는 일은 도전하고, 결정하고, 행동하도록 도와주는 것이다. 그것은 코칭에서 문제해결 차원에 해당한다. 리더를 개인으로서 계발시키는(성장시키는) 동시에 그들이 당면한 문제를 해결하도록 돕는다면 훨씬 더 큰 혁신 가능성을 볼 수 있다. 이것은 그들이 누구인지에 대한 본질에 해당하는 **배경**의 변화를 요구한다.

긴장의 원천인 미해결 행동

게슈탈트 심리학자들은 자기 조절 과정에서 긴장을 일으키는 원천으로 미해결 과제 측면에 관심을 가졌다. 1927년 블루마 자이가믹Bluma Zeigamick의 연구는 미해결 행동과 상황이 완성된 행동보다 더 잘 기억되고, 긴장 시스템 tension systems이라고 부르는 상태를 만들어낸다는 것을 보여주었다. 사람들이 그들의 긴장 시스템을 효과적으로 조절하고 해결하지 못하면, 건강과 웰빙에 부정적인 결과가 발생할 수 있다. 심리적 긴장 시스템의 예를 몇 가지 들어보면 다음과 같다. 압박, 요구, 과중한 작업 일정으로 인한 스트레스, 빠듯한 일정과 임박한 시한, 미완의 상황에서 경험하는 강력한 감정, 무언가를 이해해야 하는 데 그럴 수 없는 상황, 딜레마나 어려운 결정, 부당하거나 불공평하다는 강한 느낌, 타이밍이 맞지 않아 행동에 옮길 수 없다는 느낌, 상황이 복잡하지만 실수를 안 하고 싶은 마음, 우리 삶에 큰 영향을 미치는 결정이나 사건을 다른 곳에서 기다릴 수밖에 없는 상황, 걱정을 유발하는 대화를 하기 바로 직전의 상태, 관계 문제 또는 관계의 결여 등이 있다.

에너지와 동기부여의 원천이 되는 긴장

모든 긴장 시스템은 사람들을 움직이지 못하게 하고 깊은 고착감을 만들 수 있다. 긴장이 존재할 때, 특히 강한 감정적 반응을 동반하면, 불편함을 일으키게 되므로 자연스럽게 그 긴장을 피하고 싶어 한다. 사람들은 때때로 해결되지 않은 자신의 문제를 상자에 넣고 숨기는데, 이것은 그들이 그 당시에 할 수 있는 최선의 창조적 적응의 한 예에 해당한다.

좀 더 복잡하게 들어가면, 새로운 욕구는 늘 주의력을 빼앗으려 경쟁하며 그 가운데 일부는 사람들이 순차적으로 또는 신속하게 마무리 짓기에 너무 복잡하고 감정적으로 부담이 될 수 있다. 그것은 마치 우리가 동료에게 실망하거나 우리가 옳다고 믿는 직업을 얻지 못할 때와 같이 높은 수준의 게슈탈트를 점유하고 있을 수 있다.

미해결 상황에서의 작업

미해결 과제는 개인과 팀 수행 모두에서 중요한 요소지만 작업 맥락상 그것을 직면하기에는 충분한 지지가 거의 없기 때문에 일을 다루는 것이 가능하지도 않고 노력할 필요도 없다는 믿음이 있을 수 있다. 사람들은 결국 미해결 과제를 가진 채로 살아가거나 그냥 버리고 떠나야 할지 결정해야 한다. 유능하고 성과가 좋은 사람들은 전형적으로 상사와의 관계에서 비롯된 미해결 상태의 문제 때문에 매일 직장을 떠난다. 몇몇 팀은 해묵은 미해결 과제의 무게에 짓눌려 있다.

당연히 미해결 과제를 다룬다고 예상하는 것만으로도 많은 사람을 겁먹게 만들 수 있다. 뚜껑을 들어 올리면 수문이 열리고 감당하지 못할 물이 쏟아질 것을 두려워한다. 그러나 다른 한편으로는, 위기가 변화할 기회를 제공할 수 있는 것처럼 미완의 상황들과 그것에서 발생하는 긴장은 사람들이 그것을 직면할 수 있다고 느낄 때 변화를 위한 에너지와 연료의 원천을 제공할 수 있다.

참조틀 지향성 – 경험 주기

경험 주기 Cycle of Experience는 사람들이 어떻게 그들의 욕구를 충족하고(또는 충족하지 못하는지) 이슈를 완결해 내는지 이해하기 위한 주요 게슈탈트 모델이다. 이것은 클리블랜드에 위치한 게슈탈트 연구소에서 개발한 게슈탈트 지향 코칭의 기본 프레임워크에 해당한다. 그것은 코치가 사람, 팀, 대형 시스템이 언제 어디에 고착될 수 있는지, 그리고 다시 어디서 어떻게 개입

해야 하는지에 대한 단서를 찾는 데 도움이 된다.

경험 주기는 일반적으로 감각에서 시작하여 알아차림과 에너지 동원을 통해 행동과 접촉으로 이동하고 해결, 종결 및 관심 철회를 생성하는 단계적 과정으로 표현된다([그림 1.1] 참조). 단계별 분리는 인위적인 경계선처럼 보일 수 있다. 좀 더 자연스럽게 나타내면, 그것은 파동과 같은 리듬 패턴의 연속적인 흐름을 갖는다.

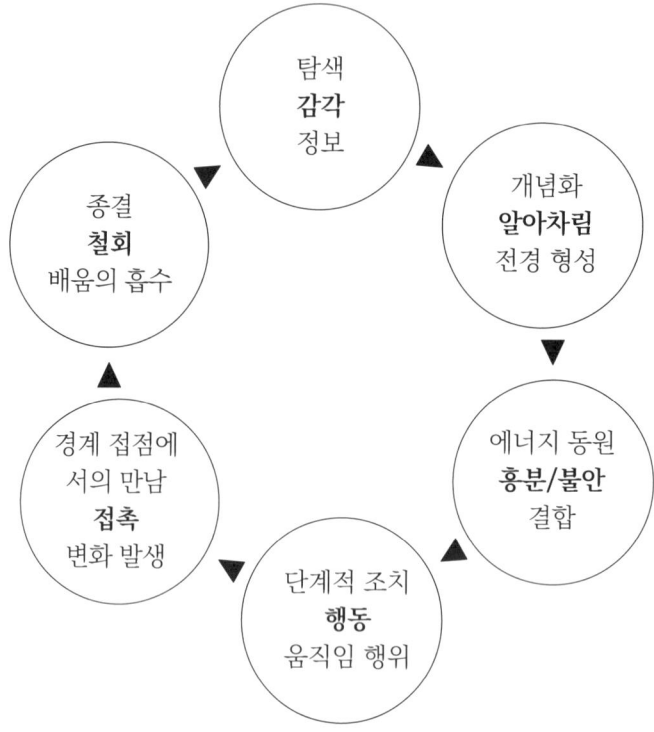

[그림 1.1] 프레임워크로서 경험 주기

(출처: 클리블랜드 게슈탈트 연구소, 시미노비치와 반 에론 Van Eron의 모델을 참고함)

게슈탈트 접근방식으로 일하는 숙련된 코치들은 어떤 과제든 초기에는 발전적 작업에 필요한 기초를 다지기 위해 알아차림을 향상하는 단계에 머물게 하는 경향이 있다. 리더들과 효과적으로 일하기 위한 조건을 마련하기 위해서는, 변화를 일으키고 영향력을 행사하는 어떤 예상이 있기 전부터 강한 유대감에 기반을 두어 도움을 주는 관계가 필요하다. 따라서 알아차림을 향상하고 신뢰를 쌓으며 접촉을 확립하는 기술을 배우는 것은 게슈탈트 코치의 핵심 능력이다.

경험 주기 모델 활용사례 - 팀 코칭

지금 설명하는 사례는 경영진을 대상으로 했던 팀 코칭 워크숍에 관한 것이다. 워크숍은 이제 막 시작한 상태였고 토의 주제는 뚜렷하게 중심이 되는 초점 없이 한 주제에서 다른 주제로 옮겨가는 상황이었다. 당신이 팀 코치라면, 이 가운데 무엇이 가장 생산적인 주제인지, 아니면 생산적인 주제가 하나라도 있기는 한 것인지 어떻게 알 수 있을까? 당신이 취하는 결정은 결국 무언가가 게슈탈트 언어로 '**강하고 분명한 전경**'이 되어 더 활기찬 논쟁을 불러일으키는 계기가 될 것이라는 가정하에 새로운 프로세스와 함께 진행하게 할 것이다.

시간이 흐르고 워크숍 세션이 거의 2시간 정도 지났지만, 어떤 주요 주제도 등장하지 않았다. 에너지가 없고 당신조차 무기력함을 느끼는 상태가 되었다. 이에, 이미 제시된 이슈들 가운데 하나를 추진함으로써 다시 긴장을 느끼고 단호하게 상황에 개입하기로 한다. 집단(경영진 팀)은 당신의 뜻에 따르지만, 여전히 큰 진전은 없어 보인다. 비록 잠깐 혼란과 걱정에서 벗어날 수 있었지만 당신은 뭔가를 달성하려는 내적 압박에 굴복했다는 것을 인식하고, 결국 당신과 팀 모두의 에너지가 다시 시들해짐을 느낀다. 그것은 헛된 기대이자 잘못된 전경이었다.

   이 고위 경영진 팀은 속도가 빠르고 행동 지향적인 나날에 익숙한 사람들로 구성되어 있었고, 지금은 좌절 조짐을 보인다. 그들은 당신을 쳐다보면서, '그냥 앉아 있지 말고 뭐라도 해. 그리고 뭔가를 보여줘 봐'라고 눈으로 말하는 것 같다. 당신은 내면에 불안감이 치솟는 것을 느낄 것이다.

   당신이 여러 선택 가능성을 고민할 때, 그 집단(팀)의 한 구성원인 존John은 모든 사람의 관심을 자극하는 이슈를 제안한다. 사람들이 보이는 몸짓 반응을 보니 그것은 확실히 문제였다. 그 집단(팀)과 당신은 강력한 전경을 가지게 되었고, 방 안의 에너지는 빠르게 변한다. 존은 본인이 불만으로 여겼던 몇몇 행동에 대해 동료에게 솔직하게 이의를 제기하고, 그의 동료인 콜린Colin은 매우 불편해하고 피하는 것처럼 보였다. 나머지 팀원들도 그들 사이의 불화를 잘 알고 있으며, 같이 불편해한다. 그들은 중요한 그 이슈를 무시하거나 외면하고, 그들 사이의 주제를 다시 사업 관련 이슈로 돌리려고 한다. 존은 홀로 남겨지고, 그렇게 두 사람은 모두 20분 동안 아무 이야기도 하지 않는다.

   이 팀의 또 다른 구성원 자넷Janet은 존과 콜린의 기분이 어떤지 확인하는 위험을 무릅쓴다. 두 사람 모두 이 상황이 불만스럽다고 대답한다. 이 팀의 리더인 루이스Louis는 만약 그들이 팀의 지지와 팀 코치의 지원을 받아 이 문제를 지금 논의하고 싶다면 그들은 기회를 잡아야 한다고 말한다. 콜린은 그 제안을 받아들이고 존에게 직접 받은 비난에 방어적으로 응수한다. 상대방이 일을 제대로 하지 않는다고 비난하면서도 이것은 활기차고 속사포같이 빠른 대화를 촉발한다. 대화는 뜨겁게 달아오르지만 적어도 지금은 더 강하게 접촉하고 있다. 팀원들이 어느 한쪽 편을 들지 않고 격려와 도움을 주는 발언을 하면 교착상태는 사라진다.

양쪽 모두 상처를 입었다는 것을 인정한다. 양보하고 약간 마음이 풀린다. 서로 사과를 주고받으며 어떤 결심들이 일어나는 것 같다. 그들은 말을 더 많이 하고 다른 사람들에게 기꺼이 도움을 요청하기로 합의한다. 방 안의 모든 사람이 안심하고, 이제 막 일어난 일에 대해 성찰하면서 침묵하는 시간을 갖는다. 팀의 다른 구성원들은 존과 콜린을 지지하는 방식으로 그들 자신의 경험을 자세히 공유한다. 모든 사람의 이야기가 끝나면 어느 정도 종결 느낌이 생긴다. 잠시 침묵이 흐르고 나서, 누군가 다른 주제를 제기하면 새로운 전경이 나타난다.

경험 주기에 맞추기

게슈탈트에서 **사전 접촉**pre-contact으로 알려진 1단계에서는 에너지를 끌어들이거나 강한 전경으로 나타나는 뚜렷한 주제가 없었다. 감각과 알아차림 상태를 유지하면서 조급한 행동에 의지하지 않은 채 본인의 불안과 혼란을 다루는 것이 이 단계에서 코치가 직면하는 가장 중요한 도전 과제 가운데 하나다. 그러나 그 과정에서 무언가를 보여줘야 한다는 큰 압박을 느끼면, 인내심과 신뢰감을 유지하는 일이 말하는 것처럼 쉽지 않다. 즉 충고하거나 고통의 지점에서 벗어나는 방법을 제시하고 싶은 유혹을 느낄 수 있다.

또는 그냥 편안하게 앉아서 지금 일어나는 일을 받아들이는 것이 더 유용할 수 있다. 만일 '체계에 대해 행동'을 하느라 너무 바쁘다면, 그것이 다른 단계에서는 어떻게 작동하는지 알아차리지 못할 것이다. 이 관점에서 코치의 역할은 게슈탈트 경험 주기의 알아차림 단계에 초점을 맞추고 전경이 형성되기를 기다리는 것이다. 불가피하게도 그 가운데 일부는 모양, 형태 그리고 활력이 부족할 것이며, 어느 순간 배경에서 더 강한 무언가가 나타날 때까지 왔다 갔다 하는 양상을 보일 것이다. 그러면 이런 일이 일어난 순간을 우리는 어떻게 알 수 있을까? 가장 먼저, 그룹 내에서 질적으로 다른 참여가 일어날 것이며, 그다음으로 당신 내적으로도 참여가 이루어질 것이다. 당신은 조용하게 '아하'라고 말하는 자신을 발견할지도 모른다. 이것을 게슈탈트 언어로 **접촉**contact이라고 한다.

이것은 앞서 설명한 팀 워크숍 시나리오 상황에서, 존이 콜린과 관련된 이슈를 드러냈던 때 나타났다. 그러나 초기에 해결책을 도출하지 못하고 주제가 변경되려고 할 때, 그 두 사람은 불완전한 상태로 남겨졌다. 그다음에 그들이 대화에서 자신을 철회했던 것은 별로 놀랍지 않았다. 그들은 자신을 달래는 시간과 공간을 주고, 일어난 일을 처리하고, 감정적으로 자신을 추스르려 했다. 그들에게는 다른 선택의 여지가 거의 없었다. 동료 팀원들과 팀 코치가 그들이 접촉을 취할 수 있을 만큼 충분하게 지지하지 않았다.

자넷이 나중에 그 지지를 제안했고 루이스가 그 뒤를 잇자 그들은 당황스럽고 불편한 감정이 있었는데도 다시 참여할 수 있었다. 이 두 번째 기회에, 그들은 함께 뒹굴고 싸우다가 결국 어느 정도 해결과 종결을 이룬 강하고 의미 있는 접촉을 만들어 낼 수 있었다.

게슈탈트 관점에서 볼 때 여기서 중요한 점은 접촉이다. 갈등의 어느 수준까지는 접촉을 통해 해결되었다. 이전의 대화는 접촉을 포함하긴 했지만 충분히 강하지도 지속하지도 않았으므로 **만족감을 주지도 못했다**. 나중에 어느 정도 해결될 수 있었던 것은 바로 접촉이었다. 존과 콜린에게서 초점이 멀어지고 난 다음 다른 팀원들이 그들 자신의 게슈탈트 종결을 이루기 위해 본인들의 경험을 공유할 기회를 가졌던 것이 중요했다.

이런 일이 언제 일어났는지 당신은 어떻게 알 수 있을까? 팀 사례에서 그

단서를 확인할 수 있다. 게슈탈트 경험 주기의 종결 단계에서는 평화롭고 조용하고 편안한 에너지가 자주 존재한다. 이는 해당 문제의 관심을 철회하고 시스템이 더 균형 잡힌 상태로 되돌아가는 과정을 의미할 수 있다. 종결 단계는 성찰 공간이며 경험에서 배우는 시간이고 이는 자연의 이치처럼 새로운 전경(또는 경쟁적인 전경)이 나타날 때까지 방해받지 않는다.

참여할지 여부

또 다른 시각으로 팀 사례를 살펴보면, 평소와 같이 한 공간에 함께 있던 사람들의 모임이 아주 다른 수준의 참여로 변화한 매우 중요한 순간이 있었다. 그것은 워크숍 당일이 끝나갈 무렵 검토 시간을 가지면서 드러났다. 팀이 워크숍 과정에 대해 성찰했을 때, 그들은 그 경험에 완전히 몰입하기 전에 무엇이 나타날지 지켜보고 기다리고 있었다는 것을 알았다. 몇몇 사람들은 다른 사람들이 먼저 위험을 감수하는 것을 보기 전까지 나서지 않기로 마음먹고 워크숍에 참석했고, 의도적으로 에너지를 억제하고 피상적인 수준에 머물러 있었다.

저자는 그들에게 무엇이 그 결심을 깨고 참여하도록 만들었느냐고 물었고, 존은 다음과 같이 대답했다. '나에게는 두 가지 이유가 있었다. 첫 번째는 내가 그 문제에 대해 매우 강하게 느끼고 있었고 그로 인해 긴장이 고조되는 상태에 이르렀다는 점이다. 그러나 사실 나는 오늘 그것을 드러내지 않을 것이라고 나 자신에게 말했다. 왜냐하면 우리 그룹에 충분한 안전과 신뢰가 있을 것으로 생각하지 않았기 때문이다. 두 번째는, 우리가 논의하던 다른 사안들에 대해 전혀 몰입하지 않고 그냥 앉아만 있던 나 자신에게 아마도 충분한 신뢰와 안전을 구축하는 유일한 방법은 위험을 감수하는 것

뿐이겠다고 생각하여 그렇게 했을 뿐이다.'

그렇다면 이것은 게슈탈트 경험 주기를 활용한 것에 해당한다. 그것은 당신이 어디에 있는지 알려주는 나침반 역할을 할 수 있으며 게슈탈트 코치가 이용할 수 있는 가장 중요한 도구 가운데 하나이다. 그러므로 그것을 사용하는 법을 배우는 것은 게슈탈트 코칭 접근법을 사용하고자 하는 전문가들을 개발하는 데 중요한 부분이다.

관계적 입장

게슈탈트 관점에서 보면, 코칭 관계는 배움과 변화를 담는 하나의 용광로 같은 용기crucible다. 그 용기를 아주 단단하게 만들기 위해서는 신뢰, 접촉, 진정한 대화라는 세 가지 요소가 필요하다. 관계 구축에 대한 책임은 양 당사자(팀워크 사례의 경우 모든 당사자)에게 있지만, 게슈탈트 코치는 근본적으로 중요한 관계적 특성이 있다는 믿음을 가지고 그들의 역할을 수행한다. 그들이 중요하게 여기는 관계적 특성은 존경, 판단하지 않기, 민감성, 지지, 그리고 용기이다. 이런 특성들과 함께 하면, 강력한 관계망을 구축하고 안전하며 믿을 수 있는 환경을 제공하는 데 도움이 된다.

게슈탈트 코치는 관계란 시간이 지나면서 점차 접촉과 진정한 대화로 변하고 진심 어린 관심, 따뜻함, 수용, 자기 책임에 대한 믿음이 가득한 관계로 될 수 있다고 믿는다. 그리고 이것이 게슈탈트 코치가 고객들에게 전하려는 마음이다.

이러한 감정들은 관계의 용기 안에서 경험할 수도 또는 그렇지 않을 수도 있다. 다만, 적어도 관계의 초기 단계에서는 자율성, 자기효능감 그리고 자기 지지에 대해 게슈탈트 접근법이 갖는 큰 의도가 고객들에게 확실하지 않을 수 있다.

앞서 언급한 내용이 게슈탈트 코칭의 핵심 목표라는 점을 고려할 때, 게슈탈트의 관계적 입장과 맞지 않는 행동이 무엇인지 설명하는 것도 중요하다. 그런 행동은 주로 고객이 더는 자신의 성장과 학습에 신경 쓰지 않고 속임수를 쓰거나 결과를 통제하려고 할 때 나타난다. 게슈탈트 코치들은 단순히 전략적인 이유로 이것을 반대하지 않는다. 그보다 더 많은 철학적 문제가 걸려 있다.

진정한 대화

진정한 대화는 한 개인의 안건이나 독백으로 주도되는 것이 아니라 양측 또는 모든 당사자가 새롭게 떠오른 대화에 함께 참여할 때 가능하다. 대화에 참여하는 것은 변화를 감수하는 것이며, 게슈탈트 관점에서 대화는 한 방향이 아닌 양방향 프로세스다. 코치는 고객에게 영향을 미치고, 고객도 코치에게 영향을 미친다. 양 당사자 중 한쪽에 의해 통제되지 않고 연결, 호기심, 깊은 몰입을 통해 나타나는 상호작용 과정이 있어야 서로 접촉과 감동, 변화 가능성이 생긴다. 즉흥이 발생하는 기본 구조가 있다는 점에서 재즈와 비슷하다.

게슈탈트 코칭 접근법은 당신에게 자기 자신을 코칭 작업 속으로 더 끌어들이고, 생각과 느낌을 공유하게 하며, 때때로 관계 속에서 개인의 경험을 촉진한다. 어떤 때에는 하기 힘든 말을 하는 용기가 필요하기도 하고, 또 다른 때에는 취약한 존재가 되고 더 깊이 연결되는 위험을 감수해야 한다.

장field 사고방식

장의 관점은 게슈탈트 사고방식의 핵심이다. 레빈의 연구에서 영감을 받은 이 개념은, 사건들 그리고 그 사건들이 일어난 배경이나 상황들 사이의 상호 연관성을 고려하는 **관점**outlook과 **사고방식**a way of thinking이라고 설명할 수 있다. 이것은 전체 상황을 보고, 모든 인간의 상호작용에 미치는 광범위한 영향에 대해 전체론적 관점을 취할 수 있도록 한다. 문제, 이슈, 증상을 마치 따로 존재하는 상태로 바라보는 관점과는 대조적이다.

'**전체 상황**total situation'이라는 용어를 명확하게 할 필요가 있다. 인간이 주어진 상황에서 경험 전체를 고려하거나 통합할 수 있다는 것을 글자 그대로 받아들인다면 불가능한 일이 될 것이다. 문제의 심각함을 즉각적으로 깨닫기 위해서는 단지 중동 정치에서 작용하는 역동적인 세력과 기후 변화로 인해 겪는 어려움만 고려해보면 금방 알 수 있다. 더 작은 규모로는, 많은 가족 내에 존재하는 오래된 갈등이나 많은 조직의 팀에 존재하는 뿌리 깊은 관계 문제들에 대해 생각해보면 알 수 있다.

지적 차원에서 도전받는데도 많은 사람이 장의 관점에 끌리는 이유는 근본적으로 이치에 맞기 때문이다. 우리 시대의 난제와 싸우는 사람들은 권력의 중심에 있든 편안한 거실에 있든 이 난제들이 여전히 쉽고 지루한 해결책으로는 말끔히 해결되지 않는다는 것을 알고 있다. 그 이유 가운데 하나는 해당 문제들이 현재뿐 아니라 역사적으로도 복잡하게 서로 얽혀 있기 때문이다. 지나치게 단순화된 해석은 효과가 없으며, 자칫하면 상식과 이성적 사고를 해칠 수 있으니까.

파레트Parlett(1997)는 '**전체 상황**'이라는 용어를 설명하기 위해 다음과 같이 말했다. '사람과 상황, 그리고 전경과 배경 같은 다른 특징들이 그렇듯이,

내적, 외적 현실이 모두 그 장 안에 포함되어 있다'.

경험에 기반을 둔 배경과 완전히 대비되는 것으로서 현재를 사로잡는 전경을 게슈탈트에서 모두 장에 포함한다는 것은 과거 경험도 현재 장의 일부라는 점을 상기시켜 주기 때문이다. 다음에 소개하는 사례는 이에 대한 통찰을 제공해줄 수 있다.

내면과 외부, 과거와 현재

40세의 폴란드 여성이자 큰 전력회사의 전무이사인 제너Jana는 생전에 어머니를 여의고 어렵게 출발했다. 이 비극은 불과 몇 년 뒤 여동생이 장기 쇠약 질환을 진단받았을 때 더욱 악화하였다. 그녀의 아버지는 사랑과 애정을 주기 위해 최선을 다하면서 생계를 책임지려고 노력했지만, 내면적으로는 상당히 힘들어했다. 그는 조금씩 지쳐갔다.

제너는 강한 책임감을 느끼기 시작했고, 더는 부담이 되지 않도록 그녀가 할 수 있는 일을 했다. 보수 받는 일을 선택하고 가족의 소득에 기여하는 것이 가장 중요한 과제가 되었고, 그녀는 주로 한 번에 두 개, 때로는 세 개씩 아르바이트했다. 그녀는 여동생과 가장 가까웠고 틈나는 대로 여동생을 돌보았다.

30년 가까이 지난 뒤에, 그녀는 자라온 세월을 되돌아보면서 코칭세션에서 다음과 같이 표현했다. '저는 어린아이로 있는 것을 멈추고 빨리 자라야만 했다고 생각해요. 아마도 너무 빨리. 심지어 제가 정말 준비하기도 전에요. 그렇지만 아빠는 항상 일했고, 저는 여동생과 저 자신을 돌봐야 했어요. 마치 그것은 제 의무인 것 같았죠. 제 생각에 저는 살아남고 가족을 돕기 위해 제 자신의 욕구를 그냥 끊었던 것 같아요. 아무도 나를 돌봐주지 않을 거라고 믿게 되어서 스스로 그렇게 했던 것 같아요. 그것이 저를 독립적으로 성장하게 했어요. 지나치게 독립적인 것 같지만요. 저는 이제 결코 누군가의 도움을 바라지도 않고 누구에게도 도움을 청하지 않겠다고 깨달았어요. 저는 누구에게도 마음을 열어본 적이 없으므로, 당신은 나 때문에 많은 어려움을 겪게 될 거에요. 경영진에서 저는 항상 같은 메시지를 받고 있어요. "우리를 들여 보내줘. 외딴 섬처럼 굴지마."라고요. 그렇지만 그게 저에게는 쉽지 않다는 것을 그들은 이해하지 못해요. 믿어줘요, 이건 너무 깊숙하게 자리를 잡았어요. 저는 오랫동안 이렇게 살아왔고, 심지어 제가 변하고 싶은지도 모르겠어요.'

책임을 지는 능력은 제너가 리더십 역할에 타고난 이유 가운데 하나에 해당한다. 그녀의 사심 없는 헌신과 강한 의무감은 회사가 원하던 임원 모습에 완벽하게 들어맞았다. 제너는 그녀의 모든 선배나 동료들보다도 가장 열심히 그리고 긴 시간 동안 일했다. 그녀의 CEO와 가까운 동료들은 그녀가 자기 방식을 바꾸지 않는다면, 소진하게 되고 건강상 위험에 빠질 수 있다는 걱정을 점점 더 많이 하게 되었다. 그들은 또한 그녀의 결혼에 대해서도 걱정해주고, 집에 거의 가지 않는 것 같다는 사실에 대해서도 우려했다. 그들은 그녀의 현재 행동에 대한 설명을 아마도 복잡한 과거에서 찾을 수 있을 것으로 추측했지만, 그녀는 과거에 대해 그들과 공유할 리 없었으며 그들이 궁금해할 문제도 아니라고 생각했다. 그러나 몇 년에 걸쳐 확인된 작은 이야기 조각들은 그들의 가설을 뒷받침하였다.

또 다른 문제가 있었다. 가끔 제너가 흔들리고 심각한 갈등과 피해가 있었다. 그 문제는 매번 경영진의 한 동료와 빚어졌으며, 관계를 회복하는 데 상당한 시간이 필요했다. 모든 사람이 다시 반복될 것으로 알고 있었고, 일부는 언제 그녀의 분노를 경험하는 차례가 올지 무서워했다. 그녀에게 그 문제를 발생하게 하는 도화선이 존재한다는 점은 그들도 알고 있었다. 그래서 그들은 제너를 '핫 버튼hot buttons'이라고 불렀다. 그렇지만 그들도 대체 무엇이 그 도화선에 불을 붙이는지 알 수 없었다. 제너가 폭발할 때마다 그녀의 동료들은 같은 말을 반복했다. '도대체 뭐 때문에 이러는 거야?'

개인의 복잡성이 개인의 복잡성을 만난다. 그것이 사물의 본질이다.

위 사례를 장의 관점field perspective에서 자세히 살펴보면, 이런 궁금증이 생긴다. '이 장에는 무엇이 있는가?' 그리고 '무엇이 여기에 영향을 미치는가?' 이 장에는 현시점의 배우인, 제너와 그녀의 동료들, 그리고 그들 사이의 관계가 존재한다. 서로 다른 성격, 가치관, 스타일, 행동과 태도는 모두 제너의 감정 도화선에 불을 붙이는 잠재적인 것들이 될 수 있다. 물론 동료들의 의사결정과 행동에 대한 그녀의 인식이 그것을 부분적으로 설명할 수 있겠지만, 현재 맥락에서 고려할 수 있는 이유는 셀 수 없이 많다.

그러나 현재 맥락은 '**전체 상황**'에 해당하지 않는다. 왜냐하면 긴 시간 동안 지속해서 가져온 믿음, 가정, 기대를 모두 포함해야 '전체 상황'이라고 할 수 있기 때문이다. 제너에게는 독특한 **경험적 배경**experiential ground이 있고, 그녀의 동료들도 그들 각자의 배경이 있다. 즉 복잡성이 복잡성을 만난 것이다. 그들 각자 애착, 권력, 통제, 소속, 공정성과 진실성에 관한 개인적인 주제를 가지고 있다. 본인에게 주요한 미완의 상황이 있고, 사람들이 어떻고, 어떤 행동을 해야 하는지 또는 하지 말아야 하는지, 그리고 삶은 **실제로** 어떠한지에 대한 핵심 가정들을 저마다 가지고 있다. 즉 상당히 많은 잠재적 계기(촉발 요인)가 존재한다. 그러나 장의 관점에서는 잠재적 계기보다도 그것을 초고속으로 촉발하게 만든 배경이 더 중요하다고 여긴다.

촉발한 계기와 배경 모두 관련된 사람이 알아차리는 범위 밖에 존재할 수 있다. 동료들이 서로 잘 모르고 각 개인조차 스스로에 대해서 잘 모르는 상황에서는 혼란이 지배적일 수 있다. 그러나 더 일반적으로는, 관련된 정보와 지식이 존재하지만 엉성하고 불완전한 상태인 경우가 많다. 오랫동안 함께 일한 동료들의 경우에는, 일정 수준 **장의 역사**가 있어서 내면과 외면이 어떻게 연결되어 있고 과거에 의해 어떻게 현재가 재활성화되는지 어느 정도 알 수 있다.

프로세스 지향A process orientation

내용과 프로세스content and process[1]

내용content은 삶과 일에 관련해서 익숙한 것이기 때문에 편안하게 느껴지는 편이다. 그것은 우리의 시간과 정신을 채우고, 심지어 머리가 터질 것처럼 우리 삶과 관련된 수많은 것들로 너무 많이 가득 차 있다. 이렇듯 우리는 대부분 내용 속에 살고 있지만, 우리가 정말 궁지에 몰렸거나 과정상의 문제가 심각한 고통을 일으키는 상황이 생기면 해당 내용을 다루려고 생각한다.

코치로서는 내용의 흐름에 따르는 것이 더 쉬울 수 있다. 팀과 일하거나 개발 프로그램을 운영하거나 개인코칭 대화를 나눌 때 항상 내용이 있기 마련이다. 그러나 당신이 내용을 가르치는 방식으로 고객에게 전달하려고 하면, 지나치게 큰 노력을 들여야 할 것이며 특히 고객의 전경과 주제가 경쟁

---

[1] 내용content은 말이나 글의 표면적인 의미, 사실적 판단, 고정된 사물이나 실체 등을 지칭하고, 과정process은 그것들의 이면에 내포된 의미나 감정, 욕구 등 다양한 현상을 가리킨다(김정규, 게슈탈트 심리치료, 2015, 학지사).

하는 상황에 놓이면 더 어려울 것이다. 우리는 흔히 그동안 축적한 귀한 자료들과 학습한 부분들이 다음 기회에 더 유용할 수 있다는 것을 알면서도 기존 계획에 따라 하던 대로 하는 경향이 있다. 우리가 학습한 부분을 제대로 정착하지 않으면, 우리는 노력을 두 배로 들여 계속해서 반복해야 하는 고전적 함정에 빠지게 된다. 작동하지 않는다고 해서 작동될 때까지 계속해서 반복하라는 것은 낡은 옛말이다.

우리 같은 코치도 여러 가지 이유로 고객이 제시하는 내용에 빠져든다. 때로는 단순히 관심이 가기 때문이기도 하고, 또는 의견을 표현하거나 조언을 제공하려는 마음을 제지할 수 없기 때문이기도 하다. 코치도 인간이기 때문에 지극히 자연스러운 것이다. 그러나 나중에 돌이켜 성찰해보면, 그때 잘못 판단했거나 지나치게 관대하게 개입했다는 생각에 당혹감과 후회를 느낀다.

게슈탈트 관점에서 보면, 코치의 진정한 역할은 **무엇**what**이 아닌 어떻게**how에 관심을 갖는 것이다. 게슈탈트 코치는 고객, 개인 또는 팀이 사업을 어떻게 거래하는지 파악하고 더 높은 기능을 달성하기 위한 새롭고 더 효과적인 방법을 실험하는 데 도움을 준다.

그룹이나 팀 안에서 관찰되는 행동 패턴과 상호작용을 자세히 살펴보면, 대화의 실제 내용이 항상 오해, 긴장, 어려움을 일으키는 주된 이유가 아니다. 물론 특히 논쟁이 되는 쟁점을 다루는 때에는 내용 자체가 어느 정도 역할을 하기는 하지만, 사람들은 보통 각자가 상대적으로 중요하다고 생각하는 정도와 관련 주제에 얼마나 개인적인 투자를 했는지에 따라 해당 내용에 강하게 또는 약하게 반응한다. 그런데도 다양한 주제에서 계속 부작용과 불협화음이 발생한다면, 내용보다는 프로세스상에 주요 문제가 있을 가능성이 크다.

프로세스에 따르는 것은 지금-여기 경험에 초점을 맞추는 것을 의미한다.

전경 형성, 알아차림 구축, 그리고 깊이 있는 접촉은 모두 현재 시점에서 일어난다. 선택하고 의미를 부여하고 중요한 결정을 내리고 새로운 해결책을 찾는 일도 **지금** 벌어진다. 우리가 원하는 것과 필요로 하는 것을 발견하는 것 또한 바로 **지금** 이루어진다. 우리가 그러한 요구를 충족하려고 노력할지 아니면 그렇게 하지 않기로 마음먹을지 알아내는 것조차 모두 **지금** 일어난다.

  앞서 언급한 것처럼, 이것은 역사적 사건의 중요성을 무시하는 것이 아니다. 오히려 그 반대로, 사람들이 이해받는다고 느끼게 하려면 그들의 과거 경험을 인식하고 확인하고 공감하는 것이 필수적이다. 문제는 과거 경험 그 자체가 아니라, 그 경험들이 현재에 어떤 영향을 미치는지가 더 중요하다. 예를 들어, 만약 어떤 사람이 이전 상사와 매우 부정적이고 상처받는 경험을 했다면(종결되지 않은 채) 그는 현재 상사와 미래의 상사를 불신하거나 조심스럽게 대할 수 있다. 현재에 대한 알아차림을 높임으로써 그는 자신의 현재 행동이 과거 경험 때문에 어떻게 영향을 받는지 통찰할 수 있을 것이다. 결과적으로 그는 자신의 행동이 갖는 의미를 이해하고 지금과 다른 행동을 선택할 가능성이 열려 있다는 것을 인지할 수 있다. 그 가운데 하나는 현재의 상사는 이전 상사와 완전히 다른 사람이라는 사실을 알게 되는 것이다. 즉 상황이 달라졌기 때문에 그는 더는 예전과 같은 행동 패턴을 반복할 필요가 없어졌으며 마침내 이전 방식에서 벗어날 수 있을 것이다.

  사람들은 향상된 알아차림을 통해 그들의 경험을 이전과 다른 방식으로 구성하게 되고 이 새로운 방식은 태도와 행동의 변화 가능성을 열어준다. 그러므로 코치의 역할은 고객의 호기심을 그들 자신의 프로세스에 관여하게 하거나 그룹 및 팀과 일하는 경우 그룹의 프로세스에 포함하는 것이다.

이것이 게슈탈트 접근법을 활용하는 핵심적인 측면이다.

만일 당신이 그 과정에서 누군가를 배제한 것처럼 생각된다면, 그것은 사실이다. 개인이나 팀의 코치로서 당신 또한 프로세스의 한 부분이기 때문이다. 이것은 장 관점의 핵심 과제이다. 당신은 분명 그곳에서 친구나 준 팀원이 아닌 전문가이자 장의 한 부분이기도 하다. 즉 당신이 영향을 미치는 만큼 당신도 영향을 받는다. 당신의 코치 역할이 효과적이라면 더 나은 방향으로 변화하는 데에 당신이 도움을 주는 것이며 당연히 당신도 그 과정에서 변화를 경험하게 될 것이다. 이것이 바로 전문가 지향이 아닌 프로세스 지향으로 일하는 방식의 본질이다.

운이 좋으면 당신이 좋아하고 존경하는 특별한 사람들을 만나 함께 일할 때도 있을 것이다. 그들과 잠시, 때로는 몇 달 또는 심지어 몇 년에 걸쳐 여행을 같이 다닌다고 생각해보라. 자연스럽게 강하고 애정이 넘치는 관계가 형성되고 작별 인사를 해야 하는 시간이 오면 양쪽에게 모두 슬픈 순간이 될 것이다.

적어도 첫 만남에는 당신이 별로 좋아하지 않는 사람들과 일해야 하는 때도 있을 것이다. 그렇지만 단지 그들을 즉시 받아들이지 않는다고 해서 나중에도 그들을 다르게 보지 않으리라는 것을 의미하지는 않는다. 현재 계속 진행 중인 재구성 과정의 하나가 장의 본질에 해당하며 여기에는 우리의 삶 속에서 사람들을 어떻게 생각하고 느끼는지가 포함된다.

• 변화에 대한 저항을 다루는 다양한 관점의 접근법

변화에 대한 저항과 관련한 많은 글과 이야기들이 있지만, 그것이 실제 어떻게 나타나는지 그리고 처음부터 유용한 개념인지조차 알기 어려울 정도로 엄청난 혼란이 존재한다. 다른 한편으로는, 우리가 저항이라고 말하는 데에 무언가 존재한다고 인생 경험은 말해준다. 우리는 그것을 다른 사람들과 우리 자신 양쪽 모두에서 지속해서 만난다.

외부적인 변화externally driven change - 조직 및 공동체 장면에서 저항

'저항'이라는 용어의 문제점 가운데 하나는 그것이 답을 주는 만큼 질문도 많이 불러일으킨다는 것이다. 그 가운데 몇 가지는 다음과 같다.

1. 저항은 단지 삶의 자연스러운 부분일 뿐이고 사람들 모두 때때로 변화에 반대하지 않는가? 다시 말해서, 너무도 평범한 것이므로, 우리는 변화에 대한 저항을 예상해야 하며 그것에 놀라거나 동요하지 말아야 한다.
2. 사람들이 저항하는 것은 변화 자체가 아니라 변화되는 것이 아닐까? 만약 사람들이 그들이 어딘가로 끌려간다고 의심하거나 왠지 위험하다고 여겨지는 느낌이 든다면, 그런 의심과 느낌에서 자신을 지키기 위해 경계한다.
3. 사람들은 자신이 진정으로 믿고 소중하게 여기는 것을 옹호하는가? 아니면 적어도 자기 자신과 자신이 소속된 집단 또는 공동체를 위해 변화의 이점에 주목하지 않는 것은 아닌가? 더 최악인 경우, 다른 사람들(보통 조직 맥락에서는 상사를 의미)은 그 변화와 상관없이 아주 잘 해낼 것으로 생각하고 매우 분한 마음을 가진다.
4. 아마도 변화가 가져올 결과를 아직 충분히 인식하지 못하고 그것을 다루는 초기 단계에 머무는 것은 아닌가? 그렇다면 현재 위협으로 여기

는 것을 미래에는 더 긍정적으로 볼 수도 있다.
5. 단순히 너무 많은 변화를 겪은 탓에 싫증이 나고, 그것을 참을 수 있는 인내 수준이 낮아진 것인가?

위 5가지가 결합하여 또 하나의 질문이 될 수 있으며, 이 외에도 다양한 질문을 던질 수 있다. 따라서 이른바 저항자들resistors 입장에서 외부 변화에 저항하는 원인이 무엇인지 어느 정도 파악하는 것은 어렵지 않다. 그들의 관점에서는, 저항이 온전히 합리적인 대응이며 만약 그들이 '저항하지' 않으면 조작이나 강압에 무방비 상태로 굴복하는 것과 다름없다.

리더 또는 최고 경영자 관점에서 보면 흔히 다르게 보이고 다르게 느껴지는 경우가 있다. 그들은 자신들이 옳은 일을 하고, 조직에 최선을 다하며, 적어도 그 상황에서 할 수 있는 최선을 다한다고 믿는다. 그래서 부정적이고 반대되는 반응에 맞닥뜨리면 절망한다. 기본적으로 그들은 되도록 신속하게 변화를 밀어붙이고 싶어서 저항에 대처하는 것을 소중한 시간과 에너지를 낭비하는 것으로 생각하여 귀찮게 여긴다. 또 저항을 개인적인 적대감으로 받아들여, 변화 자체에 반대하는 것이 아니라 그것을 추진하는 리더들에게 대항하는 것으로 생각할 수 있다.

작업 환경은 다양한 형태의 변화 저항을 관찰할 수많은 기회를 제공해준다. 즉 전적으로 다르면서 단언컨대 저항을 바라보는 중요한 관점이 존재한다. 그 가운데 하나는 우리 집안에 매우 가까이 있다. 흔히 사람들은 건강과 관련된 행동 양식을 바꾸려고 하지만, 변화에 대한 약속을 한 뒤에 그것을 지속하지 못하는 경우가 많다. 이러한 상황에서는 누가 또는 무엇 때문에 변화에 저항하며 그 이유는 무엇이라고 생각하는가?

내면 중심의 변화 internally-focused change

사람들 내면에 자리 잡은 양극적인 태도나 반대되는 힘을 인식함으로써 저항에 대한 게슈탈트 접근법의 핵심에 가까워지도록 만든다. 게슈탈트 이론가들은 변화를 촉진하고 저해하는 내적 변화를 일으키는 힘의 존재를 강조하는데, 그 가운데 많은 것이 알아차림의 바깥 영역(무의식 수준)에 있다고 한다. 다시 말해서 우리의 일부는 변화에 참여하고 즐길 준비가 되어 있는 반면, 다른 일부는 심지어 우리 스스로 결심한 변화일지라도 그것을 지연시키고 피하거나 대항하여 싸우기까지 할 수 있다.

개발과 변화를 위한 타이밍과 준비도

평가가 좋고 존경받는 노르웨이인 임원 폴Paul은 항상 해결해야 할 문제와 충족해야 할 과제를 던져주는 역할이 주는 자극을 좋아했다. 그는 무엇이든 끝까지 하는 것을 좋아하는 활동가로 알려져 있었다.

그는 항상 일요일부터 목요일까지는 집에서 떨어진 곳에서 살고 금요일에는 집으로 돌아갔다. 그리고 대부분 주말에 몇 시간씩 일하곤 했다. 그는 소속된 조직의 부대표로서, 내부 동료, 외부 공급업체와 정부 관료 등 다양한 사람들에게서 끊임없이 요구를 받았다.

경험 많은 전문가로 구성된 그의 직속 산하 팀은 그의 에너지와 헌신, 그리고 결과물에 대해 놀라움과 영감을 얻었지만, 그가 너무 많은 것을 떠맡고 업무를 위임하지 않으며 그의 개인 삶에 충분한 관심을 기울이지 않는 데에 우려하고 있었다. 그들은 직속 상사인 폴이 업무를 위임하고 사생활을 더 챙길 수 있도록 노력하였으나, 그는 그러한 노력을 무시하였다.

결국 HR 담당이사가 최고 경영자에게 폴에 대한 우려를 언급하였고 그를 위한 코치를 선임하도록 승인받았다. 그가 선뜻 코치를 만나겠다고 했지만 주변에서는 의심의 눈길을 거두지 않았다. 그들은 폴이 정말로 본인과 관련된 이슈들을 살필 준비가 되었는지 궁금해했다. 그의 담당 코치로 내가 선임되었고 나는 그를 4회에 걸쳐 만났다. 폴은 매우 매력적이었지만 분명히 코칭을 진심으로 대하지 않았다. 나는 그가 정말로 그의 코칭 안건들을 다룰 준비가 되어 있는지 질문을 통해 그에게 맞섰다. 그는 자기가 준비되지 않았다고 알고 있었으며, 결국 우리는 그 상태로 마무리 하였다.

그로부터 2년 뒤, 나는 HR 담당이사에게서 '폴이 당신을 만나고 싶어 합니다. 그에게 두 번째 기회를 주실 의향이 있습니까?'라고 묻는 전화를 받았다.

나는 그와 만나겠다고 동의했지만 여전히 지난번과 똑같은 과정을 겪는 것은 아닐까 하는 약간 회의적인 시각이 있었다. 물론 폴도 그것을 알고 있었고, 바로 직접 그 문제를 언급했다. '피터Peter, 당신이 무슨 생각을 하는지 알고 있습니다. 제가 이번에는 진지하게 임할지 궁금하시지요? 음, 저는 당신이 저를 더 알아줬으면 좋겠습니다. 당신은 지금 판단하지 않고 유보하겠지만, 이번에는 저 정말 진심입니다. 2년 전의 저는 준비가 되어 있지 않았습니다. 그때는 제가 완전히 이해하지 못했습니다. 믿어주세요. 지금은 온전히 이해하고 있습니다. 지금까지 지내온 것처럼 계속 살아갈 수는 없습니다. 집에 일이 생기고 말았습니다. 제가 바꿔어야 한다는 것을 알았습니다.'

그 순간, 그와 접촉되는 느낌sense of contact이 매우 강하게 느껴졌다. 우리 둘 다 그의 진실한 마음과 눈앞에 놓인 일의 중요성에 몰입하였다. 그와의 두 번째 코칭은 여러 측면에서 첫 번째와 완전히 달랐으며, 폴이 만들어 낸 변화는 주목할 만했다.

개발에 대한 저항

현재 많은 임원이 그들의 변화 어젠다를 직면하는 데 보통 2년이 걸린다고 한다. 그러나 많은 경우 2년 이상 걸리기도 한다. 어떤 사람들은 변화를 직면하는 데 필요한 도움을 전혀 얻지 못하기도 한다. 그리고 도움을 얻게 되더라도 앞서 제시한 임원진 팀 사례에서 볼 수 있듯이 그것을 신중하고 조심스럽게 다루어야 할 많은 이유가 있을 수 있다.

새로운 팀 코칭 프로세스를 시작할 때 나는 팀 내 절차와 문제에 대해 더 자세히 알기 위해 모든 팀 구성원을 만났다. 가장 경험이 많은 관리자 가운데 한 명이었던 샤롯데Charlotte는 내가 만나는 사람들 가운데 본인이 가장 마지막 순서였으므로 내가 이미 팀에 대해 꽤 좋은 인상을 주었을 것이라고 말했다. 그녀는 그것이 무엇인지 궁금해했고 팀 코칭 과정에 대해 구성원들이 기꺼이 참여하고자 하는 마음이 있어 보이는지 나에게 물어봤다.

나는 그 질문에 답하기엔 아직 이르다고 대답했다. 그녀는 잠시 침묵하며 창밖을 바라보았다. 잠시 뒤, '앞으로 어떻게 흘러갈지 제 생각을 말씀드릴게요. 팀 구성원들 모두 이런 경험이 많으므로 때를 기다릴 것입니다. 다른 사람들이 이 상황에서 어떻게 행동할지 보고 어떤 행동을 하는 것이 적절한지 결정할 것입니다. 저도 마찬가지일 겁니다. 사실 저는 일대일 코칭을 더 원합니다. 아무래도 일대일 장면에서는 저 자신을 더 꾸밈없이 보여줄 수 있어서 얻을 것이 더 많거든요.'

약 3개월 뒤, 두 번째 팀 워크숍을 하는 날, 나는 그들을 한 가지 실험에 초대했다. 이 실험은 그들이 왜 처음부터 이 과정에 '저항'했고 지금도 그런지 다양한 이유를 수집하기 위해서였다. 나는 중요도 순으로 순위를 매기라고 요청한 바 없지만 다음과 같이 6가지 이유가 수집되었다.

1. 당신을 모르기 때문에 믿을 수 없었다.
2. 어떤 과정을 거칠 예정인지 그리고 무엇이 필요한지 알지 못했다.
3. 너무 많은 시간이 걸릴 것 같았다.
4. 나 자신이 노출될 가능성이 있고, 진짜 노출되면 창피할 것 같았다.
5. 특히 상사와 동료들에게 멍청하게 보이고 싶지 않았다.
6. 우리의 발전만을 위한 것인지, 평가 목적도 포함한 것인지 의심할 수밖에 없었다.

'저항'이 있을 것이라는 점을 충분히 예상할 수 있었다.

코치에 대한 저항

코치에 대한 저항들은 팀 개발 과정에 착수할 때 흔히 작용하는 힘이다. 그 가운데 하나는 코치인 당신과 그들 사이의 관계인데, 당신이 반드시 이해하거나 통제할 필요가 없는 투사projections가 항상 있을 것이라는 점을 예상해야 한다. 이러한 역동을 다루는 것이 코칭 역할에 내재된 핵심 과제 가운데 하나이며 정답은 아니지만 분명히 몇 가지 고려해야 할 사항이 있다.

내가 『임원코칭의 심리학적 차원Psychological Dimensions of Executive Coaching』 (Bluckert, 2009) 책에서 제안한 것처럼, '코치라는 직업은 누군가를 다른 곳으로 데려가는 것이 아니다. 실제로 당신이 코치로서 그렇게 하려고 하면 지금보다 더 큰 저항을 만나게 될 것이다. 만약 우리가 변화를 어려운 것이라고 믿는다면 사람들은 그것에 대해 양면성을 느낄 것이다. 그들은 분명 변화에서 얻을 이점을 볼 수 있지만 동시에 그것을 위한 비용과 손해에 대해서도 알고 있다. 그뿐만 아니라 그들이 변화를 이루어낼 것이라는 확신도

거의 없다.'

그래서 저항을 극복하거나 돌파하거나 무시하려고 노력하는 대신에, 게슈탈트 접근법은 앞서 언급한 실험에서 한 것처럼 사람들을 알아차림의 단계로 끌어들이고 나서 그들의 갈등과 긴장감을 극복하도록 도와주고 궁극적으로 반대되는 요소들을 통합하는 그들만의 방법을 찾도록 도움을 제공한다.

다양한 관점과 다양한 현실

맥락과 상대방의 관점에서 보면 '변화에 대한 저항resistance to change'이라는 용어는, 이치에는 맞는다고 생각하지만 적절하지 않다는 시선으로 변화를 바라보는 것이다.

저항을 다양한 현실로 재개념화하는 것은 외부적인 변화에서 얻을 수 있는 이점과 단점에 대한 다양한 관점의 존재를 이해할 수 있을 뿐 아니라 변화를 찬성하거나 반대하는 데 작용하는 다양한 내면적 힘과 역동의 중요성을 일깨워 준다.

2장.
알아차림 향상 및 창의적 실험

● 알아차림 향상 – 게슈탈트 방법의 핵심

알아차림은 우리 자신, 다른 사람들, 그리고 그들과 우리 사이의 관계를 이해하는 경로이다. 또 자기 관리와 자기를 조절할 수 있는 능력, 즉 정서지능 Emotional Intelligence의 기초가 된다. 이는 코칭 과정에서 코치가 알아차림의 향상을 일으키는 주요 포인트를 이해하고 알아차림 향상을 어떻게 촉진할 수 있는지 알 필요가 있다는 것을 의미한다.

● 목표를 정하지 않은 알아차림과 지도된 알아차림[2] undirected awareness and directed awareness

게슈탈트에서 개방적이고 목표를 정하지 않은 알아차림과 지도된 알아차림 사이에 중요한 차이가 있다. 목표를 정하지 않은 알아차림 상태에서는 코치로서 인간적으로 가능한 수준에서 최소한의 편견, 예상, 가설을 가지고 작업에 접근한다. 현장에 직접 가서 놓인 상황에 몰두하고 전경이 되는 것이 무엇이든 그것을 알아차릴 수 있도록 자기 자신을 개방하는 것이다. 다시 말해서, 어떤 것이 눈에 띄고 여러분의 관심을 이끄는가에 집중한다.

개방적이고 수용적인 태도는 당신의 관심과 호기심을 사로잡을 것이다. 그것은 누군가의 목소리 크기, 악수의 강도, 또는 당신과 눈을 마주치는 것을 피하는 것만큼 간단할 수 있다. 또는 매력적인 활력, 순종적이면서 미안함이 가득한 관계 형태, 또는 에너지가 높낮이 없이 평탄한 상태일 수도 있다.

이러한 모드에서는 현장에서 무엇이 전경이 될지 예측하기 어렵다. 실제 현장에서 경험과 학습이 이루어지며, 가장 긴 시간 동안 관심과 에너지를 받은 전경은 어떤 것인지 테스트를 시작해볼 수 있다. 사실상, 어떤 끈의 끝자락을 따라가는 것이다. 더 정확히 말하면, 어떤 일에서 잠재적으로 생산적인 초점이 되는 것임을 알 수 있을 때까지 몇 가지 끈의 끝자락을 따르게 될 것이다.

새로운 프로세스 또는 기술적으로 **현상학적 방법**phenomenological method이라고 알려진 과정을 사용하는 것은 많은 코치에게 어려운 일인데, 그 이유는 높은 수준의 모호성과 불확실성을 다루어야 하기 때문이다. 그것은 높은 모호성과 불확실성 상황에서는 통제 수준을 낮추고, 호기심이 자유롭게 오가는 것을 인정하고, 확정된 결과일지라도 버릴 수 있다는 뜻이다. 이런 식으로 작업하면 몰입과 분명함, 엄청난 보람을 줄 수 있다. 이 방식으로 향하

---

2) 목표를 정하지 않은 알아차림undirected awareness과 지도된 알아차림directed awareness: 목표를 정하지 않은 알아차림은 정해진 방향과 규정 없이 지금 이 순간 일어나고 주의를 이끄는 현상을 따르는 알아차림이다. 지도된 알아차림은 어떤 것을 탐색하기 위해 조직화된 알아차림을 뜻하며, 자유연상이나 자유롭게 떠다니는 알아차림과 구분된다(알아차림, 대화 그리고 과정-욘테프 저, 김정규, 김영주, 심정아 공역, 학지사, 2008).

는 길의 곳곳에 금 같은 귀함이 존재하고 때때로 그것의 마법적 특성이 있기도 하다.

그것은 또한 필연적으로 비용과 위험에 대한 특정 요소를 수반한다. 먼저, 관련된 모든 사람을 불안하게 만든다. 기존 교육과 컨설팅 접근방식이 제공하는 것에 비해, 고객에게 숨을 곳 없이 적나라하게 노출된 것과 같은 느낌을 줄 수 있다. 코치로서 당신은 꼼짝 못 하는 것처럼 느끼고 예상보다 더 큰 혼란을 경험하기 쉽다.

어떤 고객들은 그것을 좋아하고 또 어떤 고객들은 강하게 반발한다. 그것은 너무 모호하고 느리게 보일 수 있다. 경영진들이 정신없이 빠르게 돌아가는 상황과 행동에 익숙하다는 것을 고려하면 별로 놀랍지 않다. 그들은 또한 경험, 조언, 해결책에 더 친숙하다. 목표를 정하지 않는 알아차림 방법은 마치 구조, 형태, 내용이 없는 것처럼 보일 수 있다. 최악의 경우 어떠한 유익함도 없고 마법 같은 해결책도 보장되지 않는다.

반면에 적극적이고 지도된 알아차림 접근방식은 고객의 기대에 더 부합한다. 어떤 이들은 코칭 프로세스의 장점과 순서화에 대해 이의를 제기할 수 있지만, 당신은 적어도 사람들이 더 쉽게 이해할 수 있는 수준으로 코칭 절차를 제공하고 있으며, 그로 인해 자주 확신과 자신감을 가질 수 있다.

적극적이고 지도된 알아차림 모드로 일하는 코치는 몇 가지 도구를 임의대로 사용할 수 있다. 가장 분명한 도구 가운데 하나는 이해와 통찰력을 얻기 위한 목적으로 질문을 활용하는 것이다. 대부분의 코칭 언어는 '좋은 질문'에 대한 훌륭한 지침을 제공하므로, 나는 분석, 정당성, 방어성을 만들어 낼 수 있는 '왜why' 질문보다 '어떻게how'와 '무엇what'으로 시작하는 질문들이 알아차림 향상에 더 도움이 된다는 뻔한 소리는 하지 않겠다. 게슈탈트 코치가 묻는 가장 생산적인 코칭 질문 가운데 하나는 '저에게 이야기하고 있는 바로 지금 무엇을 알아차리고 있습니까?'이다. 이 질문은 상대방을 지금 여기에 끌어들이고 스토리텔링 수준에서 (그 이야기가 그의) 어떤 감각, 감정, 새로운 통찰력을 끌어내는지에 대한 것으로 옮겨가게 한다.

또 대부분 코치는 알아차림을 향상하기 위한 목적에서 다면평가, 심리측정 검사, 정서지능 측정도구와 리더십 진단 등 다양한 도구를 사용한다. 이러한 모든 과정은 데이터를 제공하고 사람들이 이전에는 절대 고려하지 않았을지 모르는 성격 선호도, 학습 스타일, 리더십 성숙도에 대한 인식을 높인다. 철저하게 진행하는 '다면평가'의 경우, 다른 사람들이 자신을 어떻게 보는지에 대한 엄청난 양의 정보를 리더 본인에게 제공할 수 있다. 이것은 살면서 자신이 다른 사람들에 의해 어떻게 인식되는지를 너무나 명확하게 알게 되는 유일한 경우가 될 수 있어서, 아래 제시된 시나리오가 보여주듯 변화의 중요한 촉매 역할을 할 수 있다.

시카고에 본사를 둔 한 전자회사의 HR 담당이사가 CEO에게서 고위급 경영진을 위한 팀 개발 프로그램을 요청받았다. 그녀는 신속하게 도움받을 수 있는 외부 팀 자문단을 찾기 시작했다. 그러나 팀 퍼실리테이터는 팀이나 개인 계발 프로세스에 대한 경험이 없고 머리만 똑똑한 사람들로 구성되어 회의적인 시각을 가진 고객을 믿어야만 하는 상황이었다. 그녀는 이른바 케미라고 일컫는 효과적인 화학반응이 일어날 수 있을지 심각한 의구심을 품었다. 그녀는 세 곳의 코칭 회사를 알아보고, CEO를 따로따로 만나게 한 뒤에, 논의를 거쳐 진단 사용을 권장하는 회사와 진행하기로 선택하였다. 이것은 앞서 언급한 특징을 가진 임원 그룹에게 팀 코칭 프로그램을 도입하기에 데이터 기반의 프로세스가 가장 좋다고 생각했던 그녀의 생각과 일치하는 결정이었다.

결정된 코칭 회사는 벨빈의 팀 역할, 마이어스 브릭스 성격 유형 검사

MBTI, 정서지능 360 검사[3]의 세 가지 진단 프로세스를 동시에 진행하였다. 해당 회사는 나중에 대상자들에게 일련의 일대일 피드백을 전달하였다. HR 책임자는 모든 팀의 알아차림 수준을 높이고 자신과 팀 동료에 대한 새로운 통찰력을 만들어내는 데 이 훈련이 가치 있다고 평가하였다. 더 나아가, 그들은 확인된 개인코칭 어젠다를 통해 그들이 보유한 강점과 상대적으로 개발이 필요한 역량을 알아차리는 데 도움을 주었다.

이러한 방식으로 사용된 진단은 개발 과정에 매우 유용하게 활용될 수 있다. 그 자체로 그들은 중요한 개인적 변화와 획기적인 순간을 만들어 낼 수 있다. 즉 진단은 변화의 시작점이 될 수 있다.

그 외의 알아차림 향상 프로세스

공식적인 진단 활동 외에, 코치들이 고객의 알아차림을 향상하기 위한 목적으로 활용할 수 있는 다른 많은 프로세스가 있다. 하나는 리더 또는 임원진이 일상 업무를 수행하는 동안 바로 그 자리에서 '그림자처럼 관찰shadowing' 하는 것이다. 그리고 나서 직접 관찰한 내용을 다시 고객에게 전달함으로써 고객이 인지하지 못했던 행동과 반응에 대한 알아차림을 향상한다.

아마도 고객의 알아차림을 높이는 데 가장 덜 이용되지만 가장 강력한 방법 가운데 하나는 코칭 관계 자체에 집중하는 것일 수 있다. 고객이 동료들과의 업무 관계에서 경험하는 바로 그 역동들 가운데 일부는 코칭 공간에서 재현될 가능성이 있다. 고객의 관계 스타일, 권력과 통제에 관한 이슈, 행동 패턴, 그리고 세계관은 그들이 미처 지각하지 못한 상태에서 재연될 것이

---

3) The Institute for Health and Human Potential에서 만든 EI 검사지

다. 그 관계를 '전경'으로 짚어줌으로써, 코치는 오랫동안 뿌리 깊게 박혀 있던 존재, 사고 및 행동에 대한 고객의 알아차림을 높이고 강력하고 직접적인 배움의 원천에 접근할 수 있다.

양쪽 모두, 그리고 어느 한쪽도 아닌

게슈탈트 접근법에서 초점을 맞춘 질문focused questions, 개념적 모델, 그리고 일의 방향을 제시하는 프레임워크의 사용은 각자 나름대로 역할이 있다. 개방적이고 목표가 정해지지 않은 알아차림 접근방식을 경험하고 그것을 즐기는 고객 입장에서는 흥미와 기대치가 떨어질 수 있다. 그들에게는 지도된 알아차림 접근법이 지나치게 조언적이고 충분히 경험적이지 않아서 실망스럽게 볼 수 있다.

물론 많은 사람이 개방적이고 목표가 정해지지 않은 알아차림 모드가 게슈탈트 접근방식과 더 밀접하다고 생각하는 것이 사실이다. 다른 여타의 코치, 트레이너, 컨설턴트와 달리 게슈탈트 코치는 관련 깊은 일반적인 도구도 없이 나타나, '무엇인가what is'를 대상으로 작업한다. 파워포인트 강의안이나 세부적인 지침 설명서도 없다. 그 이후에 어떻게든 마술 같은 일이 벌어질 수도 있고, 아니면 아무 일도 일어나지 않을 수 있다. 어느 쪽으로 흘러가든지 고객은 그들에게 무슨 일이 일어났는지 또는 나중에 그들 자신을 위해 일부라도 어떻게 배울 수 있을지에 대한 내면적인 정보를 거의 얻지 못하게 된다. 그것은 여전히 신비롭고 손에 넣을 수 없는 상태로 남게 된다.

일부 게슈탈트 전문가들은 이 방법을 이용해서 거의 숭배(추종)에 가까운 지위를 얻었다. 더 과학적인 토대가 있는 것처럼 보이는 증거 기반의 접근법을 중시하는 사람들이 게슈탈트를 비난하게 만든 데에도 이 접근법이 상당한 원인을 제공한다는 주장도 있다. 그들은 어느 정도 타당한 이유로 게슈탈트 연구자 개인을 '숭배cult'하는 것처럼 보이는 데에 반발하였다.

그렇다면, 진정한 게슈탈트 방법은 실제로 목표가 정해지지 않은 알아차림 모델에 확고하고 정확한 기반을 두고 있는가? 게슈탈트 코치는 숄더백 하나면 충분할 정도로 그렇게 가볍게 움직여야 하는가? 내 견해는 조직 맥락에서 일하는 게슈탈트 코치는 두 가지 접근방식에 대해 스스로 선택하여 자유롭게 일할 수 있어야 하며, 어느 한쪽도 반대쪽과 비교하면 더 좋지도 나쁘지도 않다고 생각한다. 문제는 언제 각각의 모드를 작동하느냐 하는 것과 더 관련이 있다. 이것이 함의하는 바는 게슈탈트 코치는 새롭게 등장하는 프로세스로 일할 수 있어야 하며, 리더, 팀 및 조직의 기능 향상에 도움이 될 수 있는 프레임워크와 프로세스를 잘 갖춰야 한다. 다시 말해서, 숄더백 하나 이외에 조금 더 큰 가방까지 두 개의 가방은 필요하다고 할 수 있다.

나는 이것이 조직 고객들이 믿을 만한 조언자를 원한다고 말하는 것과 잘 맞기 때문만이 아니라, 조직적으로 더 적절하고 지속 가능한 게슈탈트 코칭 접근법이라고 생각하기 때문이다. 개인과 팀코치를 고용하는 CEO, HR 담당이사 및 기타 임원급 팀 리더들은 프로세스 컨설팅, 그룹 촉진, 개인과 팀 코칭 등 다양한 전문성을 활용할 수 있을 것으로 기대한다. 어떤 이들은 또한 자기계발과 변화에 관한 사고 리더십과 높은 성과를 내는 팀워크의 조건들을 탐색한다. 이는 코칭의 역할이 정해진 내용 없이 목표를 정하지 않은 알아차림을 인지하는 것에서부터 교육 또는 컨설팅에 더 가까울 정도로 전문성과 지식을 전달하는 데 이르기까지 넓은 범위를 포괄한다는 것을 의미한다.

창의력 발휘의 허용

창의적 실험의 목적은 알아차림과 통찰력 수준을 높이고 확장하는 데 있다. 사이코드라마라고 알려진 제이콥 모레노Jacob Moreno(1889-1974)의 상상력 짙은 작업에서 영감을 받아, 초기 게슈탈트 전문가들은 새로운 게슈탈트 치료법에 실험 관행을 접목했다. 그 이후로 이것은 게슈탈트 접근법의 큰 특징으로 여겨지고 있다.

지금까지 살아오면서 만약 당신이 게슈탈트 워크숍을 경험한 적이 있다면, 당신은 그때 일어나던 대화에서 자연스럽게 실험을 고안한다는 생각이 분명히 들었을 것이다. 게슈탈트 리더는 당신의 이야기를 듣고 있었을 뿐 아니라, '무엇에 관해 이야기하는 것'에서 '창조적인 실연enactment[4]'으로 돌릴 수 있는 계기를 찾고 있었을 것이다.

실험은 미리 구성된 설계의 일부인 코칭 또는 워크숍 상황으로 이동하지 않는다. 실험은 자연스럽게 대화에서 벗어나며, 그것의 목적은 학습을 쉽게 하고 더 많은 실험적인 태도를 심어주고 고객에게 새로운 사고와 행동을 하도록 독려하는 데 있다.

실험은 코칭을 받는 고객 또는 팀이 그들의 경험을 더 능동적이고 역동적인 방법으로 탐구할 수 있도록 하는 수단이며, 행동과 상상력을 안전하게 표현할 수 있는 공간을 제공한다. 그뿐만 아니라 감정을 해소하는 통로를 제공하기도 한다.

고전적인 게슈탈트 기법인 두 의자 기법은 새로운 프로세스와 궁극적인 결과를 예측하기 어렵고 분명 탐구심을 따른다는 점에서 실험으로 간주할

---

[4] 실연enactment: 내담자가 자신에게 중요했던 과거의 어떤 장면이나 미래에 있을 수 있는 장면들을 현재 상황에 벌어지는 장면으로 상상하면서, 어떤 행동을 실제로 연출해 보는 것. 김정규, 게슈탈트 심리치료, 2015. 학지사

수 있다. 그러나 사람이 다른 공간에서 말하고 그들 사이에서 말하도록 초대하는 다소 형식적인 특성은 지금-여기에서 실험의 참신한 공동 창조의 원칙에 반한다.

게슈탈트 실험은 아이디어와 **무언가를 시도하라**는 안내(제안이라고 불러도 무방한)에서 시작된다. 그 실험들은 코치와 피코치의 대화 및 그들 사이의 동의와 수용에서 빚어지는 창의적인 프로세스를 통해 순간적으로 만들어진다. 공동 창작 프로세스의 중요한 장점은 참가자들이 주도권을 잡고 그들의 상상력과 직관에 따를 수 있도록 한다는 점에 있다.

실험은 경험학습을 자극하고 은유, 환상, 시각화, 상징성을 활용할 수 있다. 이때 코칭 세션 또는 팀 워크숍이 이루어지는 공간에서 함께 만들고 실연하는 경우가 많지만, 그곳을 벗어나 실제 삶의 환경에서도 연습해볼 수 있다.

실험 사례

비즈니스 코칭에서 가장 일반적으로 제기되는 이슈 가운데 하나는 코칭 고객이 자신의 상사 또는 다른 동료와의 관계에서 겪는 어려움이다. 해당 이슈에 관한 이야기를 꺼내면서도 그들은 스스로 그 어려움에 대해 본인이 가졌던 감정의 정도에 놀라기도 한다. 이야기를 듣던 중 어떤 시점이 되면 그 고객에게 '지금 이야기한 내용 가운데 어느 것이라도 그 상대방에게 직접 이야기해본 적이 있습니까?'라고 물어볼 수 있다. 그럴 때 흔히 대답은 이러하다. '음, 방금 코치님께 이야기한 것처럼 말해본 적은 없습니다. 사실 대부분 내용을 저 혼자만 간직하고 있죠.'

위 시나리오와 관련된 실험은 코칭 대화 범위 안팎에서 어떤 행동을 시도하는 형태를 취할 수 있다. 코칭 대화 안에서는 고객에게 비유적으로 '그 상대방을 이 방으로 데려오라'라고 제안하고 상사 또는 동료가 현재 눈앞에 있다고 생각하고 직접 말하도록 할 수 있다. 실험의 구성은 이렇게 될 수 있다. '샐리Sally가 지금 여기에 있다고 생각해보세요. 그녀에게 무슨 말을 하겠습니까?' 고객이 이 행동을 시도할 때를 살펴보면, 앞서 분명히 그들과 갈등을 경험하고 있다고 말했는데도 표현이 상당히 억눌려 있다는 것을 알아차릴 것이다. 당신은 그때 일어났던 일을 떠올리며 더 많은 힘과 에너지를 몰입하여 말하도록 고객에게 제안할 수 있다. 이것은 결과적으로 과거 사건과의 더 강력한 접촉을 만들어낼 수 있고, 고객에게 돌파구 또는 감정적 해소를 가능하게 할 수 있다.

코칭 대화 범위 안에서 이루어지는 위와 같은 안전한 표현은 이슈에 대한 해결 의지를 만들어내기에 충분할 수 있다. 다른 경우에는, 해당 상사 또는 동료와 실제로 대화를 나눠야 할 수 있다. 즉 코칭 대화에서의 실험은 실제를 위해 연습하는 기능을 한다.

더 일반적으로는, 다음에 제시되는 사례에서 나타나듯이 코칭 고객 스스로 다른 사람들과 공유하는 것을 지나치게 억제한다는 것을 알아차릴 수 있다.

스위스의 한 의료 기관 CEO인 마르셀Marcel은 이렇게 말했다. '나는 훌륭한 CEO라면 결코 자기 감정을 직원들과 공유하면 안 된다고 생각했다. 그것이 불확실성과 의심을 불러일으킬 우려가 있다고 생각했기 때문이다. 그리고 사람들의 신뢰를 잃을 수 있다고 생각했다. 그러나 이제는 그렇게 생각하지 않는다. 그래서 내 직속 팀뿐만 아니라 우리 직원에게 내 감정을 공유하는 실험을 하고 있다. 나는 'CEO와 함께 하는 시간'을 만들어 주니어 레벨의 직원들과 더 가까워졌다. 그들은 내가 포장된 이야기를 하는 것을 원하지 않는다. 내가 하는 말에 휘둘리지 않고 실제로 어떤지 그들이 직접 다룰 수 있다고 믿는다. 우리가 어떤 목표를 함께 추구하여 어떻게 일하고 어떻게 살고 싶은지에 대해 대화를 나눈다. 이것은 단순히 과제나 결과에 관한 것이 아니라 발전적인 대화에 해당한다. 그래서 나는 자신 있게 이야기할 수 있다. 그들은 나와 대화하는 이런 방식을 좋아하고 나 또한 그러하다고.'

팀 코칭에서의 실험

운송업계에 종사하는 12명의 고위급 관리자로 구성된 이 팀의 경우, 한 팀으로서 가장 시급하게 개선해야 하는 분야 가운데 하나는 소통의 질을 높이는 것이라고 진단했다. 그들은 서로의 이야기를 잘 듣지 않고, 자주 방해했으며, 해결되지 않은 여러 문제를 버려뒀음을 인정했다. 그들에게 점수를 매기게 하는 간단한 실험을 해보니, 대략 팀 커뮤니케이션의 질은 10점 만점에 3점~6점 사이였고, 평균은 4점을 조금 넘긴 수준이었다.

팀 워크숍을 하기에 앞서, 팀 리더인 폴리나Paulina는 나에게 긴급한 사업 관련 세션을 워크숍 중간에 약 2시간 정도로 시간을 할애해 달라고 부탁했다. 그 날이 되자, 나는 그들에게 둥글게 둘러앉아 서로 더 강하게 결속하여 토의하는 실험을 하자고 제안했다. 그들이 의자를 배치했을 때 그 구성은 흥미로웠다. 누가 봐도 원이 아니었기 때문이다. 일부 사람들은 의자를 더 끌어당겼고, 다른 일부 사람들은 의자를 더 멀리 떨어뜨렸다. 배치된 의자 모양을 보고 많은 사람이 웃음을 터뜨렸다. '우리가 어떻게 앉았는지 봐요. 다 여기저기 떨어져 있네요. 혹시 우린 서로를 두려워하거나 뭐 그런 걸까요?'

나는 그들에게 간단한 실험을 하나 제안했고 그들은 동의했다. 그들에게 방이 허락하는 한 멀리 떨어지게 의자를 옮기되 원을 만들어야 한다는 기존 원칙을 지키도록 요청하였다. 그러자 그들은 방의 가장 끝부분에 위치하였다. 그 시점에 나는 그들에게 지금 이렇게 멀리 떨어져 있는 상태에서 그들이 각자 경험한 것에 주목해달라고 요청하였다. 그러고 나서 그들에게 조금씩 한 번에 1미터씩 의자를 움직이게 하고, 물리적으로 되도록 아주 가깝게 모일 때까지 각각의 거리와 근접성이 어떻게 느껴지는지 기록하게 하였다. 당연하게도, 그들은 그 자리에 오래 머물지 않았다. 나는 그들에게 이제 가장 편안하고 '적당하다'고 생각하는 곳으로 의자를 옮기라고 안내하면서 그들의 불편감을 덜어주었다. 그 결과, 매우 친밀한 형태의 동그라미를 형성하였는데, 맨 처음에 만들었던 배치에 비해 눈에 띄게 가깝게 앉은 것을 확인할 수 있었다.

그러고 나서 그들은 사업 관련 대화를 시작했는데, 보통의 팀 논의에 비해 상호작용과 대화의 질이 더 우월했다고 보고했다. 짧은 휴식 뒤 사업 논의를 진행하려 할 때 폴리나가 나에게 고개를 돌려 말했다. '저에게 또 다른 실험에 대한 아이디어가 있어요. 이 주제에 대해 한 그룹은 안쪽에서 논의를 진행하고 다른 그룹은 바깥쪽에서 그들을 관찰하면 어떨까요? 그다음에는 역할을 바꿔서 해보는 거죠. 그럼 바깥쪽 그룹은 안쪽 그룹이 소통하는 질에 대해 피드백을 제공할 수 있을 것 같아요.' 그들은 폴리나가 제안한 대로 실험을 시행하였고, 안쪽에 있는 그룹은 모두 서로의 말을 주의 깊게 듣고 대화에 기여하는 모습을 보였다. 바깥쪽 그룹에서 매우 긍정적인 피드백을 들은 뒤 그들은 역할을 바꿨다. 두 번째로 다시 해보았을 때도 상당히 생산적인 팀 대화가 이루어졌으며, 제공되는 피드백은 실험의 첫 번째 순서에서 인식된 개선사항들을 반영하고 있었다.

그들은 실험에 참여한 경험과 폴리나가 그렇게 훌륭한 과정을 생각해낸 것을 기뻐했다. 그들은 그녀에게 그 순간에 그 실험을 발명한 것이냐고 물었고 그녀는 그렇다고 대답했다. 그녀는 자신이 발명한 실험이 '금붕어 어항goldfish bowl[5)]'이라고 알려진 전형적인 조직개발OD 활동이었다는 것을 알지 못했다.

프로 스포츠계에서의 실험

프리미어리그 축구 클럽의 팀 매니저인 조지Jorge는 스스로 좋아하지 않지만 도움이 되지 않는 행동 패턴을 반복하고 있으며 선수들에게 문제를 일으키고 있다는 것을 인식했다. 토요일 경기를 위해 매주 훈련과 준비를 마친 뒤, 그는 이성적으로는 그와 코칭 팀이 목표 달성을 위해 할 수 있는 모든 것을 다 했다고 믿었기 때문에, 이제는 선수들에게 모든 것이 달려있다고 생각했다. 그러나 경기를 시작하기 30분 전, 그리고 경기 하프타임[6]과 종료 후에 '비이성적인 조지'가 자꾸 나타났다. 이 '비이성적인' 조지는 긴장과 불안으로 가득 차 있었으며, 그의 행동 패턴은 탈의실로 들어가 선수들에게 '집어치워'라고 말하는 것이었다. 그는 각 선수에게 일련의 지시를 내리면서 그들의 임무, 팀 게임 계획, 만약 그들이 먼저 점수를 낸다면 어떻게 해야 하는지, 아니면 상대 팀이 먼저 점수를 냈을 때 어떻게 해야 하는지, 모든 종류의 정보를 말하는 진행자를 상기시켰다. 선수들은 이러한 조지를 무시하고 집중력을 유지하기 위해 신경 쓰지 않으려 했다. 그들은 모두 다음 경기에 선발되기를 원했기 때문에 그의 일반적인 지시에 고개를 끄덕이는 동작을 취하곤 했다.

  조지는 하프타임 때 그들이 지고 있으면 호통을 치고 후반전에는 어떻게 경기해야 하는지에 대해 수많은 아이디어를 쏟아내곤 했다. 풀타임 때에는 자제력을 잃기 쉬웠으며, 때때로 신체적 공격성에 가깝게 행동했다. 이 팀이 그동안 보지 못하고 알지 못했던 것은, 조지가 경기가 끝나고 본래 상태로 돌아오는 데 약 24시간이 걸린다는 점이었다. 그는 쉽게 잠들지 못했으

---

5) 금붕어 어항: 공개적인 환경에서 행동이 다 노출되는 상황
6) 하프타임: 전반전 종료 후 쉬는 시간 15분, 풀타임: 경기 종료 후

며, 시간을 보내기 위해 밤에 비디오를 시청하였다.

그의 코치로서, 나는 그가 팀과 자신을 위해 최선이라고 믿는 것을 바탕으로 그가 어떻게 되고 싶은지 질문했다. 그는 매우 명확했다. '경기 시작 전에 조용히 들어가서 침착한 영향력을 발휘해야 한다고 생각한다. 예를 들어, 용기가 필요한 사람에게는 격려하는 말을 하고, 하프타임에는 선수들이 더 받아들일 수 없으므로 최대 세 가지 생각만을 말해야 한다. 그리고 풀타임에는 내 생각과 감정을 혼자만 간직하고, 경기에 대한 반성은 나중에 하고, 월요일 점검 회의 때까지 그것을 유지해야 한다.'

우리는 그가 다음 몇 경기에서 어떻게 다르게 행동할 수 있는지 논의했고, 그는 몇 가지 새로운 행동 방식을 시도하기로 하였다. 사실상 우리는 몇 가지 실험을 함께 진행했다. 이 단계에서는 스스로에 대한 믿음이 너무 부족했기 때문에 첫 번째로 시도한 행동은 선수들이 잘 되기를 기원하기 위해 잠시 들르는 것 외에는 경기 시작 전 탈의실에 들어가지 않는 것이었다. 하프타임 때 그는 미리 세 가지 이내로 의견을 준비해서 그들에게 말하는 것이다. 그러나 경기 뒤에 바로 언론 인터뷰를 하고, 코치진과 브리핑하는 시간을 갖고, 몇 마디 할 준비가 되었다고 느낄 때만 탈의실로 가서 조심스럽게 말하는 것이었다.

그다음 주 토요일 오후 2시 45분경, 경기 시작까지 15분 남은 상태에서 나는 조지에게 전화를 받았다. 그가 말했다. '내가 얘기한 대로 지금 잘 지키고 있어서 코치님께 연락했습니다. 사실 탈의실로 들어가고 싶은 충동을 이겨 내기 위해 지금 복도를 돌아다니고 있습니다. 그런데도 미치겠네요.' 하프타임과 풀타임 때에도 그는 자기 계획을 지켰다. 이전 경기를 검토하기 위한 월요일 팀 회의에서 선수들은 왜 감독이 그간의 행동 패턴을 바꾸었는지 물었고 그는 그 이유를 설명했다. 좀 더 용감한 선수들은 '감독님! 잘하

셨어요. 이유가 뭔지 궁금했거든요'라고 적극적으로 반응했다. 그리고 나서 그는 감독인 자신의 행동 패턴 변화가 선수들에게 도움이 되었는지 물었다. 많은 선수가 그렇다고 하면서 감독의 행동 패턴 변화가 큰 차이를 만들었다는 점을 확인해 주었다. 다시 말해서, 선수들은 감독이 제시하는 모든 정보를 받아들일 수 없었고 그러한 감독의 기존 행동들은 선수들을 더 긴장시킬 뿐 경기에는 도움이 되지 않았다.

마지막 사례는 곤경에 처한 팀의 선수와 코칭 스태프들이 함께 간 팀 워크숍에서 일어났다. 그들이 맞이한 곤경은 아주 심각했다. 이 클럽은 그들이 소속된 프리미어 리그에서 생존하기 위해 고군분투하고 있었다. 시즌은 약 3분의 2 정도 지난 상태였다. 그 팀은 리그 최하위에 있었으며 바로 위 팀과의 격차는 7점이었다. 당시 리그 기록은 다음과 같았다.

총 경기	이긴 경기	비긴 경기	진 경기	승점
24	3	5	16	14

강등을 막기 위해서는 남은 아홉 번의 경기에서 추가로 14점이 필요했다. 아무도 그들이 그것을 성취할 것으로 믿지 않았다. 결국 지금까지 24경기에서 14점만 따냈다면, 남은 아홉 경기에서 14점을 더 얻는 방법은 무엇일까?

해당 문제를 분석한 결과는 팀 매니저, 코칭 스태프, 그리고 팬 모두에게 매우 명백했다. 간단하게 선수들이 그저 실력이 없었고 그냥 잘 못 하는 팀이었던 것뿐이었다. 더 큰 문제는 그들이 선수들을 바꿀 정도의 재정적인 여유가 없다는 것이었다. 그러므로 이번 시즌은 경기력을 발휘하지 못하는 바로 그 선수들로 마감해야 했다.

그 클럽은 고위 간부들을 통해 외부 사업팀 조력자들을 고용하여 그들을 돕는 이례적인 조처를 했다. 축구계가 상당히 폐쇄적이고 기업 조직에서 활용되는 팀 코칭 프로세스가 그들에게는 비교적 알려지지 않은 것이었기 때문에 이례적이었다고 할 수 있다. 팀 간부들은 필사적으로 변화를 원했고 선수들을 바꿀 수 없다면 그들이 영향을 줄 수 있는 유일한 것이 팀의 수행력이라는 것을 알았기 때문에 그런 결정을 내리게 되었다. 급히 소집된 팀 워크숍을 위해, 전체 선수단과 관리팀은 이틀간의 프로세스에 참석하려 호텔에 나타났다. 그들은 의기소침하고 절망적인 안색을 보였다. 그러나 진단할 시간은 없었다. 단지 팀 매니저, 클럽 책임자와 두어 번의 미팅을 하는 것으로 갈음했다.

참가자가 마음을 열고 관여하지 않을 것이라는 두려움이 있었으므로 워크숍에 대한 기대가 낮았다. 그들은 너무 냉소적이거나 참여하는 것을 너무 쑥스러워했다. 그러나 그것이 근거 없는 것이라는 것을 알고 난 뒤, 모든 선수가 마치 물장난을 하는 것처럼 받아들였다. 그 과정은 카타르시스를 드러냈고 선수들은 48시간 전까지만 해도 부족했던 강력한 희망, 낙관성, 협동심 그리고 새로운 공통 목표를 가지고 호텔을 떠났다. 이틀 동안 축구 경기가 없었다. 단지 가장 중요한 문제들에 관한 대화를 용이하게 했다. 팀 워크숍을 운영하기 위해 외부 팀 진행자를 클럽으로 불러들이는 것은 그 자체로 중요한 실험이었다고 말할 수 있다. 그렇지만 나는 그 과정에서 나타난 세 가지 작은 실험에 초점을 맞추고자 한다. 그 실험들은 유의미하고 확실한 충격을 주었다.

세 가지 실험

첫 번째는 수비수, 미드필더, 포워드 모두가 하위 그룹에서 시간을 보내면서 그들이 더 많거나 더 적거나 똑같이 원하는 것을 공유하는 실험이었다.

이 과정은 워크숍의 긴장 수준을 높게 끌어올리면서 과열되는 양상을 보였다. 각 포지션의 선수들은 원래 팀으로 돌아가 그들이 나눈 논의 내용과 나머지 팀원들에게 필요한 사항을 팀 전체에 보고했다. 물론 감정적으로 소진되는 논의였음이 분명하지만, 실전에 초점을 맞추며 주요 행동을 확인하는 기회가 되었다. 그 가운데 하나는 미드필드 선수들이 더 자주 슛을 시도하기를 원했다는 것이다. 이것이 일상적이고 분명한 경기의 일부처럼 보일지 모르지만, 각각의 미드필더 선수들은 자신들이 슛하지 않고 위험이 낮은 쉬운 패스를 선택했다고 인정했다. 그 이유는, 그들 모두가 그들의 슛이 높고 넓게 날아가서 결과적으로 동료들과 관중들이 뒷말을 할까 봐 두려움에 사로잡혀 있었다. 미드필더 가운데 한 명인 던컨Duncan이라는 매우 노련한 선수는 그가 자신의 행동을 바꾸고 더 자주 슛을 해야 할 필요가 있다고 인정했다. 그는 팀 전체에 이 약속을 했다. 그는 더 자주 슛을 할 것이다. 지금은 실험의 순간이었고 나는 그에게 얼마나 자주 슛을 하겠느냐고 물었다. 그는 다음 경기에서 두 번 슛하겠다고 대답했다. 나는 열 번을 제안했고 팀원들도 유쾌하게 동의했다. 던컨은 그것을 네 번까지 하겠다고 협상했다. 그가 몇 경기 동안 골대를 향해 슛을 쏘지 않았다는 것을 고려할 때 이것은 위험을 감수하겠다는 의지를 나타낸 것이다.

리더십에 관해서는 두 가지의 중요한 변화 행동을 구체화하였다. 클럽 관리뿐만 아니라 모든 경기를 해야 한다고 느꼈던 선수 겸 매니저인 앨런Alan은 팀에서 물러나 자신의 터치 라인 책임에 전적으로 집중하라는 설득을 받았다. 그 역할은 많은 선수를 대신하여 그들이 강하게 원하는 민감한 사안을 제기할 용기가 필요하다. 앨런은 그것을 진심으로 받아들였다. 그는 한 발 물러서서 팀을 믿는 실험을 할 것이다.

다른 한 명은 팀 주장인 로비Robby에 대한 걱정거리인데, 로비는 최근 경기에서 자신감을 잃었고, 더 중요하게는 그가 방향성을 잃었다고 시인한 것이었다. 만약 가장 힘든 시간을 보낸 선수에게 상이 주어졌더라면, 로비는 분명히 그것을 가지고 떠났을 것이다. 그의 재등장은 선수로서 그리고 경기장의 리더로서의 팀의 견인차 역할을 확실하게 할 것이다. 로비는 아주 강력한 피드백을 받아 자신을 깊이 이해하고 스스로를 재발견하기 시작했다.

주요 실험의 영향 – 작은 실험들도 마찬가지다.

그렇지만 결과가 달라질까? 마지막 분석에서 그 팀은 17점이 필요했다. 워크숍 3일 뒤에 첫 경기가 열렸다. 그들은 4점을 연달아 잃었다. 전반 20분 던컨은 골문에서 25야드 떨어진 곳에서 볼을 받아 그의 시즌 골을 터뜨렸다. 그것은 네트 상단 구석으로 날아갔고 그 볼은 「풋볼」 잡지의 표지를 장식했다. 그들은 그 경기에서 이겼다. 그리고 그때부터 경기에서 이기거나 무승부를 계속했다. 최고 팀에게 패배하더라도 그들의 자신감과 믿음을 꺾지는 않았다.

 그들은 살아남기 위해 이겨야 하는 최종 경기에 들어갔다. 홈경기장을 떠나 있었고 모든 시즌이 그 경기에 달려있었다. 비가 오고 바람이 부는 밤에 이 힘든 싸움은 70분이 지나도록 여전히 0대0의 대치 상태가 이어졌다. 이때 코너킥이 주어졌다. 덩치가 큰 센터하프이자 주장인 로비가 위쪽으로 올라갔다. 코너 킥이 올라왔고 로비는 마법의 골을 향해 힘차게 돌진했다. 그리고 마침내 그 경기에서 승리를 낚아챘다. '팀 코칭 실험' 뒤 팀의 기록은 다음과 같다.

총 경기	이긴 경기	비긴 경기	진 경기	승점
9	5	3	1	18

어떤 기준에서 보더라도 이것은 대단한 전환이었다. 점수 측면에서 성과는 252% 향상되었으며, 시즌 내내 같은 수준의 성공을 유지했더라면, 그 클럽은 탁월한 리그 우승자에 이어 2위를 했을 것이다.

달라진 결과와 함께 또 다른 변화가 일어났다. 이전에는 저조하거나 못하는 선수로 인식되었던 선수들이 점차 자신이 맡은 영역을 감당할 능력을 넘어 '훌륭한 선수'로 인식되었다. 실제로, 어떤 선수들은 시즌이 끝날 때 이적시장의 핫-딜이 되었고 더 큰 클럽으로 이적했다. 아주 특별한 일이 일어났다.

실행 고려사항

실험적인 방법으로 일하는 것은 코치들에게 창의적이고 독창적일 수 있는 무한한 기회를 제공한다. 모범 사례를 위한 몇 가지 지침은 다음과 같다.

- 실험이란 맥락, 스토리, 대화, 그리고 실제 느껴진 경험에서 나와야 한다.
- 새로운 학습 전망을 제공하는 것은 충분히 도전적이지만, 고객이 불안이나 당황함에 압도되지 않도록 해야 한다.
- 비록 여러분이 실험의 평가를 위해 아무리 많은 주의와 조심을 기울이더라도, 사람들은 빠르게 내부 현실과 강하게 접촉할 수 있다. 그들이 어떤 것 또는 누군가에 대한 강한 감정에 놀라는 것은 드문 일이 아니다. 따라서 이러한 방식으로 작업할 때 감정적인 표현이 예상되어야 한다.
- 실험은 무언가를 시도하도록 초대하는 형태를 취해야 한다. 먼저 동의를 요청하고, 가능한 경우 실험이 협업으로 함께 이루어져야 한다.
- 실험이 저항을 증가시킬 수 있으므로 고객이 장애물을 만날 때는 조율해줘야 한다. 장애물을 뛰어넘도록 격려하는 것보다 단계를 나누고 한

발 뒤로 물러서는 것이 더 적절할 수도 있다.
- 타이밍이 중요하다: 개입이 절대적으로 옳게 보일 수 있지만 개방성과 수용성에 관한 판단 착오 때문에 실패할 수 있다.
- 경험이 풍부한 게슈탈트 전문가들이 창의적인 실험을 쉽게 만드는 것처럼 보이지만, 그렇지 않다. 그 탁월함을 성취하기 위해서는 시간과 연습을 해야 하는 수공예 같은 기술이다.

그것은 또한 위험을 무릅쓰는 용기가 있어야 한다.

- 창의적인 실험에 대해 생각할 때, 우리는 특정 실험을 넘어서 실험적인 태도나 사고방식을 장려하는 더 넓은 시각으로 생각할 필요가 있다.

3장.
케이프 코드 모델

본 장에서는 코칭에 적용된 케이프 코드 모델Cape Cod Model(CCM)을 설명한다. 이 프레임워크의 기원은 게슈탈트 국제연구센터Gestalt International Study Centre(GISC) 소속 에드윈 네비스Edwin Nevis, 조셉 멜닉Joseph Melnick, 소냐 마치 네비스Sonia March Nevis의 연구에 기반을 두는데, 이들은 전문가로서의 입장과 개입 시 일련의 행동 지침을 정의하였다.

케이프 코드 모델

'강력한 미시적 수준의 개입을 통한 조직 변화 – 케이프 코드 모델(2008)'이라는 논문에서 저자들은 케이프 코드 모델을 '제3자의 개입, 코칭, 팀 구축, 리더십 개발 및 전략적 조언'에 적용할 수 있는 게슈탈트 접근법이라고 설명한다. 그들은 모델의 기원을 소냐 마치 네비스가 1960년대와 1970년대에 커플과 가족 치료 분야에 접목했던 모델에 두었으며, 뒤에 이 개념을 조직 컨설팅과 리더십 개발에 적용하기 위해 동료들과 함께 다듬었다. 이 개념에는 두 가지의 주요 구성요소가 있다. 하나는 개입 전문가의 일반적인 태도와 행동이며, 다른 하나는 행동 순서 지침이다.

개입 전문가의 입장

- **인간의 능력에 대하여 낙관적 견해를 가져라**

  이러한 입장은 사람들이 주어진 시간에 최선을 다하고 있다는 게슈탈트 원칙에서 비롯되며, 그 사람의 인생관이나 세계관 이상의 것을 포함하고, 긍정적이고 고무적인 말을 통해 고객에게 능동적으로 이러한 태도를 전달하는 것이 중요하다.

- **'부드러운 시선'으로 관찰하라: 편안하게 기다리기**

  이것은 인내와 수용적인 태도를 위한 일반적인 조언이다. 본인을 포함한 상호작용 과정에서 일어나는 일을 있는 그대로 받아들일 수 있도록 충분한 시간을 가지고, 섣불리 개입하지 않은 채 어떤 패턴이 나타나기를 기다리라고 말한다.

- **시스템 대 개인에 초점을 두는 법**

  그룹 상황에서의 개입은 주로 사람들에게 직접 진술하거나 질문하게 하고, 전체 시스템이 어떻게 작동하는지 궁금증을 더 갖도록 설계한다. 행동이 갖는 의미는 개인의 성격이나 심리적 상태보다 맥락 상황과 집단 내 상호작용을 통해 더 이해할 수 있다. 이것은 장 접근$_{\text{field approach}}$과 일치한다.

- **실험적인 태도를 장려하라**

  다른 게슈탈트 접근법과 마찬가지로, 이 모델은 새로운 사고방식과 행동 방식을 시도해볼 수 있도록 사람들을 장려한다.

- **단호한 행동 허용 및 모델링**

  저자들은 단호한 개입을 지지하고 다음과 같은 예시를 제시하였다.
  - 개입할 때, 명확한 반응을 얻을 때까지 그대로 유지하라.
  - 다른 사람들이 말하기 꺼리는 것을 언급하라: '방 안의 코끼리[7]'를 확인하라.
  - 그룹 내에서의 본인 경험을 공유하라.
  - 은유와 같은 풍부한 언어를 사용하라.

- **리더에게 본인이 관리하는 팀을 가르치는 방법을 전수하라**

  케이프 코드 모델에서는 리더들이 더 효과적인 리더가 되는 방법과 구성원들이 더 효과적인 자기 조직화 그룹이 될 수 있도록 그들을 돕는 방법을 동시에 배운다

행동 순서 지침

1. **지지적인 경청자가 되어 신뢰를 구축하라**

   코치의 첫 번째 과제는 신뢰를 형성하는 것이며, 섣부른 개입이나 해결책을 주기보다는 경청해야 한다.

---

7) 방 안의 코끼리: 이야기하고 싶지 않은 골칫거리

2. 자기 조직화 시스템에 대한 규칙을 소개하라

산타페 연구소(Waldrop, 1992)의 복잡한 자체 조직 시스템 연구를 기반으로, 수평 및 계층적 세팅 구조에서 효과적인 그룹에 필요한 규칙 모음을 모든 구성원에게 제시한다. 구성원 각자가 주의를 기울여야 할 '규칙' 가운데 일부는 다음과 같다.

- 정기적으로 전체 그룹을 살펴라.
- 두 명이 한 조를 이루거나 그룹으로 모여 있는 경우, 약 1/N(참석자 수)회 정도로 발언하라.
- 다른 한 명을 정해 최소한 한 개의 질문을 하라. 이때 상대방의 이름을 부르면서 질문하고 대답을 잘 들어주라. 당신이 한 명을 지정했는지 확인하라.
- 질문을 받으면 응답하라.
- 더 큰 그림을 그리기 위해 한두 번은 그룹에 쏟는 에너지를 멈추고 쉬어라.
- 기꺼이 주변에 영향을 끼치고 주변으로부터 영향을 받도록 하라.
- 가용한 시간을 확인하고 결론을 요약하는 데 도움을 주라.

3. 시스템의 강점에 우선 초점을 두라

이 모델의 개입 과정은 고객이 가진 역량에 대해 알아차림을 높이는 데 초점을 맞춘다. 다른 많은 개발 과정들은 미흡한 부분을 찾고 그것을 교정하는 데 초점을 맞춘다. 이 모델이 가진 핵심적인 차이점은 개인이나 팀이 이미 잘하는 강점 행동을 검증하는 것을 중요하게 여긴다는 점이다.

4. 개선점은 강점과 연결하게 하라

개선이 필요한 문제는 흔히 강점을 남용한 결과에 해당하므로, 이 모델에서는 강점과 개선점 사이의 연결을 강조한다.

5. '시도'하라

고객이 개발해야 할 주제를 알게 되고 자신들에게 문제가 있음이 드러나면, 그다음 조치는 새로운 사고와 행동 방식을 '시도'할 수 있도록 격려한다. 이것은 게슈탈트의 실험 개념을 반영하는 것이다.

6. 친밀한 행동과 전략적 행동을 연결하라

네비스 외 연구진(2003)은 전략적 상호작용strategic interaction에 관해 다음과 같이 설명한다. '특정 임무를 수행하는 것이 목표일 때 개인이 영향력을 교환하는 방식을 의미한다. 물론 목표를 달성하는 것이 가장 중요하지만, 영향력 교환 과정에서 개인 사이의 연결성이 좋아야 하며, 상호관계를 통해 목표한 바를 이룰 수 있다.' 반면에, 친밀한 상호작용 intimate interaction은 '각자 생각하고 느끼는 것에 관심을 두고 서로를 더 가깝게 만드는 것이며, 그 자체의 목적을 위해 연결성을 강화하려는 의도다'라고 기술한다.

전략적 상호작용은 기업 세계에서 전형적으로 가장 가치 있고 중요한 초점에 해당한다. 그러나 기업 리더들 사이에서 균형은 항상 존재하며, 기업 리더들과 경영진은 친밀과 전략 둘 다에 관심을 두는 것이 개인적 웰빙이 더 나아질 뿐만 아니라 더 좋은 성과까지 이루어낼 수 있다는 점을 분명히 인식하고 있다.

해당 논문의 저자들은 결론 부분에서 그들의 모델에 관한 많은 중요한 점을 강조하는데, 특히 낙관주의와 실용성에 기초하여 설명한다. 고객에게 이미 가진 능력을 인정하도록 독려하는데, 이것만으로도 고객은 상당히 동기부여 받을 수 있다. 그들의 개발 과제는 핵심 강점과 연계되어 있으며, 앞으로 모멘텀을 얻기 위해 어떤 실험적인 행동을 하는 것이 좋을지 확인하고 연습할 수 있도록 도움을 받는다. 그룹이나 팀 상황에서는 알아차림의 방향이 상호작용의 패턴, 접촉의 질적 수준, 그룹화 과정, 그리고 그 과정에 대한 개별적 기여도 등으로 향한다. 견해Comments 또한 개인의 관계 스타일에 대한 알아차림을 높이는 의도로 제공됨으로써 사람들이 리드할 수 있는 능력을 향상하고 그룹과 팀에서 더 효과적인 구성원이 될 수 있게 한다.

행동 접근방식 사례(짧은 예시)

여기에서 다루는 이야기는 상호 신뢰 수준이 낮고 소그룹 사이의 양극화 문제가 심각해, 모든 면에서 상당히 행복하지 않은 사람들로 구성된 어느 임원진의 이야기이다. 그들은 몇 달 동안 이러한 상태로 머물러 있었고, 그 사이에 자신감, 희망, 긍정적인 마인드에 큰 타격을 입었다. 그들 가운데 일부는 이직을 고려하고 있었다. 그들을 대상으로 하는 팀 코칭 프로세스를 시작하기 전, 나는 7명의 팀 구성원 모두를 인터뷰했다. 아래에 제시되는 내용은 그들이 이야기한 조직 분위기다.

긍정적인 부분
- 모든 사람이 조직에 헌신함.
- 팀은 적절한 기술, 경험과 전문성을 가지고 있음.
- 팀 전체의 이해도가 향상되면 우리의 임무를 달성할 수 있을 것임.
- CEO는 포괄적인 스타일을 가지고 모든 사람을 참여시키려고 노력함.
- CEO는 지지적이며 명확한 방향성을 가지고 있음.

일부 문제 및 이슈

- 공동 작업 의식 부족 – '사일로silo 정신[8]'이 존재.
- 모든 사람이 동의한 공동의 목적이 없음.
- 모든 팀원이 서로를 가치 있게 여기고 존중하는 것은 아님.
- 새롭게 나타나는 파벌로 인해 팀 내 분열이 일어남. 이것은 팀을 황폐화시키고 감정적으로 지치게 하고 있음.
- 그래서 우리는 서로 눈치를 보면서 신뢰가 낮고 방어적인 팀이 되었음.

이틀간의 팀 워크숍을 시작하는 시점에, 우리는 팀장을 초청하여 모두가 모인 자리에서 이번 팀 개입 활동을 통해 무엇을 얻고자 하는지 이야기하도록 하였다. 팀장은 팀이 직면한 이슈를 피하지 않았지만 그 문제들에 지나치게 몰두하지도 않았다. 이야기가 끝난 뒤, 팀장은 나와 내 동료들에게 마이크를 넘겨주었다. 해당 팀은 이제 프로젝터의 전원이 켜지고 고성과를 보이는 팀에 관한 파워포인트 자료를 여러 장 보여줄 것으로 예상했다. 그러나 우리는 그들이 어떻게 상호작용하고 소통하는지를 관찰하는 것에서 시작하여, 그날 우리가 그들과 함께 진행하게 될 내용을 간략하게 설명했다. 우리는 그들에게 집중해야 할 과제를 제시하였다. 그것은 다음 네 가지 사항에 대해 그룹 대화를 하는 것이다.

1. 팀과 조직을 위해 워크숍에서 달성하고자 하는 것
2. 그들 자신을 위해 원하는 것
3. 그들이 제공할 수 있는 것

---

[8] 사일로 정신silo mentality: 다른 부서와 소통하지 않고 내부의 이익만 추구하는 부서 간 이기주의

4. 참여하기에 충분히 안전한 공간을 만들기 위해 어떤 기본 원칙과 이해를 원하는지

그들에게 45분 동안 그룹 대화를 하게 하였고, 그 뒤 우리는 그것을 검토했다. 대화 중에 만약 기여하고 싶은 부분이 있으면 개입할 수도 있다고 덧붙였으나, 다 끝나고 보니 그런 일은 일어나지 않았다.

바로 눈에 띄었던 점은 이 팀이 겪는 고통이었다. 고무적이게도, 각자 분명히 좋은 의도로 확실하게 말하는 편이었다. 모두 팀이 나아지길 바라고 있었다. 모든 사람이 방해받지 않고 경청했고, 이전 팀원들이 한 말에 대해 몇 차례 감사의 뜻을 표시했다. 그들이 팀으로서 현재 척박한 공간에 머물고 있다는 것을 인식한 와중에도, 그들은 건설적으로 되려고 노력했고 그날이 마침내 모래 위에 선을 긋고 앞으로 나아가려고 출발하는 날이라는 견해가 압도적이었다.

그 뒤 20분간의 검토에서, 그들의 능력과 좋은 의도 그리고 집단 상호작용에 대해 긍정적으로 말하는 것은 어렵지 않았다. 분명히 안도감이 있었고 긴장감은 눈에 띄게 줄어들었다. 우리는 그들이 이미 깔아 놓은 연약하지만 중요한 토대를 쌓고, 같은 접근방식을 사용하여 공통 목적을 중심으로 또 다른 연습을 계속했다. 이 장에 전체 워크숍을 설명할 공간은 없지만, 진행 도중에 수많은 장애물에 부딪혔음에도 큰 진전을 이루었다.

프로세스에 대한 후기

워크숍이 끝날 무렵, 팀은 놀라우면서도 흥미를 유발했던 우리의 접근방식에 관해 이야기 나누고 싶어 했다. 그들은 원래 대부분 시간 동안 소극적으로

로 참여해도 되거나 원하면 약간 주변에만 머물 수 있는 그런 '팀 훈련 과정'이 있을 것이라고 예상했다. 그들에게 우리의 접근 방식은 상당히 힘든 과정이었지만, 그들의 말을 빌려보면 **한층 더 성장했다**고 느꼈다고 했다. 그들 본인에게 책임이 주어졌고, 피하거나 숨을 공간이 거의 없었다는 것이다. 모든 것이 부정적으로 보이는 시기에, 우리의 긍정적인 논평이 도움이 된다는 것을 그들도 알게 되었다. 이것은 그들에게 용기를 주었으며 희망과 낙관적인 생각을 심어주는 계기가 되었다.

팀 코치 측면에서 보면, 해당 접근법은 우리를 그들과 더 활동적으로 작업할 수 있게 하였고, 예상하는 결과를 달성하는 데 그치는 전통적 훈련 방식에 자신을 얽매이지 않게 하였다. 우리는 그들과 다양한 관계를 맺을 수 있었으며, 그로 인해 그들을 더 많이 관찰하고 경청하고 생각할 수 있는 자유와 여유를 가질 수 있었다. 우리가 개입했을 때에는, 한층 더 신중하고 의도적으로 되었다.

케이프 코드 모델 기반

이 모델을 바탕으로, 이후 컬럼벨Colombel과 사이먼Simon은 게슈탈트 원칙과 관행에 기반을 둔 종합적인 코칭 접근법을 개발하였다. 사이먼의 논문 '케이프 코드 모델의 코칭 적용(2012)'에서 이것을 상세히 기술하면서, 순차적인 단계와 게슈탈트 경험 주기를 연결 지었다. 그것은 기존의 케이프 코드 모델의 행동 순서와 매우 유사했지만, 그의 수정 버전은 단계의 수를 줄이고 코칭 실행을 위한 강력한 모델을 제공하였다.

1. 신뢰, 안전성, 연결감 형성(접촉 구축 프로세스)
2a. 잘 개발된 역량 파악 및 집중
2b. 잘 개발된 역량에 대한 피드백을 인식하고 있음을 확인
3. 덜 개발된 역량의 가능성 확인
4. 덜 개발된 역량을 가지고 실험
5. 정리 및 종료

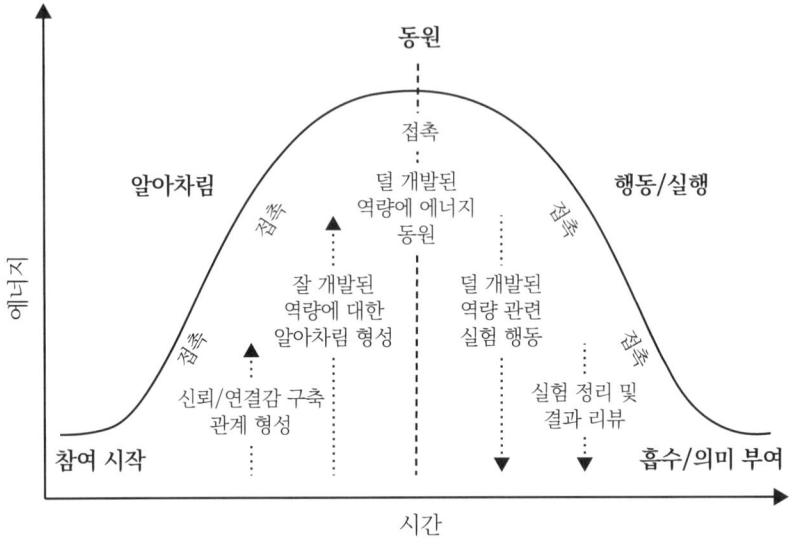

[그림 3.1] 케이프 코드 모델을 사용하는 코칭에 적용된 경험 주기

ⓒ 게슈탈트 국제연구센터Gastalt International Study Centre, 2011

1. 신뢰, 안전성, 연결감 형성

사이먼은 사람들이 새로운 학습이 가능할 때까지 성장하고 발전하며, 거기

에는 반드시 신뢰와 안정감이 보장되어야 하는 것이 게슈탈트 이론의 기초라고 주장했다. 그는 코치가 이미 고객에게 도움이 되는 전문성, 경험 및 지식을 가지고 있을 수 있지만, 진정한 학습을 위한 전제조건은 고객이 학습에 열려 있고 관심을 두고 있으며 학습을 위한 파트너십에 참여하고자 하는 태도라고 지적했다. 그는 또한 성공이나 실패에 대한 평가가 끊임없는 조직 환경에서는 특히 신뢰에 대한 강조가 중요하다고 덧붙였다.

2a. 잘 개발된 역량 파악 및 집중
2b. 잘 개발된 역량에 대한 피드백을 인식하고 있음을 확인

다면평가 과정을 제공해본 코치는 다음의 시나리오가 친숙하게 느껴질 것이다. '코치인 당신이 (이미 많이 보유하고 있는) 긍정적인 부분에 초점을 맞추려 할 때, 당신의 고객은 긍정적인 부분을 무시한 채 바로 다음 단계인 개발 필요점으로 옮겨가는 것에 더 관심을 두는 것처럼 보인다. 당신은 고객이 자신의 강점에 집중할 수 있도록 노력하지만, 이미 그 노력이 헛돌고 있다고 느낀다.'

케이프 코드 모델 코칭 접근법은 개인의 성장과 발전 과정의 일부로서 긍정적인 요소를 이용하는 것이 중요하다고 강조한다. 이것은 전술적인 사안이 아니라, 사람들이 그들의 가치를 인식하고 내면화할 때 개인의 성장이 촉진된다는 믿음에 근거한 것이다.

또 임원코칭에 참여하는 고객들은 이미 상당한 강점을 보유한, 그렇지 않았다면 그 위치까지 가지 않았을, 이른바 성공한 사람들이라는 점을 기억할 필요가 있다. 기업 리더십 문화의 특성상 동료들의 인정과 칭찬을 받아 보지 못한 사람들에게는 신뢰할 만한 동료들의 인정이 매우 값질 것이다. 이러한 (동료들의) 지지(강점을 확인해주는)는 자기계발 self-development 여정을 지속하는 데 큰 힘이 될 수 있다.

3. 덜 개발된 역량의 가능성 확인

케이프 코드 접근법에서 많은 고객이 '덜 개발된 역량'으로 빨리 넘어가고 싶어 하면서도, 개선 필요점의 내용에 대해서는 '이건 누가 얘기했는지 알겠네요, 하지만 저는 동의하지 않습니다'와 같은 말로 저항하거나 거부하는 경우가 드물지 않다.

비록 좋은 말과 방법으로 전달된다 하더라도 개선 피드백이 상처가 될 수 있다는 점은 그리 놀라운 일이 아니다. 이 모델 관점에서의 개선 문제는 흔히 긍정적인 부분이 남용되거나 맥락적으로 부적절하게 사용되었을 때 발생한다.

4. 덜 개발된 역량에 대한 실험

알아차림을 높이는 것이 변화의 필수 선행조건이기는 하지만, 변화를 보장하는 것은 아니다. 행동의 반복적 패턴은 습관이 되고, 그 습관은 변화를 매우 어렵게 한다. 게슈탈트 실험은 고객에게 새로운 행동을 시도하도록 격려하는 과정에 해당한다.

5. 정리 및 종료

이 최종 단계를 순서에 포함한 것은 게슈탈트의 경험 주기에 근거하여 중요한 부분이다. 그것은 해당 경험 주기의 마지막 단계와 매칭되는데, 그 단계는 새로운 학습을 흡수하고 **배경**을 재조직할 수 있는 발전 기회를 얻을 수 있는 특징이 있다. 그러나 워낙 바쁜 일정과 조급함을 가진 임원 고객들을 대상으로 하는 조직 코칭 상황에서는 학습 단계를 흔히 서둘러 진행하거나 생략하곤 한다. 정리를 위한 시간을 갖는 것은 성찰 과정에서 의미를 찾아낼 수 있기 때문에 중요하다.

잘 개발된 역량의 남용 - 이면flipside

강점을 남용한다는 것은 직장 생활에서 꽤나 친숙한 개념이다. 중요한 고위 리더에게 이런 문제가 있고 그것을 이해하는 데 도움이 필요하다고 여겨지면 반드시 임원 코치가 고용된다. 전형적으로, HR 담당이사는 이런 문제를 다음과 같은 방식으로 표현한다. '마가렛Margaret은 경영진 가운데서도 매우 중요한 사람이며, 뛰어난 자질과 강점이 있다. 다만 그 강점들 가운데 일부 다른 이면이 있으며, 마가렛이 그 부분을 충분히 인지하는지 확신하기 어려울 뿐이다.'

[표 3.1]은 고위 리더에게서 주로 나타나는 주요 강점과 그 이면에 대한 몇 가지 피드백의 조합을 나타낸다.

결론

핵심 강점과 그 이면의 모습을 확인하기 위해 리더들과 협력하고 피드백 과정을 활용하는 것은 임원코칭 프로세스에서 매우 효과적인 부분이 될 수 있다. 케이프 코드 코칭 모델은 덜 개발된 역량을 언급하기 전에 강점 역량을

[표 3.1] 강점과 그 이면

강점	강점의 남용 - 이면
에너지 수준이 높고, 항상 앞으로 나아가려고 함. 방대한 양의 업무를 처리할 수 있음. 놀라운 수준의 추진력과 헌신을 보임	너무 많은 일을 하고 스스로를 너무 힘들게 몰아세움. 스스로를 소진시켜 쓰러질 수 있음
높은 기준 설정, 정확하지 않으면 착수하지 않음	만족시키기 어려운 사람임
임원진 모두 열심히 일하고 있지만, 그 사람보다 더 열심히 일하는 사람은 없는 것 같음	피곤해서 잘못된 결정을 내릴 때 상당한 스트레스를 받음. 휴식이 필요하고, 더 나은 균형을 위해 가끔 일에 대한 생각을 멈추는 훈련이 필요함. 삶의 범위가 지나치게 일과 경력에만 좁혀져 있는 것 같음
직접적이고 솔직함. 매우 진실함	말하는 대로 이루어져야 한다는 접근법이 사람들을 힘들게 만들 수 있음
사업과 사람들에 대해 확고한 의견을 가짐. 누구의 의견에 동의하는지 모두가 알 수 있음	사람들에 대해 판단을 쉽게 내리고 이해를 잘 못 하는 것처럼 보이는 사람을 무시하는 경향이 있음. 항상 본인이 정답이기를 바람
매우 열정적이고 성공에 대한 갈증이 있음	주변에 충분히 예민한 사람들을 필요로 함
즉시 일을 완수하는 것을 좋아함	모든 것을 바로 처리하려고 주말조차도 핸드폰과 노트북만 들여다 봄. 관심을 기울여준다는 느낌을 받기 어려움

인정하는 개입이 더 강력하다는 점을 상기시킨다. 비록 이렇게 말하기는 쉬워도 행동에 옮기기는 어렵지만 말이다. 일부 고객들은 긍정적인 피드백을 받아들이는 것을 어려워하고 그것을 무시하기도 한다. 이러한 저항에 익숙

한 경험 많은 코치가 창의력을 발휘하여 긍정적인 피드백이 받아들여질 수 있도록 노력한다. 경험이 적은 코치들의 경우에는, 고객이 개선점 부분으로 넘어가자고 재촉하는 이런 종류의 저항에 대응할 수 있는 자신만의 방법을 찾을 필요가 있다. 간혹 코치로서 당신은 지는 싸움을 한다고 느낄 수 있다. 그럴 때 최선의 행동 방침은 그것을 그냥 내버려 두고 나아가는 것이다. 나중에 언제라도 개인에게 피드백을 성찰하고 긍정적인 면에 집중하도록 제안할 수 있다.

어떤 측면에서는 당신이 강점 기반의 접근법을 얼마나 신뢰하는지가 관건이기도 하다. 프로세스의 근본이 될 정도인가, 아니면 냉소적인 고객이 의심하는 것처럼 진짜 메시지를 전달하기 전에 상황을 조금 부드럽게 만드는 단계에 지나지 않는가? 내 견해를 분명히 밝히기 위해 두 가지 사항에 주목하고자 한다.

첫째, 내 경험에 비추어볼 때 많은 사람이 자신이 가진 것과 자기 자신이 어떤 사람인지 완전히 이해하지 못한다. 간단하게 그들이 무엇을 잘하는 편이고 무엇을 가장 잘하는지조차 인식하지 못한다. 그런 것들을 누군가가 짚어줄 필요가 있다. 물론 그런 상황이 되면 그들은 적잖이 당황하고 되도록 빨리 그 상황에서 벗어나고 싶어 할 것이다. 그렇지만 당혹스러움에서 누군가를 보호하는 것이 그들 자신에 관한 매우 중요한 정보를 빼앗을 만한 이유가 될 수는 없다.

둘째, 내 코칭 경험은 끊임없이 **자기계발**의 근본적인 게슈탈트 원칙을 강화하는데, 그것은 우리가 경험의 진리를 받아들일 때 성장하고 배울 수 있기 때문이다. 이 원칙의 정의에는 우리가 반드시 개선사항에만 집중해야 한다는 점을 명시하지 않는다. 그 반대로, 우리의 성취와 성공 그리고 좋은 시도와 거의 놓칠 뻔한 경험들이 모여 성장과 자기효능감의 증진이 이루어진다. 이러한 내용은 주로 어떤 행동을 했고 무엇을 했는지에 집중된 전체 이야기의 극히 일부에 그친다. 적어도 우리의 **존재**, 우리가 어떤 모습으로 삶을 살아가는지, 특히 우리의 용기, 열정, 연민, 그리고 사랑도 중요하다.

따라서 긍정적인 측면에서 시작하는 프로세스를 구축하는 것은 단순히 전술적인 문제가 아니라, 성장과 변화를 촉진하는 프로세스의 기반을 다지는 것이다. 이 기반에서 마주치게 되는 개발에 대한 저항은 이 책의 뒷부분에서 다룰 예정이다.

4장.
게슈탈트 코칭의 본래 영역

기업 코칭의 다양한 주제 가운데 하나지만, 조직적 맥락에서 개인코칭은 대부분 개인의 향상과 관련이 있다. 이번 장에서는 코칭을 위한 더 넓은 장을 마련하여 관련된 주제, 이슈, 안건 등을 강조하려 한다. 각각은 독특한 특성이 있고 코치들에게는 도전적 과제이기도 하다.

수행 능력 향상

리카도Ricardo는 글로벌 제조 회사의 상무이사였다. 런던에 본부를 둔 본사 경영진은 그의 담당 지역에 대해서 3년 안에 수익을 두 배로 늘릴 수 있는 야심 찬 재무 목표를 수립했다. 회사 내에서 리카도의 리더십은 그의 지역 안에 있는 다른 나라의 리더들과 함께 이 목표를 성취하는 데 중요한 요소로 여겨졌다.

리카도는 엄청난 추진력, 결단력 그리고 충성심과 같은 몇 가지 인상적인 강점과 자질로 회사에서 중요한 자산으로 인식되었다. 그러나 그의 지도부인 본사 경영진은 리카도의 구식이고 독재적인 리더십 스타일을 우려하고 있었다. 그들은 리카도의 이러한 면이 재능 있는 많은 인재가 최근 몇 년간 회사를 떠나기로 결정한 것과 관련이 있다고 믿었다. 퇴직자 면접에서 그들의 관점들이 솔직하게 표현되었고, 몇 가지 공통된 주제들이 드러났다. 그것은 리카도에게는 자연스러울지 모르겠지만, 그가 다른 사람의 의견을 경청하지 않는다는 점이었다. 그는 오직 한 가지 방법, 즉 자기 방법만이 옳다고 믿었고 다른 어떤 견해에도 여지를 주지 않았다. 그의 직속 부하직원들은 이에 실망을 느꼈고, 회사를 계속 다녀야 할지 고민하였다. 상사들은 리카도가 최고의 성과를 내지 못했고, 그릇된 리더십 문화를 형성했다고 결론 내렸다. 다양한 선택권들을 고려한 뒤, 그들은 리카도의 행동 변화와 리더십 방식에 대해 함께 일할 임원코치를 찾기로 했다. 수석 관리자로서 그의 수행 능력은 개선되어야 할 것이고, 그렇지 못할 때 그는 교체될 것이다.

생존과 번영

업무 환경은 점점 더 불안정해지고 복잡해졌다. 그 결과 통제해야 하는 범위가 지속적으로 확장하고 업무량이 증가하여 많은 리더가 물리적, 정신적 능력의 한계를 시험당하는 일련의 상황이 생겨났다. 그들은 수천 마일이나 되는 국내외 출장을 가야 하고, 거의 매주 대부분 시간을 호텔에서 묵으며 자기 집에서 자는 일이 거의 없는 상황 속에 놓여 있다.

이러한 환경 속에서 가장 숙련되고, 원만하며, 정서적으로 안정적인 지도자들조차도 자신의 건강과 웰빙을 돌보며 그들의 사생활과 가족의 삶에도 충분한 관심을 기울여야 하는 등 전반적으로 최고가 되어야 한다는 도전에 직면하였다. 흔히 있을 수 있는 불행한 날들은 그저 지나치고 견뎌낼 뿐이다.

한 오스트리아 기업의 중역인 마틴Martin은 그가 곤경에 처했다는 것을 알았다. 그는 몇 년간 최소한의 수면과 빈약한 식사를 하면서 점점 더 긴 시간을 일했다. 그는 몹시 지쳐 있었다. 마틴은 자기 판단으로 약을 투여하고, 담배를 너무 피우며, 술도 많이 마셨다. 마틴의 아내와 가족들은 그 모든 것을 심각하게 여기고 걱정했다. 부부는 불안정한 휴식을 취하고, 그의 아내 케스틴Kerstin은 그가 특히 바쁘고 압박받는 업무를 끝낼 때까지 그를 혼자 두기로 하였다.

어느 날 밤 그는 평소대로 피곤하고 스트레스를 받은 채 오후 9시쯤 퇴근하였고, 사무실에서 집까지 보통 한 시간 정도 거리를 운전하였다. 도착하자마자 그는 가족들이 저녁을 일찍 먹었을 것이기 때문에 샌드위치를 먹게 될 거로 생각하였다. 그를 위해 남겨져 있을지도 모르는 음식과 맥주 몇 잔을 마신 뒤 11시 이후 취침에 들었고, 오전 5시에는 사무실로 가고 있으리라 여기며 네다섯 시간은 잘 수 있기를 희망하였다. 이것이 마틴의 일상이었다.

그의 머리가 베개에 닿았을 때도 그는 사업에 관한 문제와 걱정들로 머릿속이 가득 차 있었고, 무언가 점점 더 나빠지는 것을 멈출 수가 없었다. 그는 두 시간 정도 잠을 자려고 애쓰다 포기하고 일어나서 샤워를 한 뒤, 옷을 갈아입고, 사무실로 돌아가 다시 일을 시작했다. 그는 새벽 두 시 반에 사무실에서 이메일을 보내고 있었다. 마틴에게도 이는 극단적이었고, 내면의 목소리가 커지는 것을 느꼈다. 이 사건은 그에게서 떠나지 않은 채 그의 주의를 끌었다. 내면의 목소리는 '난 정말로 이것에 대해 무언가 해야만 해'라고 말하고 있었다.

마틴은 2년 전 함께 일했던 코치를 떠올렸다. 지금에서야 생각해보니 당시에도 같은 문제들이 있었고 코치와 함께 논의했지만 그것들을 다룰 준비가 되어있지 않았다는 것을 깨달았다. 그는 이야기를 나누었지만 그때 그 주제들에 대해서 작업하지 못했던 것이 분명했다. 이제 그는 이것이 코칭이 실패할 수밖에 없었던 이유라고 결론지었다. 그때는 코칭이 시기적절하지 않다는 것을 알고 있었다는 생각이 들었다. 그는 코치에게 전화를 걸고, 다시 만나자는 요청 메일을 보냈다.

마틴의 이야기는 많은 임원에게 보편적으로 일어나고 있으며, 그 결과 임원코칭의 일반적인 초점은 과중한 업무와 과다하게 스트레스를 받는 임원진을 지원하여 그들이 **헤쳐나올 수 있게**get through 돕는 데 있다.

개인 계발과 잠재력 실현

코칭의 중요한 두 가지 주제인 수행 능력 향상과 문제해결은 코칭 개입이 행동과 역량 목록을 확대하고, 리더십 스타일의 범위를 확장하며, 압력과 스트레스를 다루는 전략이 변화할 수 있도록 지지하는 데 맞춰질 필요가 있음을 시사한다. 즉 경영진과의 코칭에서 코치가 하는 대부분 일은 바로 이런 일이라는 것을 알 수 있다. 이는 코칭을 위임하는 HR 담당이사에 의해 주도되는 리더십 코칭에 초점을 둘 때는 도움이 될 수 있지만, 반드시 요구되는 혁신적 변화를 만들어내는 것은 아니며, 때로는 더 크고 중요한 무언가가 필요할 때도 있다.

최근 수평적이고 수직적인 발달horizontal and vertical development에 관한 관심은 이 문제에 대해 말해준다. 페트리Petrie(2014)와 같은 연구자들은 사람들에게 지식, 새로운 기술, 능력과 행동을 준비하게 해준다면, 그것들이 추후 역량과 수행 능력을 향상하는 것으로 전환될 것으로 보았다. 이 패러다임은 필요한 기술 지식을 획득할 수 있다면 문제를 잘게 쪼개어 분석하며 수정할 수 있다는 것을 말한다.

수평적 발달을 설명하는 데 자주 사용되는 비유는 유리잔 안에 물을 붓는 것과 같다. 더 다양한 지식, 기술, 능력이 개발되면서 유리잔은 가득 차게 된다. 새로운 문제점이 확인되면, 그 해답은 새롭거나 더 나은 유리잔을 마련하는 것이다. 새로운 도구와 기술들을 지속해서 찾아야 하는 코치들은 그들의 유리잔을 효율적으로 채워야 하는 임무에서는 같다. 이러한 관점에서 코칭, 리더십, 또는 어떠한 형식의 실천이든 가장 좋은 것은 유리잔에 되도록 최선의 재료를 채우는 것이다.

대부분의 교육 시스템, 전문 개발 프로그램 등이 수평적 패러다임에 기초하고 있다는 점을 볼 때, 이러한 사고방식으로 많은 사람이 성장과 발달을 이해하고 있다는 것은 매우 놀라운 일이다. 그리고 능숙한 수행을 위한 제대로 된 훈련과 지식 습득의 중요성을 무시하는 것은 불합리한 일이다. 기업 경영자들은 회계와 인사관리 등을 이해할 필요가 있으며, 리더들은 어떻게 하면 그들 조직의 재무 실적을 회복하고 성장할 수 있을지 이해할 필요가 있다. 코치들은 경청하고, 탐구하는 질문을 던지며, 능숙하게 피드백을 주어야 한다. 핵심 기술, 정보성 내용과 기술적 전문 지식은 전 분야에 걸쳐서 요구된다. 이것이 없다면 사람들은 허둥대거나 형편없는 실수를 저지를 것이다. 따라서 수평적 학습과 발달이 필수적이라고 하는 것은 말할 필요도 없다. 특히 리더십 영역에서 더 중요한 질문은 그것들이 항상 충분한가 하는 것이다.

리카도와 마틴을 묘사한 앞의 사례들을 되돌아보면, 추가적인 역량을 키우고, 행동 목록을 늘리고, 그들의 리더십 방식을 다양하게 하며, 압력과 스트레스에 대처할 전략 범위를 확장하는 것이 해답이 아닐까? 이러한 점들은 분명히 도움이 되겠지만 그것만으로 충분할까? 실제 이 두 중역 간부는 대인관계 기술과 정서지능 향상을 위한 훈련 프로그램에 참여했다. 마틴은 시간과 스트레스 관리 과정에 참여했고, 많은 자기계발서를 읽었다. 무엇이 그들을 행동하게 하고, 일과 생활 속의 문제들로 이어지게 하는지 이해하기 위해서는 무언가 다른 것이 더 일어날 필요가 있었다.

수직적 발달은 인사이드 아웃inside out학습이고, 성찰에 바탕을 두며, 알아차림을 향상하고, 개인적인 통찰에 기초한 다른 과정을 포함한다. 그것은 흔히 확장된 관점의 변화를 끌어낼 수 있는 심도 있는 자기검증을 요구한다. 이는 단순히 기존의 하드 드라이브에 소프트웨어를 추가하는 것이 아니라 운영 체제 자체를 변환하는 것이다.

케건Kegan과 래이Lahey(2009)의 주요 저서 가운데 하나인 『**변화 면역** Immunity to Change』에서는 수직적 발달을 위한 추진력을 다음과 같이 요약하고 있다.

- 사람들은 그들의 삶에서 일어나는 상황, 딜레마 또는 도전으로 인하여 지속해서 좌절감을 느낀다.
- 그것은 그들의 현재 사고방식에 한계를 느끼게 한다.
- 그것은 그들이 깊이 있게 관심을 두는 삶의 영역 속에 있다.
- 불안과 갈등이 지속되는데도 그들을 지속할 수 있게 하는 충분한 지원이 있다.

수평적 학습과 대조적으로 수직적 발달은 학습한 만큼 학습이 일어나지 않았다는 것이다. 실제 중요한 특징 가운데 하나이면서, 왜 그것이 어려운

가에 대한 중요한 이유는 흔히 무언가를 놓아주는 것을 포함하고 있기 때문이다. 상실과 그에 대한 두려움은 수직적 발달과 관련된다. 그것은 확실한 것들, 핵심 신념과 가정, 세상을 보는 이전의 방식 또는 이전처럼 더는 효과적이지 않음에도 믿을 수 있다고 여기는 방식들을 놓아줄 수 있게 한다. 변화 과정은 내적인 것의 하나이며, 심리적 그리고 정서적 여행이고, 훈련되지 않은 눈으로는 잘 보이지 않는다. 가끔 그것은 몇 달 또는 몇 년이 지난 뒤에야 타인이 알아보고 '**지금 그 또는 그녀와는 상당히 다른 무언가 있다**'라고 말하게 한다.

수직적 성장과 학습을 가속하는 많은 발달 과정과 삶의 경험들이 확인되었으며, 아래 [상자 4.1]에 그것들이 제시되어 있다.

[상자 4.1] 수직적 성장을 촉진하는 삶의 경험과 발달 과정

1. 역할과 임무 확장
2. 당신이 속한 문화나 하위 문화 외의 삶
3. 내적 변화를 지원하는 환경 또는 일련의 관계들
4. 경험학습이 포함된 강력한 수직적 발달 프로그램
5. 치료, 상담 또는 심리 지향적인 코칭 작업
6. 영적 활동
7. 타이치, 요가, 명상, 마음챙김 그리고 다른 내적인 것에 초점을 두는 과정들

게슈탈트 연결

수평적, 수직적 학습 구조에 대한 완전한 검토는 이 책의 범위 밖에 있지만, 저자는 게슈탈트가 이 새로운 연구 분야에 제공할 것이 많다고 생각한다. 게슈탈트 접근의 두드러진 특징은 성장, 발달, 변화의 토대로써 알아차림의 향상을 강조한다는 것이다. 게슈탈트는 수십 년 동안 작업한 결과, 의식을 향상하고, 사람들의 심리적, 정서적 성장을 어떻게 도울 수 있는지에 대한 중요한 지혜를 가지고 있다.

사람들이 어떻게 배우는지에 대한 공통점도 있다. 수평적 학습 패러다임에서 전문가와 함께 해답을 찾고, 더 나은 지식과 기술들을 발견할 수 있다. 게슈탈트 관점 그리고 수직 학습적 접근에서의 도전은 어떻게 우리가 사람들의 자율성, 자기효능감, 자기 주체성 등을 강화하도록 도울 수 있는가 하는 점이다.

[상자 4.2] 개인 성장과 계발 안건

1. 자기 자신을 더 잘 이해하고 싶은 욕망이 있다.
2. 자기 감정을 느끼고 그것을 더 잘 표현하고 싶다.
3. 한 단계 성장한 기분을 느끼고 싶다.
4. 무언가를 열고 나와 스스로 더 자유로움을 느끼고 싶다.
5. 잠재력을 실현하고 모든 것을 이루려는 욕망이 있다.
6. 자기만의 목적을 찾는 것이 필요하다.
7. 타인에게 관심을 가지고 보다 잘 이해하기를 희망한다.
8. 타인과 좀 더 잘 접촉하고 연결되기를 원한다.

개인 계발을 위한 게슈탈트 코칭 접근

게슈탈트 코치들은 고객의 개인적 향상을 위해 정기적으로 협력하고, 그들의 생존과 번영을 돕기 위해 지원한다. 그것은 개인 계발 코칭 주제를 다루는데 있어서 게슈탈트 접근이 대체로 적합하고 가장 잘 들어맞는다고 볼 수 있다.

[상자 4.2]에 제시된 도전과 이슈들은 게슈탈트 개인코칭의 본래 영역을 구성한다.

이러한 주제들에는 많은 공통점이 있다. 첫 번째로는, 코칭 고객들이 누구이며, 무엇을 추구하고, 무엇이 움직이게 하며, 무엇을 목표로 삼는지를 포함한다. 이들은 보통 그들이 살고 싶은 이상적인 삶과 실제 생활 속의 불일치를 발견하는 데서 이를 알아차린다. 그들은 코칭 과정이 내적 변화뿐만 아니라 외부로도 이어질 수 있다는 것을 자각한다.

다른 사람들은 그들의 코칭에 대해서 다른 우선순위를 가지기도 하는데, 그들은 정서적으로 자기 자신과 연결되고 감정을 더 쉽고 자신 있게 표현하는 방법을 배우고 싶어 한다. 또는 타인과의 연결성을 향상할 필요성을 인식하거나, 그들이 가장 원하는 것이 관계와 정서적 연결이라는 걸 알아차린다. 다른 경우에는, 그들이 관계에서 너무 거래적이고 그것을 변화할 때라는 것을 자각하기도 한다. 대부분은 스스로 상당한 시간 동안 이러한 문제들을 알고 있었을 것이다.

한 단계 더 성장한다는 감각은 수직적 발달을 위한 강력한 신호이고, 흔히 문제를 따라잡지 못하거나 진척을 이루지 못하며 이슈를 해결할 수 없다는 사실에 좌절감과 같은 감정을 경험하게 된다. 행동과 태도에서의 미미한 변화들은 충분히 입증되지 않았으므로, 그들은 좀 더 큰 주제인 변혁의 필요성을 인식하고 있다. 문제는 어떻게 하느냐 하는 것이다.

5장.
게슈탈트 코칭 과정

대부분 임원코칭 과정은 비슷한 방식으로 구성된다. 그들은 일의 범위를 좁히고 관계의 적합성을 시험해보기 위해서 코치와 후원자들 사이의 대화로 시작한다. 양쪽이 협력할 수 있다고 믿는 경우, 최종 결과 검토를 포함하는 일련의 코칭 세션을 제공하는 계약 과정이 있게 된다. 일부 코치들은 심리 프로파일 도구들이나 피드백 훈련과 같은 추가 요소 사용을 좋아한다. 많은 코치가 직접 대면을 선호하지만 이것이 항상 실용적인 것은 아니어서 전화, 전자 통신 및 화상회의 등을 이용한 원격 코칭이 증가하고 있다.

  이 장에서는 위에서 설명한 몇 가지 요소를 공유하면서도 초기 단계의 관계 구축, 알아차림 향상, 그리고 집중적인 접촉에 중점을 두는 구조화된 게슈탈트 코칭 과정을 소개하겠다. 핵심 과정은 다섯 단계이며, 특정 상황과 요구에 따라 추가적 요소들이 보강될 수 있다.

핵심 과정의 다섯 단계

1. 사전 미팅과 계약

사전 미팅

사전 미팅은 일반적으로 HR 담당이사와 잠재적 고객의 일선 관리자, 그리고 코치 사이에 대화하며 코치 배정 상황을 설명하고 배경 정보를 전달하는 것으로 시작한다. 조직 후원자의 관점에서 볼 때, 코치의 자질과 신뢰도, 그리고 코치와 코칭을 받는 고객 그리고 조직 사이의 잠재적 적합성을 확립하는 것이 목표이다. 경우에 따라서 코칭 고객은 결정을 내리기 전에 두세 명의 코치를 만나 관계적 상호작용을 시험해 볼 기회를 얻는다.

[표 5.1] 사전 미팅과 계약

행동	목적
사전 미팅: 코치, HR 담당이사, 직속 상사 사이의 대화	간략한 의사소통을 위한 사전 면담 단계. 대화의 초점은 맥락적 설정, 코칭을 위한 주제와 대상들을 정하는 데 있음
사전 미팅: 코치와 잠재적 고객 사이의 첫 번째 대화	생산적인 코칭 관계가 형성될 수 있는지 여부를 살펴보기 위한 상호작용이 있는 만남으로 흔히 설명됨
계약: 코치, 코치를 받는 사람, 조직 후원자 간의 삼자 계약 회의. 또는 고객과 직접 쌍방 계약	코칭 주제 파악, 기대 사항과 원하는 결과 확인, 검토와 평가 방법에 대한 합의 등이 이루어짐

게슈탈트 코치들은 이 사전 미팅을 함께 일하는 것이 어떤 느낌일지를 보여주는 기회로 활용하는 경향이 있다. 코치는 코칭이 어떻게 작용하는지에

대한 정보를 단순히 전달하는 것이 아니라 코칭 경험을 맛보게 한다. 이것의 장점은 코치가 초기 접근에 대한 고객 반응이 어떤지 볼 수 있고, 고객이 만약 코치와 함께 일하기로 했을 때 당면한 문제들에 대해서 더 나은 기분을 느끼게 된다는 것이다.

케미가 맞는 관계relational chemistry는 단지 좋은 느낌 이상을 의미한다. 일부 코칭 고객들은 코치와 함께할 때 편안함을 느끼는지를 최우선으로 고려한다. 예를 들어, 그들은 지지적이고, 양육적인 방식 또는 기업 세계를 이해하며, 필요할 때 강하고 통찰력 있는 피드백을 제공할 수 있는 능력을 보이는 코치를 찾으려 할 것이다.

서로 끌리는가 하는 문제는 코치에게도 중요하다. 당연히 코치들은 즉각적으로 공감하고 연결되는 경험을 할 수 있는 고객과 함께 일하는 것이 쉽게 느껴진다. 그러나 최고의 작업은 가능성 없고 예측할 수 없는 시작에서 도출될 수 있다.

계약

이 단계의 목적은 현재 상황을 이해하고, 기대와 원하는 결과를 명확히 하며, 검토와 평가 방법을 합의하는 것이다. 계약 과정에서 사려 깊게 관심을 보이면 긍정적인 결과의 가능성을 높이고, 있을 수 있는 오해와 미래의 실망감을 줄일 수 있다.

최근 몇 년 동안 기업 코칭은 삼자 협정에 치중되어 있었다. 흔히 '삼각계약triangular contract'이라고 불리는 이 계약에는 코칭받는 사람의 직장 상사 또는 HR 담당이사와 같은 조직의 후원자, 코치, 그리고 고객이 포함된다. 이 대화는 사전 미팅 때의 대화를 바탕으로 하며, 수행력 향상, 생존과 번영을 위한 지지, 개인의 성장과 발달, 차기 후계자 승계 계획 또는 이 모든 것의 조합 등 코칭 주제를 더 세부적으로 다듬게 된다.

　일부 최고 경영자와 경영진은 이 협정을 쌍방으로 유지하고 싶어 한다는 점에 주목해야 한다. 그들은 이사회 의장이 관여하는 것을 원하지 않을 수도 있고, 어떤 경우에도 관심 없어 할 수 있을 것으로 생각할 수 있다. 일부 계약이 쌍방향인 또 다른 이유는 사업주가 사장이며 코칭 비용을 내고 있기 때문이다. 그리고 때로는 고객이 그들의 경력이나 다양한 삶의 가능성을 추구하려는 경향이 있고, 자기 코칭 주제를 조직 성과와는 별개로 개인적으로 후원받은 활동으로 유지하는 것을 선호한다.

　효과적인 계약은 전체 코칭 과정에서 중요하다. 코칭 슈퍼바이저는 코치가 코칭 개요를 충분히 이해하지 못했거나, 기대, 결과, 비밀 유지와 같은 사항들이 명확하지 않을 때 문제가 생긴다는 것을 일상적으로 발견한다.

2. 시작하기 – 첫 세션

코칭 여행을 시작하는 방법에는 여러 가지가 있다. 첫 세션은 뚜렷한 특성이 없거나 추가 시간이 허용되지 않는 것이 보편적일 수 있다. 코치가 등장해서 고객에게 시간을 어떻게 활용하고 싶은지 물어 보면서 시작한다. 몇몇 코치들은 고객의 사전 기록들을 자세히 확인하거나, 심리 평가를 하거나, 다면평가 과정에 대해 작업하는 것을 선호한다.

　이 코칭 모델에서, 첫 번째 세션은 세 가지 목표를 중심으로 구성된다. 첫 번째는 중요한 관계 구축 과정을 시작하는 것이고, 두 번째는 고객을 심층적으로 이해하며, 세 번째는 전형적으로 다음 단계에서 이루어지는 다면평가 과정에 대해 자세하게 대화를 나누는 것이다. 이 모든 것에 충분한 시간을 주기 위해서, 첫 번째 세션은 최소한 반나절이나 이상적으로는 온종일

소요될 필요가 있다.

[표 5.2] 시작하기 – 첫 세션

행동	목적
최소한 반나절 이상, 되도록 하루 종일, 시작 세션	• 관계 구축의 시작 • 신뢰 구축과 라포 형성 • 서로 알아가기 • 자세한 인생사 탐색 • 피드백 과정 준비

개인사와 인생 이야기

코치들은 개인사를 탐색하는 그들만의 고유한 방식이 있다. 어떤 이들은 대화를 통해서, 또 어떤 이들은 구조화된 훈련을 통해서 이를 실행한다. 저자가 좋아하는 방식은 라이프라인 훈련lifeline exercises이다. 만약 이를 알지 못한다면, 여기에 간단한 개요를 소개하겠다.

라이프라인 훈련

고객에게 주는 지침: 플립차트 위에 직선이나 곡선으로 기다란 선을 그리세요. 맨 왼쪽에 당신이 태어난 해를 적으세요. 과거를 가리키는 화살표를 하나 그리세요. 오른쪽 끝에 오늘 날짜를 기록하고 미래를 가리키는 화살표로 선을 그으세요. 당신 삶의 궤적 안에는 가족 배경, 교육, 경력, 형제자매 또는 자녀의 탄생, 사랑하는 이들의 죽음, 그리고 중요한 관계의 시작이나 끝이 포함됩니다. 과도기적인 모습을 볼 수 있는 시간을 포함하세요. 더불어 개인적으로 전성기나 힘들었던 시기, 자랑스러운 성취, 그리고 당신이 후회하는 사건들을 써보세요. 당신이 만난 적은 없지만 당신의 삶에 영향을 미

친 사람들을 생각해보세요. 그들이 당신에게 미친 영향에 대해서 간단하게 설명해 보세요. 당신의 부모님이 군대에서 일했다면 그 이유로 당신은 수없이 많이 이사했을 수도 있습니다. 당신은 시민들의 소요 사태나 가족 외상과 같은 더 극단적인 경험을 했을지도 모릅니다. 이러한 사건들이 당신에게 어떤 영향을 미쳤나요? 개인적인 사건과 직업적인 사건들을 모두 포함하세요. 당신의 정서적 여정을 살펴보고, 당신이 삶에서 가장 행복하고, 가장 몰입할 때뿐만 아니라, 당신이 막막하고, 길을 잃었거나, 슬프고 혼란스러웠을 때도 포함하세요. 지금 당신이 느끼는 감정에 집중하고 그것들을 적어보세요.

고객을 위한 라이프라인 훈련의 가치는 이런 종류의 체계적이고 깊이 있는 과정을 통해 자신의 삶을 검토하는 행위가 자기 자신을 정서적 경험과 연결해주고 어떤 모습인지 밝혀준다는 것이다. 그것은 흔히 연속성과 의미를 지니고 있으며 이는 진실하다.

코치 입장에서는 고객의 삶에 대해 게슈탈트적인 관점에서 깊이 통찰할 수 있다는 이점이 있다. 이는 그들 경험의 기반인 **배경**이다. 코칭 후반부에서 이것은 현재의 이슈나 도전들, 새로운 **전경**이 어떻게 과거로부터의 메아리가 되었는지를 이해하는 데 매우 유용하다.

3. 코칭 주제 결정과 피드백 과정

피드백 과정

첫 세션이 끝날 무렵에는 코칭의 다음 단계인 집중적 구두 면접 다면평가 과정을 상세히 논의하는 것이 중요하다. 대부분 임원은 직장에서 최소 한 번의 다면평가 훈련을 받아야 하므로 그 훈련은 보통 원만하게 이해된다. 온라인 설문지가 사용되는 경우가 많은데 이는 어떻게 그것이 이루어져야 할지 기대한다는 것을 의미한다. 그러나 저자가 개인적으로 선호하는 것은 고객의 업무 상황과 그들의 폭 넓은 삶에서 다양한 사람들과의 대화를 포함하는 구두 면담 피드백 방식을 사용하는 것이다. 일반적으로 저자는 해당 개인의 직속 상사, 몇 명의 동료들과 직속 부하직원, 소수의 추가적 내부 동료, 외부 고객, 가족 구성원과 친구들을 포함하여 15명 정도와 대화하는 것을 추천한다.

고객들이 이를 처음 들을 때에는 놀라거나 흥분과 불안이 섞인 반응을 보이는 경향이 있다. 그들은 과거 그들이 했던 설문지를 통한 다면평가 과정과 방금 들은 방법의 차이를 재빨리 파악한다. 그들은 마음 속으로 목록에 누구를 포함해야 할지 재빠르게 생각한다. 고객은 가족과 친구를 참여하게 할 것인지, 만약 그렇다면 누구를 참여시킬지에 대해서 의문이 생기게 된다.

예를 들어, 개인 의료 신탁의 최고 경영자인 패트리샤Patricia가 최근에 실시한 구두 다면평가 과정에 제시한 목록은 다음과 같다:

- 회사 대표(그녀의 사장)
- 그룹 이사 3명, 자회사 사장(동료)
- 선임 경영진의 이사 4명(직속 부하직원)
- 공급업체 회사의 최고 경영자(핵심 외부 이해관계자)
- 그녀의 남편, 아버지, 형제, 그리고 아들(가족)
- 오랜 친구

이러한 논의를 먼저 다루는 이유는 구두 다면평가를 원하지 않는 고객이 있을 수도 있기 때문이다. 그들은 특히 누가 궁극적으로 보고서를 볼 것인가에 대한 우려와 의구심이 있을 것이다. 또 일부 고객들은 무언가 측정되고 평가 대상이 되는 것에 민감하다. 따라서 고객이 절차와 목적, 잠재적 이익을 완전히 이해하도록 하는 것은 필수이며, 어떤 경우에는 그들이 이를 거부할 수도 있다.

[표 5.3] 코칭 주제 결정 및 피드백 과정

행동	목적
직장 동료들, 가족과 친구를 포함하여 15명 이상이 포함된 구두 면담 다면평가 과정	• 코칭 고객의 광범위하고 심층적인 관점을 얻음 • 핵심 강점 식별하기 • 발달 가능성 명료화 • 코칭 안건 개선을 위한 광범위한 출처로부터 자료 수집
피드백 보고서 전달과 코칭 주제 수정에 초점을 맞춘 반나절에 걸친 세션	• 고객이 중요한 타인에 의해 그들이 어떻게 지각되는지 이해하는데 도움 • 피드백 수용, 의미 이해, 학습 내재화 • 피드백 자료들이 무엇을 가리키는지 고려하기 • 코칭 안건들을 섬세하게 조정하기

패트리샤가 사람들의 연락처를 저자에게 알려주고, 참여 여부까지 물어 확인하여 준 뒤, 저자는 일련의 전화 통화를 진행하였다. 그들에게 어떤 질문을 하기 전에 보고서에서 개인적으로 누구인지 밝히지 않을 것이고 비밀을 준수한다는 것도 분명히 하였다. 반구조화된 대화는 다음 사항들에 초점을 두었다:

1. 핵심 강점
2. 강점의 과도한 사용(강점의 이면)
3. 개선 및 개발 분야

4. 최근 관점 및 행동의 변화

5. 잠재력

6. 개선, 변화 또는 실행되어야 하는 '하나의 큰일'

7. 기타

일반적으로 이러한 대화는 30분에서 1시간 정도 소요된다.

피드백은 해석이나 분석이 추가되지 않고 구두 의견을 포함하는 서면 보고서를 통해서 이루어진다. 그것은 순수하게 '무엇이다'로 표현된다. 어떠한 의미를 함축하고 있는 보고서를 상세히 논할 필요가 있을 때는 직접 대면하는 코칭 세션에서 이를 다룬다.

구두 면담을 통한 다면평가 과정의 피드백 양은 상당할 수 있고, 논평의 중복과 주제의 반복이 불가피하다. 따라서 보고서를 작성할 때, 모든 의견을 포함하기보다는 구분되는 논평과 주제만을 제시하는 데 주의를 기울여야 한다. 보고서는 몇 페이지에 불과할 수 있지만, 이는 코칭 고객이 받아들여야 할 내용이 많다는 것을 의미한다. 이러한 이유에서 저자는 보통 이 세션을 반나절까지 계획한다.

코칭 주제 개선

이 코칭 모델에서, 코칭 주제들이 형성되는 것은 사전 미팅과 계약 초반에 이루어지는 상호작용 과정이지만, 주제들은 보편적으로 구두 다면평가 훈련 이후 좀 더 명확하고 선명해진다. 예를 들어, 남용되거나 과장된 강점들에 대한 질문은 개선, 변화 또는 수정을 위한 '하나의 큰일'과 같은 중요한 정보를 드러낸다.

가장 중요한 점은 고객이 자신의 코칭 주제를 정한다는 것이고, 그것이 행동에 대한 긴 목록이 되어서는 안 된다. 그보다는 무엇이 자신과 다른 사람들 사이에 큰 차이를 만들어낼지에 관한 짧은 목록이면서 가장 간결한 것이 되도록 해야 한다. 만약 누군가가 고객에게 '어떤 일을 하고 있나요?'라고 질문한다면, 그들은 간결하면서도 정확하게 대답할 수 있어야만 한다.

4. 일련의 코칭 세션/대화들

코치들은 6개월에서 12개월에 걸쳐서 두 시간씩 6회의 세션으로 코칭 시간을 구성하거나, 상황과 효용성에 기초하여 융통성 있게 운영할 수 있는 일년에 걸친 패키지 코칭 등 저마다 선호하는 방식을 가지고 있다.

[표 5.4] 일련의 코칭 세션/대화

행동	목적
일련의 코칭 세션, 고객의 욕구와 그들의 코칭 안건에 맞춰 정확한 세션 수. 실질적인 고려사항은 이러한 요소가 완전히 직접 대면인지, 전화 또는 화상회의를 통해 원격으로 제공되는지 또는 두 가지 모두의 조합인지를 결정하는 것임	• 코칭 안건들을 원활하게 다루고자 함 • 새로운 이슈나 도전들을 다룸
'표준' 코칭 대화 외에도 핵심 가정을 도출하기 위한 방법으로 변화 면역 매핑 훈련Immunity to Change mapping exercise과 같은 구조화된 과정들을 통합하는 것이 유용함	• 고객들이 내부 변화의 역동(변화에 저항하는 힘)을 이해하는 것을 도움 • 핵심 신념과 가정 파악하기 • 개인적 변화를 감당할 수 있는 더 나은 장비를 갖추고자 함

임원코칭의 특징 가운데 하나는 이것이 개인과 조직의 요구들이 충족되도록 설계된 맞춤형 과정이라는 점이다.

초기 세션들은 일반적으로 코칭 안건에서 발생하는 우선순위와 목표 문제를 다루고, 어디에서부터 시작해야 할지 명백하다. 새로운 세션들은 중단된 곳에서부터 시작하며, 학습을 위해서 이미 합의된 행동들을 검토한다.

일부 고객들은 코치가 그들의 평범한 근무 환경에 하루 동안 그림자처럼 따라다니겠다는 제안을 환영한다. 여러 차례 해보았지만, 저자는 보통 내가 전에 보거나 이해하지 못했던 것들을 발견하며 놀라곤 한다. 예를 들어, 식품 가공 회사의 공장장인 패드랙Padraig은 나에게 그와 함께 공장을 운영하는 자신의 모습을 하루 동안 지켜봐 달라고 초대했다. 첫 번째 놀라움의 하나는 그가 경영 회의를 다른 모든 직원에게 개방된 복도에 서서 진행한다는 것이었다. 이는 직원이 경영 팀 내에서 의사소통하고 상호작용하는 것을 직접 보고 논의할 수 있게 한다. 또 저자를 놀라게 한 점은 그의 가볍고 능숙한 접근방식이었다. 이전의 코칭 대화들과 다면평가 정보를 통해서 이러한 것들을 추측해낼 수도 있지만, 실제 작업 환경에서 그들의 강점이 훨씬 더 눈에 띄었다.

저자는 또한 '변화 면역' 매핑 과정에 대해서 최소한 한 세션 정도를 할애할 것을 고객들에게 권고한다. 저자는 고객에게 개념을 설명하는 몇 가지 서적들을 읽으며 코칭 안건에서 중요한 이슈를 찾아내도록 요청함으로써 그들을 준비시킨다. 매핑 과정에 대한 자세한 설명은 이 장의 범위를 벗어나기 때문에, 출처인 케건과 래이의 저서인 **『변화 면역**Immunity to change**』** (2009)을 참조하기 바란다. 코칭 과정에서 내가 이를 사용하는 이유는 그것이 게슈탈트 접근법과 잘 맞아 떨어지며, 전 세계에서 활동하는 고객들의 깊고 오랜 방식을 설명하는 강력한 믿음, 숨겨진 약속, 핵심 가정 등을 밝혀낼 수 있기 때문이다. 그 과정은 흔히 고객들을 매혹시키고 호기심을 자극한다. 또 고객들이 개념적이고 실질적인 돌파구를 만들 수 있도록 돕는 데 중요한 역할을 할 수 있다.

때로는 코칭 과정의 리듬이 상대적으로 예측할 수 있고, 복잡하지 않은 상태로 유지될 수 있다. 작업은 기대에 따라 진행되어 사전 미팅, 계약, 그리고 다면평가 단계는 강력하고 명확한 코칭 안건들을 생산하고, 코칭은 확고하게 제 궤도에 서게 된다. 그렇지만 항상 이처럼 순탄하지 않을 수도 있다.

험난한 여정과 코치의 역할

고객 상황이 갑자기 바뀌는 것과 같이 즉각적이고 긴급한 대처를 요구하는 상황이 있다. 이때 코치에게 주요한 도전 과제는 그들이 해야 할 일을 할 수 있도록 충분히 안전성을 조성해내고, 어려운 시간을 지나갈 수 있도록 이를 유지시켜 주는 것이다. 6개월에서 12개월 또는 기간 사이에 당신이 추가 세션을 재계약 한다면, 고객들이 이전에 계약했던 개발 프로그램들을 놓치게 될 수도 있다. 그들은 그들이 변화할 수 있다는 희망, 낙관성, 자신감 등을 잃거나 두려움을 얻게 된다. 어떤 경우에는 상당한 지지가 필요한 위기 시기를 겪기도 하고, 고객들이 한동안 나타나지 않는 경우도 많이 있다. 그들이 이처럼 철회하면 갑자기 당신은 당신이 생각했던 것보다 세션 사이의 간격이 더 길어졌다는 것을 발견하기도 한다. 이러한 시기에 코치들의 역할 가운데 일부는 그곳에 있으면서 놀라움, 좌절, 기분 변화 등에 당황하지 않고 흔들림 없는 태도를 유지하는 것이다.

이 외에도, 코칭 여정 중 주요 지점에서 필요한 지원과 도전을 어떻게 측정할 것인가를 배울 필요가 있다. 더 심도 있는 개인적 성장과 수직적 발전은 전형적으로 심오한 자기 재평가 기간을 포함하며, 그 기간에 개인은 마음의 평정 상태가 깨질 수 있다. 어떤 사람들에게는 성장이 고통스럽고, 공허감으로 들어가는 불안한 경험이며, 더는 버틸 수 없는 오래된 확신들을 움켜쥔 채 다른 쪽으로 나오기 전 허물을 벗는 것과 유사하다고 할 수 있다. 이때는 코치가 더 많은 시간을 내고, 더 높은 수준의 지원을 제공하며, 고객이 자기 지지를 강화할 수 있도록 해야 한다.

어려운 시기를 겪는 것과 무관하게, 일부 고객들은 이메일, 전화 또는 화상회의를 통해서 세션 사이에 그들의 코치와 연락할 가능성이 있을 때 큰 가치와 편안함을 얻게 된다. 고객들은 그들의 코치를 외면할 정도의 새로운 도전이 생겨났을 때, 마지막 코칭 세션 직전이라 할지라도 그만둘 수도 있다. 만약에 다음 세션이 4주 뒤로 예정되어 있을 때, 전체 사건이 그 사이에 지나갔을 수도 있다. 고객은 지금 어떤 도움을 원한다. 이러한 이유에서 더 즉각적인 요구를 위해 문을 열어 두는 것이 유용할 수 있다. 코치들은 고객이 가끔 이를 남용할 수 있다는 점을 두려워하기도 한다 – 저자는 이것이 내 경험은 아니라는 점을 말하고 싶다. 경영자들은 흔히 과도하게 자립적이고 대부분은 외부의 추가 지원을 택하기 전에 연락하는 신호를 강하게 보내온다.

5. 코칭 과정의 검토와 평가

조직 후원자들은 보통 코칭 면담이 끝날 때 결과에 대한 검토가 이루어질 것으로 기대한다. 일부 코치들은 초기에 제시된 코칭 주제에 초점을 맞춘 다면평가 과정의 미니 버전을 실행하는 것을 선호한다. 이는 코칭의 전체적인 효과성을 평가하기 위한 가치 있는 전후 자료를 생산할 수 있다.

더 자주 사용되는 과정은, 초기 계약한 세 당사자 – 후원자, 코치, 코칭을 받는 고객 – 를 다시 소집하는 것이다. 그런 다음에 저마다 그들의 관점에서 코칭 결과에 대해 얼마나 많이(또는 적게) 진척이 있었는지 공유한다.

관점의 차이가 있을 수 있지만, 합의가 이루어지는 경우가 흔하다. 코칭

[표 5.5] 코칭 과정의 검토와 평가

행동	목적
코칭 개입의 효과성에 대한 검토와 평가. 미니 다면평가 연습을 통해서 할 수 있고, 여러 동료들과 논의하여 수행 가능. 보편적으로 초기 삼자 계약 관련자들의 재구성을 수반함	• 기대와 원하는 결과에 대한 코칭 과정의 효과성을 확립하고자 함
작업의 두 번째 단계를 위한 재계약을 이끌어 낼 수 있음. 검토 회의는 코칭의 안건들이 더 길어지거나 장기적 코칭 개입이 요구된다는 것을 암시하는 새로운 상황이 진행되고 있음을 드러낼 수 있음	• 첫 번째 단계에서 수행한 작업과 진행 상황을 바탕으로 지속하고자 함 • 코칭 과정의 초기 이후 등장한 새로운 과제, 문제, 주제 등을 해결하고자 함

이 잘 이루어졌는지 그렇지 못했는지 이 또한 검토 과정에서 매우 명백하게 나타난다.

비록 검토가 코칭 참여의 종결을 의미하지만 프로그램의 연장을 제안하는 일도 자주 있다. 이러한 결정 근거는 그 과정이 목표나 새로운 도전을 성취하기 위해서 더 오랜 기간이 요구되고, 그 과정 중에 논점들이 나타나기 때문이다. 때로는 지속하기 위한 합리적 근거가 순수하고 단순하게 어려운 시기를 헤쳐나가기 위한 개별적 지원을 계속하기 위해서이기도 하다.

더 집중적인 코칭 과정

때로는 프로그램에 더 집중적인 코칭 과정이 필요하다는 것이 시사되는 예외적인 상황이 있다. 또는 코칭 수련회coaching retreat가 다른 추가적인 후속 지원과 함께 개별 코칭 개입으로 이루어질 수 있다. 이러한 아이디어는 일반적으로 좀 더 유의한 수준의 효과를 촉진하기 위해서 '더 큰' 개입이 필수적이라는 코치 또는 HR 담당이사의 견해에서 나온다. 코칭 수련회에 대한 몇 가지 이유를 들 수 있다. 예를 들어, 미래의 리더들에게 그들의 성장을 촉진하고자 분명한 사업이 있는 곳에 유의한 투자를 하기 위한 결정; 책임, 규모, 그리고 복합성의 증가를 관리하는 리더에 대한 추가적 지원 결정; 리더가 자신의 스타일, 행동 그리고 사고방식의 유의한 변화를 취할 수 있도록 추가적 지원 결정; 또는 웰빙에 대한 고려와 소진 위험이 있는 경우의 리더에 대한 추가적 지원 결정.

[표 5.6] 임원코칭 수련회

행동	목적
한 명 또는 더 개인적인 리더들을 위한 2-3일간 외부에서 진행되는 맞춤형 코칭 워크숍. 차별적인 요소들은 코칭을 받는 이들의 욕구를 포함할 수 있음. 만약 주된 그리고 가장 시급한 이슈가 잠재적 소진이라면, 주요 관심사는 개선되어야 함. 대안적으로 행동적 안건 위주로 재구성될 수 있음	• 충분한 시간 확보를 포함하여 컨디션을 창출할 수 있도록 함. 집중적이고, 철저한 분석 코칭 경험에 참여하게 함 • 효과적인 변화를 위해 필수적인 코칭 자원들을 끌어내고 실질적인 차이를 만들어내고자 함 • 개발 작업을 위해서 높은 수준의 지원을 제공하고자 함

이러한 종류의 코칭 워크숍은 상당히 맞춤화되어 있고 보통은 개인적 환경의 거주 시설에서 계획된다. 이는 하나의 개별 그룹 또는 전형적으로 4명 이하인 소규모 집단일 수 있다. 코치의 관점에서, 그것은 참여자들에게 강력하고 생명력 있는 경험을 제공하는 빈 캔버스가 될 수 있다. 개인이나 소집단과 함께 많은 시간을 작업하는 경우는 드물고, 이러한 워크숍들은 흔히 육성 환경에서 개최된다.

임원코칭 수련회는 재정적으로 상당한 투자가 필요하다. 따라서 참가자를 신중하게 선발해야 하며, 유익하고 효율적인 코칭이 되기 위해 코칭 주제를 현실적이고 타당성 있는 것으로 선정해야 한다.

6장.
게슈탈트 코칭의 실제

개인코칭에 적용되는 게슈탈트 주기: 작업 모델

이 장에서 저자는 게슈탈트 경험 주기의 관점에서 게슈탈트 코칭의 실제를 설명하고자 한다([그림 6.1] 참조). 구체적인 사례를 사용하는 목적은 게슈탈트 코칭 접근을 삶에 도입하고 그것이 어떻게 발전적인 돌파구를 촉진할 수 있는지 보여주기 위해서다.

감각 sensation

감각 단계는 '무엇이다'로 정의된다. 코칭 맥락에서는 최근의 욕구, 새로운 가능성이나 기회, 또는 현 상황에 영향을 미치는 긴장감과 같이 그 순간 가장 중요한 무엇을 말한다. 일반적으로 개인의 균형은 방해를 받고, 어떤 것은 관심을 요구한다. 그것은 **내면에서 불평하는 목소리, 어려운 질문들과**

결정하기, 미해결 과제를 다시 환기하는 것 등으로 나타날 수 있다. 다른 단계에서 그것은 성장하고, 발전하고, 변화하고자 하는 욕구를 나타내는 신호일 수 있다.

감각 단계에서 심리적, 정서적 특성들은 다음과 같은 것들을 포함할 수 있다.

- 꼼짝할 수 없는 느낌
- 긴장과 좌절
- 해결되지 않은 상황들
- 분노, 죄책감 또는 수치심과 같은 강력한 느낌들
- 불편함과 불만스러움
- (자기 자신과 삶에 관한) 더 큰 질문 또는 '실재'에 대한 재평가
- 성장, 발전, 전환의 욕구

내면의 불평하는 목소리

마리아Maria는 지역 개발 기관의 최고 경영자다. 그녀의 내적 대화는 많은 사람에게 익숙할 것이다. '내 일은 내게 매우 중요하고 너무 많은 투자를 해서 도저히 그만 둘 수가 없어. 난 내가 원하는 것과 필요한 모든 것을 하기 위한 시간이 결코 없을 것 같아. 잠을 잘 자지 못하고, 이 때문에 모든 것에 둔해지는 것 같아. 난 자주 내가 여기 반만 있는 것처럼 느껴져. 집에서 가족들은 그저 내 남은 반쪽만을 접하고, 나는 집에서 물러난 채 참여하지 않는 데 익숙해졌지. 난 집에서 보내는 모든 시간을 일에서 회복하는 데 쓰는 것 같아. 이게 정말 기분이 좋지는 않지만 해결 방법을 찾지 못하는 것 같아…'

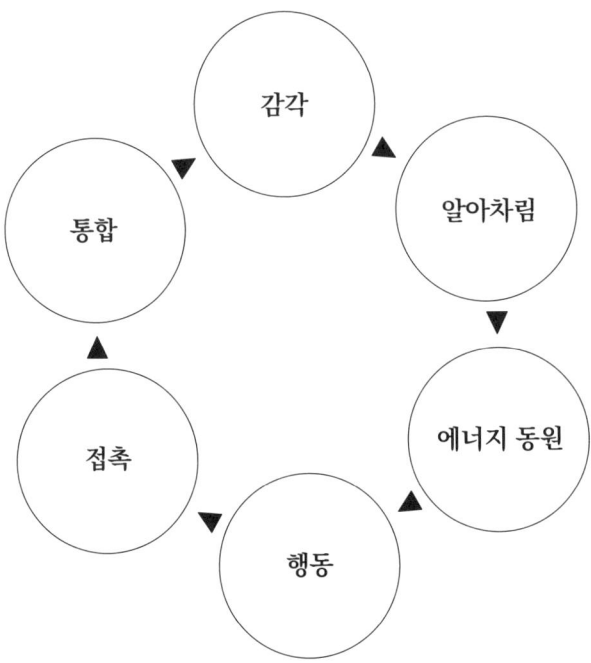

[그림 6.1] 개인코칭에 적용되는 게슈탈트 주기

리더십 코치들은 고객들이 이런 이야기를 하고, 다른 경영진들이 다음과 같은 유사한 이슈들에 대해서 말하는 것을 듣는 데 익숙해 있다.

- 나는 스트레스를 줄여야만 한다.
- 나는 나 자신을 좀 더 잘 돌봐야 할 필요가 있다. 이 회사를 운영하려면 내가 건강하고 운동으로 단련되어 있어야 한다. 그런데 왜 난 안 하고 있는가?
- 만약 고위 경영진에게 내 일을 더 떠맡겨야 한다면, 그것은 그들을 참을 수 없게 만들 뿐이다. 그들은 이미 감당할 수 없을 만큼 일했고 매우

피곤해 있다. 나는 이것을 어떻게 풀어가야 할지 모르겠다.
- 항상 해야 할 것들이 많은 것 같다. 나는 쉬는 것을 포기했다.

어려운 질문과 결정들

불균형의 두 번째 원천은 임원 고객들의 마음에 드는 어려운 질문과 결정들일 수 있다.

    정부 기관의 최고 경영자인 데이비드David는 그가 정기적으로 일대일 면담과 팀 개발을 촉진하는 노력을 했기 때문에 고위 경영진인 자신의 정서적 분위기를 잘 조율했다고 여겼다. 그러나 갑자기 소규모 감독 대표단이 만남을 요청했고, 그들은 직원들이 괴롭힌다고 믿는 팀원에 대해 심각한 우려를 표현했다. 사실상 그것은 내부 고발 만남이었고, 차례로 고발 내용을 확인하는 즉각적인 조사를 시작했다. 그 행동은 매우 심각한 것으로 여겨졌고, 그 사람은 직위에서 해임되었다. 이 사건은 데이비드에게 어렵고 불편한 질문들을 남겨주었고, 그는 자신의 임원코치에게 이 상황을 이야기했다. 그 가운데 일부는 다음과 같다:

- 왜 난 그것을 보지 못했나? 왜 미처 몰랐으며, 사람들은 왜 나에게 더 일찍 말하지 않았는가?
- 사람들이 나에게 다가오기가 어려운가?
- 이 모든 것이 나에 대해서 뭐라고 말하는가? 내가 여기서 가져야 할 의미는 무엇인가?
- 나는 부정적인 역할 모델이었나?
- 얼마나 많은 팀이 이러한 상황에 처해있는가?

환기 | reawakenings

고객의 미해결 상황이 코칭의 주요 초점이 되는 두 가지 중요한 시나리오가 있다. 첫 번째는 그들이 미해결된 역사적 이슈들이 얼마나 현재 다시 활성화되는지 인식하고 있어서 전문적 지원을 적극적으로 모색한다는 점이다. 이 경우 고객은 그들이 무엇이 이슈인지 정확히 모르더라도, 동료들이 무언가를 알고 있을 수도 있다는 불안감과 함께 본인은 상당한 불편감을 느낄 수 있다. 두 번째는 코칭 과제를 다루는 중에 고객들이 그들의 과거 속에 묻혀 있던 것을 찾아가는 과정에 있다. 다시 말해서, 현 시점에서 과거 미해결된 문제의 재활성화가 지금 일어나는 상황에 어떤 형식으로든 포함될 수 있다.

이러한 환기들은 매우 불안할 수 있고, 그들에게 어려운 느낌과 지금 문제를 해결해야 할지 아니면 그것들을 다시 감추어 둘 방법을 찾아야 하는지에 대한 불편한 질문을 동반한다. 이 시점에서 지원이 중요한 이슈로 대두된다. 만약에 그 개인이 그들이 몸담고 있는 곳에서 이슈를 개방할 충분한 지원이 없다고 느낄 때, 그들은 자연히 그 문제들을 종결하기 위해 할 수 있는 모든 것을 할 것이다. 반대로, 만약 그들이 자신들을 도울 수 있는 심리적 기술과 능력이 있다고 생각하는 코치와 함께 일한다면, 그 이슈들을 다음의 진술들처럼 코칭 대화에 끌어들일 가능성이 더 있을 것이다.

- 사람들은 최근의 다면평가를 통해 인정받고 싶어 하는 내 욕구를 이해했고 이러한 이해는 옳았다. 비록 내가 호주에서 가장 큰 공익기업 가운데 한 곳에서 최고 경영자를 맡고 있지만 나는 나 자신이 항상 최고라고 느끼지 않는다. 나는 내가 사기꾼처럼 느껴지고, 이러한 감정들은 학창시절로 거슬러 올라간다.

- 나는 항상 인정받고 있다는 느낌이 부족하다고 여겼고 그 배경은 가족으로 거슬러 올라간다. 인정받는 느낌이 부족하다는 이 감정을 내가 다루는 방법은 사용할 시간이 결코 없음에도 자동차나 집과 같이 새로운 물건들을 계속 사들이는 것이다. 우리가 필요하지 않은 것들은 나중에 우리 자신을 궁지에 몰리게 한다. 그렇지만 그것은 내게 뭔가 진행된다는 기분이 들게 하기 때문에 나에게 일시적인 해결책을 준다.
- 진실은 내가 타인들에게 나 자신을 증명하기 위해서 여전히 노력한다는 것이다. 나는 항상 내 것이 아닌 다른 사람들의 삶 속에서 뛰고 있다는 기분이 들었다.

알아차림에 대한 차단과 저항 blockages and resistances to awareness

게슈탈트 주기의 모든 단계에서 우리의 주의를 요구하는 완전한 알아차림에서 각자 자신을 방어하기 위해 흔히 사용하는 수많은 방식이 존재한다. 이것들은 저항의 형태로 보이지만, 의식적이든 무의식적이든 보호 기제로 이해하는 것이 더 도움이 된다. 이러한 차단은 그것의 부정적 효과뿐만 아니라 긍정적 효과도 모두 중요하다. 어떤 때는 그것이 완전히 부정적으로 보이지만 항상 그렇지는 않다. 때로는 알아차림을 차단하는 것을 찾으려고 애써야 할 매우 중요한 이유가 있을 수 있다. 이 단계에서 흔히 일어나는 차단은 다음과 같다:

- 둔감화 desensitization – 무언가에 대한 알아차림 차단
- 부인 denial – 어떤 것을 완전히 알거나 수용하는 것을 스스로 허용하지 않음
- 덮어두기 – 어떤 것에 대한 생각과 느낌들을 억제함

- 지나치리만큼 바쁘게 지내기 - 우리의 주의력, 시간, 에너지를 쏟게 하는 무언가에 몰두함
- 무감각/마비 - 멈춰 있고, 감정들이 사라지거나, 술이나 약물을 통해서 일어날 수 있음

알아차림 awareness

게슈탈트 주기에서 **알아차림**은 호기심이 생겨나고 좀 더 성찰하게 되는 단계이다. 그것은 데이터, 아이디어, 다양한 사고방식을 찾아 세계로 나가며, 자신의 내면을 발견하기 위해 탐색하고 행동하는 특징이 있다. 코칭 맥락에서, 외부 과정은 일반적으로 피드백을 구하는 것을 포함하고, 내적 여행은 더 유의미한 진실을 말하며, 두려움을 알아내고, 깊이 자리 잡은 신념과 핵심 가설 등을 포함한다.

알아차림 단계에서의 심리적 그리고 정서적 특징은 다음과 같다:

- 이슈들에 대한 개념화와 설명
- 자기와 개인적 사실들에 대한 깊이 있고 진실된 접촉
- 새로운 통찰과 관점의 변화
- 선택과 가능성에 대한 높은 알아차림
- 개인 소유권과 책임감 증대
- 자신이 누구인지 포용하기 - 자기 수용

피드백과 어려운 피드백

많은 기관은 경험을 통해서 배우고 수행을 향상하기 위해서 일상적 상호작용의 한 부분으로 적극적 피드백을 주고받는 문화를 발전시키려는 분명한 의도를 지니고 있다. 마찬가지로 대부분 코치는 그들의 코칭 방법론에 피드백 과정을 통합하고, 코치 배정 초기에 코칭 안건들을 구성하는 데 필요한 구체적인 조언을 위해 라인 관리자들에게 요청한다.

피드백은 전형적인 알아차림 향상 과정이고 개인적인 성장과 발달을 위한 출발점을 제공할 수 있다. 이제 다음으로 다양한 고위 간부들이 참여하는 몇 가지 피드백 훈련의 구성을 소개하겠다. 여기 제시하는 모든 논평은 구두로 이루어지고 삼자 계약 회의와 구조화된 다면평가 과정에서 가져왔다. 이 피드백의 일부는 받아들이기 쉽고 만족스러우며 일부는 그렇지 않다.

많은 코치가 피드백을 코칭 과정의 필수적인 부분으로 여기지만, 그들 스스로 한 번도 받아 본 적이 없는 예도 있다. 그러므로 이것은 잠재적으로 중요한 발전 기회이고 학습 경험이다.

발전적 피드백을 검토할 때 분명한 점은, 이러한 언급이 '진실'일지라도 수용한다는 것은 고통스러울 수 있으며, 임원들이 일반적으로 회복력이 있더라도 상처를 입고 이에 머물 수도 있다는 것이다. 따라서 이러한 과정을 안내하는 것은 코치의 감성과 기술을 필요로 한다. 피드백을 받아들이고, 그것과 작업을 시작하는 것이 게슈탈트 주기에서 **알아차림** 단계의 특성이다. 또 다른 중요한 요소는 자신을 오랫동안 들여다보고, 개인적 진실을 이야기하는 과정에 좀 더 열심히 참여하는 것이다.

[표 6.1] 몇 가지 피드백 과정의 조합

강점 기반의 피드백	발전적 피드백
• 당신의 사업에 대한 이해와 지식 수준이 높네요.	• 당신은 모든 업무를 다 알고 있기 때문에 다른 일을 할 수 있고, 다른 사람들의 일들도 할 수 있겠네요.
• 당신은 끊임없이 새로운 아이디어를 내고 있어요.	• 당신이 정말 많은 아이디어를 가지고 있기 때문에 우리는 그 가운데 일부를 미루거나 무시해야 합니다. 그렇지 않으면 우리는 압도될 수도 있어요.
• 당신은 사람들을 이끄는 능력이 매우 강하고, 우리가 어디를 향해 가야 하는지 상당히 명확한 생각을 지니고 있군요.	• 당신의 의견이 너무나 분명해서, 지나치게 군림하듯 전달하는 경향이 높을 수 있습니다.
• 당신의 주요 기여 부분은 당신의 행동과 에너지군요. 또 당신이 생각하기보다는 행동을 더 많이 한다는 점이죠.	• 행동이 많은데, 생각할 시간을 좀 더 갖는 것이 좋을 것 같습니다.
• 당신은 이 회사에서 중요한 리더이며, 큰 에너지를 가지고 있고, 회사를 위해 막대한 희생을 치렀어요.	• 당신은 다른 사람의 말을 듣기는 하지만, 오직 당신의 사고방식에 적합한 것들만 취하고 있고, 맞지 않을 경우에는 거부하고 있군요.
• 당신은 용감하고, 솔직하게 대화를 할 의지가 있군요.	• 당신은 강한 편견을 지니고 있고, 빨리 판단하여 의견을 형성합니다. 그러면 다른 사람들이 그 주제에 대한 당신의 생각을 바꾸는 것이 매우 어렵습니다.
• 사람들이 좀 더 나아지고자 하는 당신의 노력을 인정하고, 이를 위해 당신이 전념하고 있다는 것을 신뢰하고 있어요.	• 당신은 이야기할 때 너무 오래 걸리고 이는 사람들의 흥미를 잃게 합니다. 당신은 바람직한 대화 규칙을 존중할 필요가 있어요.

진실을 이야기하기

코칭 대화는 용기를 가지고 어려운 질문들을 던지며 자신의 삶을 정리하는 독특하고 특별한 공간이 될 수 있다. 다음으로 고객들이 코칭 대화에서 했던 몇 가지 언급들을 제시하겠다. 이러한 언급들은 그들이 수용한 피드백에 대한 반응이고, 일부는 그들이 이전에는 숨겨왔던 이슈들이다.

수행 능력 향상
- 내가 좀 더 나은 리더가 되는 것을 진지하게 생각한다면, 나는 특정한 행동을 바꿔야 한다는 것을 안다.
- 나는 항상 방어적이다. 나는 경쟁하고 저항한다.
- 나는 충분히 경청하지 않으며, 말을 줄여야 한다.
- 나는 내가 지나치게 옳다고 믿고, 배우는 것을 스스로 막고 있다. 나는 이 부분을 바꿀 필요가 있다.

타인에 대한 진심과 연결
- 나는 내가 냉정하다는 것을 안다. 그런 피드백을 자주 받았지만, 어쨌든 오랫동안 알고 있었다. 내가 확신할 수 없는 것은, 내가 그것을 위해 무언가 하고 싶은지 여부이다. 그리고 만약 무언가 하고자 한다면 어떻게 해야 하는지 알고 싶다.
- 동료들이 나를 좀 더 자주 만나고 싶다고 말하지만, 나는 직장에서 이러한 방식으로 공유하는 것이 가치 있는 것인지 잘 모르겠다.
- 감정적으로 개입되는 이슈는 모든 것의 핵심이다 - 정서적 연결은 나에게 정말 중요한 것이기 때문에 나는 나 자신을 숨기지 말아야 한다.

- 나는 내가 원해서 맺은 동료 관계가 없다 – 나는 그들과 어려움을 나누지 않는다. 혼자서 모든 것을 처리하고, 이후 정리가 되고 통제력을 느끼면, 그때 내가 무엇을 생각하고 느끼는지를 드러낸다. 이것은 다른 사람들을 차단하고 내가 어떤 도움도 받지 못한다는 것을 의미한다. 사람들은 내가 무언가 필요할 수 있다고 생각하지 않는다.

헤쳐 나오기
- 난 나 자신에게 기대가 높고 스스로를 힘들게 몰아간다. 나는 나를 멈출 수가 없다.
- 난 나 자신이 해결사로 보일 거로 생각하고, 사람들을 실망하게 하는 것을 싫어한다.
- 나는 생존 모드를 유지하는 데 매우 지쳤다.
- 내 톱니바퀴는 끊임없이 돌고 있고 난 그것을 멈출 수가 없다.
- 분석해보면, 나는 10% 정도만 지금에 있고, 90%는 미래를 걱정한다.
- 다른 사람들로 가득 차게 되면, 나는 진이 빠지고 희망과 낙천성을 잃는다.
- 나는 무언가 그만두면 패닉에 빠진다 – 고통의 장벽을 뚫고 나가야 한다. 그것이 어떨 때는 더 쉽게 느껴진다.

과정을 신뢰하기 – 변화의 역설 paradox of change

'과정을 믿어라'라는 구절은 경험이 많은 전문가가 흔히 사용하는 표현이다. 그렇지만 그것이 정말 의미하는 것은 무엇인가? 게슈탈트 코치에게 그것은 변화의 역설적인 본질을 신뢰하는 것을 의미한다. 이는 사람들이 그들의 현실과 진실을 충분히 받아들이고, 그것을 인정하며 수용할 때, 무언가가 바뀐다는 것이다. 코치를 예로 들자면, 그것을 다른 사람에게 말하는 것은 그 과정의 중요한 부분이 될 수 있지만, 결국 그것을 듣는 가장 중요한 사람은 자기 자신이다.

이 믿을 수 없이 간단한 제안은 코칭, 치료 또는 지역사회 건설 맥락 등 모든 게슈탈트 실습의 핵심이다. 도구, 기술 또는 해결책 등 무언가 더 활동적인 것이 필요하다고 자주 믿는 사람에게는 새로운 접근법에 동참하는 것이 어려울 수 있다. 알아차림이 궁극적으로 고객의 변화를 실행하는 것이라는 생각은 지식, 전문성, 그리고 무언가 일어나게 만드는 수평적 학습 사고방식과는 배치된다. 그리고 특히 게슈탈트 접근 작업의 초기 단계에서 과정을 신뢰하는 것은 매우 노출되는 기분일 수 있다는 사실에서 벗어날 수는 없다.

두려움과 핵심 가정core assumption 찾아내기

게슈탈트 코칭과 심리학적 관점에 초점을 둔 코칭은 금방 고객들에게 그들의 두려움을 직면하게 하고, 그들 세계에 대한 핵심 신념과 가정을 찾아내게 한다. 그들이 이 지점에 도착하면 불가피하게 불편함을 느끼게 되는데, 이는 사람들이 이전에 자신을 보호했던 두려움이 요구하는 도움의 수준을 면밀하게 살펴볼 필요가 있다. 이때 삶에 대한 사람들의 행동과 접근방식을 이끄는 강한 통찰력이 나타나므로 코칭 과정에서 주요한 한 지점이 될 수 있다. 다음은 다양한 코칭 고객들이 자주 표현하는 몇 가지 두려움의 예들이다:

- 나는 실패하고 사람들을 실망하게 하는 것이 두렵다.
- 나는 힘과 통제력을 잃는 것이 두렵다.

- 나는 직업적으로 무능하고, 약하고, 대처하지 못하는 것으로 보이는 것이 두렵다.
- 나는 최선을 다하고 있지 못해서 자주 사기꾼처럼 느껴진다.
- 나는 부당한 평가에서 나 자신을 보호하기 위해 팀 내에서 동료들과 공유하는 것을 매우 주의한다.

핵심 가정

저자는 핵심 가정을 통해 사람들이 그 자신이 누구이고, 다른 사람들은 어떠하며, 세상이 어떻게 돌아가는지 등과 같은 강력한 사실에 대해 언급하고자 한다. 이것들은 관점과 경험적 실재인 '우리는 누구인가?' 하는 질문의 상당 부분을 차지하며 자주 숨겨져 있는 부분이다. 핵심 가정은 우리가 모든 것을 볼 수 있는 렌즈이기도 하고 어떤 것은 받아들이고 다른 것은 차단하는 필터이기도 하다. 그것들은 우리가 도달한 결론을 끌어 낼 수 있게 해 주는 우리의 정신적 모델이고, 행동의 강력한 원동력이다.

핵심 가정을 이해하고 그것이 우리의 삶에 미치는 큰 영향을 이해할 때, 우리는 이 핵심 가정이 어떻게 달라질 수 있는지 보기 시작한다. 사람들이 그들의 핵심 가정을 밝혀내는 지점에 도달했을 때 진정한 해방감을 느낄 수 있다. 다음은 다른 코칭 그룹 고객들의 예이다:

- 나에게 실패는 선택이 아니다.
- 항상 바쁜 것이 중요하다.
- 우리는 실패를 피하고 타인에게 통제받지 않도록 조절해야 한다.
- 나는 항상 의무와 책임감을 느낀다 – 일이 일어나도록 하는 것은 나에게 달려있다.

- 만약 내가 멈춘다면 모든 것이 무너질 것이다.
- 만약 내가 휴식을 취한다면 그 순간 일이 잘못될 것이다.
- 나쁜 일이 일어날 것이기 때문에 절대 현실에 안주하지 말아야 한다.
- 신뢰를 유지할 수 있는 사람은 매우 적다.
- 인생에서 내 역할은 물질적인 제공을 하는 것이다. 그것이 내가 여기 있는 이유이고, 더 이상의 다른 역할은 없다.

오래된 두려움을 직면하고 핵심 가정을 찾는 것은 높은 수준의 도전이고 어려운 개인적 과정이지만, 변화와 새로운 탈바꿈이 일어날 수 있는 곳이기도 하다. 사람들은 흔히 무엇을 대신할 것인지도 모르면서 낡은 자신을 버리는 것처럼 말한다. 그러므로 지금까지 지내온 생활방식의 구조조정은 높은 불안과 흥분의 시간이 될 수 있다. 이러한 흥분은 아마도 오래된 것에 흥미를 잃고, 새로운 경험의 세계로 발을 내딛는 진정한 변화의 감각을 얻는 데서 일어난다. 이 시간 동안에 적절한 수준의 지원을 얻는 것은 매우 중요하고, 코치는 사람들이 의미 있는 변화를 할 수 있도록 돕는 데 중요한 역할을 한다.

이 단계의 보편적인 장애물로는 다음과 같은 것이 포함된다:

- 중요한 질문과 이슈들을 완전히 파악하기 이전에 문제해결과 조치를 성급히 진행
- 지나친 생각과 과도한 분석
- 정서적 연결의 회피

에너지 동원 energy mobilization

게슈탈트 주기에서 **에너지 동원**은 꽉 막힌 느낌에서 활기가 생기고, 양가감정에서 참여와 관계 맺기로 이동하는 단계이다. 그것은 흔히 변화를 이끄는 힘과 저항 사이에서 내적인 투쟁으로 특징지어진다. 돌파구가 생기기 전에는 마치 고객이 같은 이야기를 끝없이 반복하는 것처럼 지루하고 반복되는 느낌이 있을 수 있다. 이는 코치 또는 이야기를 듣는 다른 사람들에게 낮은 에너지 수준과 지루한 느낌을 만들어 낼 가능성이 있다. 결과적으로 모두에게 좌절감이 생길 수 있다. 이것은 문자 그대로 그 사람이 돌파구를 찾고, 그것에 동반되는 에너지의 자유로움을 성취할 때 변할 수 있다.

코칭 맥락에서, 심하게 고착되어 있거나 그들의 안전지대 내에 머물러 있는 누군가와 일하는 것은 도전이 될 수 있고, 당신의 인내심과 집중력을 시험해 볼 수 있다. 행동에 대한 강한 편견을 지닌 코치들은 관심과 열정을 잃어버리고, 고객이 그들 스스로 찾을 수 있는 능력이 준비되기도 전에 해결방법과 조치를 찾으려고 한다. 다른 한편으로는, 한동안의 투쟁 후 새로운 통찰이 일어났을 때 그리고 그것이 어렵게 얻어진 것일 때 그 기다림은 변함없이 가치가 있다고 느껴진다. 이와 유사하게, 누군가가 코칭 과정에서 더 많이 참여한다면 선행단계들은 빠르게 물러난다.

에너지 동원 단계의 심리적, 정서적 특성에는 다음과 같은 것이 포함될 수 있다:

- 행동을 향해 에너지와 동기를 자유롭게 풀어주기
- 움직임 - 변화 또는 돌파구
- 외부 또는 주변에 머무르기보다는 참여함

- 욕구 충족 또는 목표 달성의 가능성 인식
- 해야 할 일에 대한 감지
- 무엇을 하거나 변화하기 하기 위해 전념할 준비가 됨

변화와 돌파구

코치들은 사람들이 변화하고 돌파구를 찾도록 돕는 일을 한다. 사람들의 안정된 상태가 흔히 고착되거나 정체되는 느낌을 주지 않는다면, 우리의 코칭은 의미가 없을 것이다. 많은 사람은 안정된 상태로 대부분 시간을 보낸다. 게슈탈트 코치들은 고객들이 자유롭고, 고착되지 않도록 하며, 성장과 효과적인 행동을 위해 에너지를 동원하는 것을 돕는 데 관심이 있다. 우리의 에너지가 자유로워지면, 우리가 지금 무엇을 할 수 있고, 무엇을 할 필요가 있는지에 대한 감각이 있으므로 변화할 준비가 된 상태로 해석될 수 있다. 다음은 개별 리더들이 중요한 변화와 돌파구를 인식한 고객 세션의 예들이다.

- 나는 큰 부담과 함께 많은 무게를 짊어지고 있었다. 그것들은 너무 많아서 난 움직일 수조차 없었다. 이제 나는 이 무게를 벗어버리고 다시 움직이고 있다.
- 나는 무언가 발견하는 중이고 좋은 에너지와 함께 다시 동기부여가 되는 기분이다.
- 나는 이전에 느꼈던 갇히고 억류된 것이 아닌, 더 많은 선택의 자유를 느낀다.
- 나는 내가 무엇도 진정으로 통제하지 못한다는 것을 깨달았다. 나는 내가 모든 것을 통제한다고 생각했지만 그것은 환상이었다.

- 당신은 당신이 아닌 다른 누구로도 바뀔 수 없다. 나는 내가 아닌 다른 사람이 되려는 노력을 마침내 그만두었다.
- 나는 내 삶과 일의 균형을 변화시킬 준비가 되었다. 내가 당신을 2년 전에 만났을 때 난 아직 준비되어 있지 않았고, 생각지도 못했다.
- 나는 내 삶의 공식을 깨달았다: 정서적 몰두 = 동기 = 무언가 일어남. 만약에 내가 정서적 연결을 잃게 된다면, 동기는 사라지고 아무 일도 일어나지 않는다.

변화를 위한 약속

게슈탈트 주기에서 에너지 동원 단계는 궁극적인 결과와 중요하게 관련되기 때문에 코칭 과정에서 매우 의미가 깊다. 가끔 코칭 과제들은 움직이는 척하고 있다는 감각이다. 세션들은 계획대로 진행되지만 결국에는 어느 쪽도 높은 만족감을 얻지 못한다. 좋은 대화는 괜찮은 코칭 관계의 모습 같지만, 왠지 서둘러 이륙하지 않는 듯한 기분을 오래 남긴다. 이 시나리오에서 그 이유는 초반에 고객이 과정에 충분히 참여하지 않았기 때문일 수 있다. 그들은 자기 자신을 안전하게 지키고, 코치를 '관리했다'. 이러한 상황에서 코칭 과정은 변화에 대한 진정한 몰입을 만들지 못했다.

이 단계에서 일반적인 차단에는 다음과 같은 것들이 포함된다:

- 몰입하지 못함
- 물러나 있음
- 외부에 머물거나 거리를 둠
- 움직이는 척함

- 코치와 코칭 과정을 관리함
- 포기

행동 action

게슈탈트 주기에서 **행동** 단계는 알아차림이 높아진 뒤, 잠재적으로 상황을 변화시킬 어떤 행위를 하는 과정이다. 이는 학습하고, 새로운 사고와 지식을 습득하며, 우리의 기술과 행동에 대한 레퍼토리를 확장하는 것으로 특징 지어진다. 이 단계는 흔히 성장과 발달을 위해서 위험을 감수하고, 신뢰의 도약을 포함한다. 코칭 맥락에서 행동의 초점은 무엇을 할 수 있고, 어떻게 하며, 언제 할 것인가를 탐색하는 것이다. 코치는 고객이 실험하고, 시도하며, 행동하고, 학습하도록 지원한다.

그러나 행동 단계는 그저 타인과 관련한 외부 지향적 활성화에 대한 것이 아니다. 그것은 또한 개인이 세상을 만나는 다른 방법들을 시도하는 데 있어서 핵심 가정을 이용한 내적 실험에 관한 것이다. 예를 들어, 의무감과 책임감이 강하지만 소진된 상태의 임원은 만약 자신이 행동하지 않는다면 상황이 잘못될 것이라는 가정이 있다. 그러한 고객에게 그만두는 것을 실험해 본다거나 공허감을 남기고 그것이 어떻게 채워질 수 있을지를 발견해볼 수도 있다. 여기서 고객의 행동은 **의도적으로 행동하지 않는** 것일 수 있다.

행동 단계에서 심리적, 정서적 특성은 다음의 것들을 포함할 수 있다:

- 새로운 행동과 행위(처신 등) 시도
- 어려운 대화를 하는 것에 대한 위험 감수

- 새로운 기술을 배우고 연습
- 새로운 관점으로 실험
- 오래된 가정을 더 가볍게 유지
- 다른 모습을 보여주기 - 자기 자신을 재창조
- 새로운 사고를 읽고 추구

위험을 감수하는 행동

미디어 조직의 임원인 안젤라Angela는 팀 코칭 과정의 일부로 임원진의 모든 동료에게서 피드백을 받았다. 반복되는 주제는 그녀가 너무 자신을 드러내지 않는다는 것이었다. 그녀의 동료와 CEO는 3년 이상 함께 일했어도 그녀를 안다고 느끼지 않았다. 안젤라는 이러한 메시지를 받는 데 놀라지 않았는데, 그것은 그녀의 의도적인 행동이었다. 이제 달라진 점은 이것이 그녀의 주요 관계에서 접촉의 질에 부정적인 영향을 어떻게 미치는지 볼 수 있다는 것이었다. 그녀는 이것을 바꾸기로 했고, 어떻게 해야 하는지 그녀의 코치에게 질문하는 것으로 대화를 시작했다.

그녀는 몇 가지 아이디어를 브레인스토밍하고, 일부 새로운 행동들을 시도해보기로 약속했다. 여기에는 규칙적으로 대화에 착수하고, CEO와 적어도 한 달에 한 번 이상 일대일 미팅을 가지며, 동료들과 사교적 모임을 만드는 것 등이 포함된다. 그녀는 또한 오직 경제적 이슈에만 그녀의 기여를 국한하기보다는 임원 회의에서 전체적인 안건들에 더 기여하기로 약속했다. 의미 있게도, 그녀는 동료들에게 자신의 견해를 일찍 공유하는 것이 왜 그렇게 조심스러웠는지를 알리는 위험을 감수하기로 결정했다. 그녀는 이전 경영진에게서 자신감과 자존감에 큰 손상을 입었고, 괴롭힘과 위협을 느꼈다고 동료들에게 이야기했다. 그녀는 심한 불안을 느꼈고, 자기 견해를 표현했을 때 묵살당할까 봐 두려웠다. 더 심각한 것은, 그녀가 경영진 역할에서 힘이 부족해 보일 수도 있다는 점이었다.

안젤라의 큰 실험은 자기 자신을 믿고, 도전하며, 자신의 관점을 표현하는 용기를 내는 시도를 한 것이었다. 예상대로 이것은 그녀가 부정적으로 평가되고, 직장을 잃게 될 것이라는 잠재된 최악의 두려움을 확인할 수 있었다. 그러나 그것은 정반대의 효과가 있었다. CEO는 그녀가 모든 사람과 연결되어 있을 때 더 안심하였고, 동료들은 더 이성적이고 친근한 안젤라를 환영했다. 그녀는 점점 자기 자신을 긍정적으로 느꼈고, 팀의 존경과 함께 자신감을 되찾았다. 그녀가 코칭 세션에서 자신의 개인적인 통찰을 보고했을 때, 이렇게 말했다: '내가 알게 된 것은 자신을 숨기려는 전략이 자기 자신을 보이는 위험을 감수하는 것보다 더 나쁜 결과를 가져올 수 있다는 것이에요. 나는 절대 원하지 않았지만, 나 자신을 보여줌으로써 직장을 잃을 위험에 처해 있었죠. 그렇지만, 나 자신을 보이지 않음으로써 나는 나를 잃는 위험이 있었어요.'

이 단계에서 겪을 수 있는 일반적인 차단에는 다음과 같은 것들이 포함된다:

- 행동으로 옮길 수 없음
- 연습하는 데 실패함
- 실험을 중지함
- 행하지 않음
- 새로운 기술을 배우거나 새로운 생각을 하지 않음
- 다른 시간까지 미룸

접촉 contact

게슈탈트 주기에서 **접촉** 단계는 참여, 연결, 그대로 두기로 정의된다. 더 강한 접촉 상태로 존재한다는 것은 삶에 새로운 활력을 줄 수 있고, 더 신나며, 생동감 있고, 활기차게 느낄 수 있게 된다. 세상은 빛과 색을 회복하고, 우리의 생동감을 재발견하게 된다. 이처럼 좀 더 역동적인 상태는 또한 개방적이고 투명한 방식 내에서 보이는 결과로써 불안한 시간이 존재할 수 있다. 행동을 변화하고 오래된 가정을 가볍게 유지한다고 해서 이것이 확실한 일련의 긍정적 결과를 가져오지는 않는다. 확실한 것이 없으므로 신뢰가 높아지지 않는다.

스트레스받는 업무 일정의 부정적 효과와 싸우기 위해서 운동을 하기로 한 임원은 단지 자기 자신과 한 약속을 위해서 운하 둑을 따라 조깅을 하는 것은 아니다. 그 대신 그는 달리면서 주변의 아름다운 경치를 제대로 보기 시작했다. 운동하는 것에 스스로 동의해서 행동했지만, 그 경험과는 진정한 접촉이 없었다. 그러나 지금 그는 좁은 보트의 복잡하고 세세한 것들, 물총새들이 물 표면을 미끄러지는 것 같은 색채의 빛깔, 짧은 비행 후에 착륙하는 백조의 놀라운 광경들을 알아차린다. 그저 뛰는 것이 아니라 진정으로 빛과 그의 얼굴 위로 느껴지는 햇볕이 고마운 맑은 날이었다. 그 결과 그는 단지 행동하는 것이 아니라, 경험과 더 강하게 연결되고 자기 자신과 더 만나고 있었다.

접촉 단계의 심리적, 정서적 특성들은 다음과 같은 것을 포함할 수 있다:

- 무엇을 배우고, 변화 또는 실행하고자 하는 시도와의 강한 연결감
- 강한 정서적 연결을 포함할 수 있는 자기 자신과의 강력한 연결
- 흥분과 긍정적 에너지

- 성취, 발전, 진전되는 느낌
- 즐거움

발전과 성취 인식

바쁘게 지내는 사람들은 목록을 체크하듯이 삶을 살 수 있기 때문에 코칭하는 동안 고객들이 변화 주제에서 진전된 부분을 인식하고, 그들의 목표를 달성할 수 있도록 격려하는 것은 매우 중요하다. 변화와 성장은 좀처럼 쉽지 않고 개인적 승리는 어려운 일이다. 때때로 사람들은 이것을 상기하고 성공을 축하할 필요가 있다. 다음 인용구는 수년간 그들이 간절히 원했던 변화와 돌파구를 찾기 위해 고군분투한 임원 고객들에게서 나온 것이다. 그들의 말은 그래서 더 의미 있고 중요하다.

코칭에서 발전된 모습이 무엇으로 나타나는가?
- 2년 전 나는 매우 많은 주제를 가지고 있었다. 지금은 완전히 반대이다. 나는 감옥에서 나온 듯 다시 자유롭다. 나는 새로 찾은 내 자유로 무엇을 해야 할지 아직 모르겠다.
- 나 자신을 자제하는 것은 발전이다. 나는 멈추고, 생각하고, 그 결과 더 잘 통제하고 있다. 이것은 긍정적이다.
- 그것은 나 자신 그리고 다른 사람들과 함께 하는 내 삶의 방식을 변화시켰다.
- 과거에 나는 너무 많은 걱정을 했고 스트레스를 많이 받았다. 나는 이제 과거에 일어난 일들을 더 잘 수용하는 다른 사람이다.
- 나는 덜 자기 비판적이게 되었고, 자신감이 향상되었다.

- 놓아주는 것과 때로 일찍 그만두는 것은 하나의 예술이고, 나는 그것을 마침내 배우기 시작했다.
- 내 안의 군림자를 떠나 보내고, 나 자신의 한계를 뛰어넘었다.
- 나는 이제 정기적으로 내 머리에서 가슴까지 짧은 여행을 한다.

내적인 변화

이러한 많은 진술은 저마다 내부에서 일어난 내적 변화를 반영한다. 그들은 외부 세계뿐만 아니라 자기 자신과도 다른 관계가 생겨난 것을 보여준다. 변화는 자기 자신과 타인을 보는 방식에서 일어난다. 즉 관점의 변화이다. 그 시각을 통해서 그들은 지금 경험하고, 이미지가 확장되며, **존재** 속에서 변화하는 세상을 이해한다.

결국 경험적 구조 변경이 세상을 만나는 방식, 직장 내 동료들이나 사적인 관계에서 유의미한 변화를 부른다.

이 단계에서 흔한 장애물들은 다음과 같다:

- 편향 deflecting – 어떤 것을 안으로 들여놓는 것을 허락하지 않음
- 오래된 것을 고집하고 놓지 못함
- 다음 것으로 급히 움직임
- 성취를 과소평가함 – '누구든지 그걸 할 수 있었을 거야.'

통합 integration

어떤 사람들에게 게슈탈트의 목표는 알아차림이지만, 전문적 발달 관점에

서의 목표는 통합, 즉 개인적인 일관성이다. 만약 접촉 단계의 특성이 무언가 충분히 이해되는 것이라면, **통합** 단계에서의 차이점은 그것들이 이제 이해되었다는 것이다. 그것들은 당신의 일부이고, 새로운 방식으로 함께 다가오며, 세상을 다르게 보고 느끼게 한다. 즉 게슈탈트에서는 시각이 바뀌고 현실이 바뀐다. 우리는 약간은 다른 사람이 되고 어떤 이들은 이것을 **성장했다거나 성숙했다**고 표현한다.

통합 단계의 심리적, 정서적 특성은 다음과 같은 것을 포함할 수 있다:

- 의미 형성
- 학습의 동화
- 변화된 것을 강화하기
- 개인적 일관성의 증가

의미 형성과 학습

이 주기의 마지막 단계는 성장하고 변화한 것에 대한 성찰로 특징지어진다. 변화의 본질은 그것이 계속 진행 중이고 이 단계는 필연적으로 다음으로 이어진다. 그것을 점검하고 표시하는 것은 중요하다. 코칭 대화는 도전, 노력, 투쟁, 기복을 인식하는 것이고, 더 중요한 것은 자주 치열한 싸움을 치르던 그 배경을 자각하는 것이다. 이것이 이루어지면 이제는 축하할 시간만이 남아 있다.

- 나는 진정으로 나 자신이 심리적 그리고 정서적으로 성숙했다고 생각한다.

- 나는 지금 내가 어떤지를 인식한다. 나는 이전에는 할 수 없었지만, 내가 다른 사람에게 미치는 영향을 볼 수 있다.
- 내 목적을 찾는 데 도움이 되었다. 나는 계속해서 이 회사의 CEO가 될 것이지만, 지금은 훨씬 더 중요한 것이 있다. 그것은 내가 내 의식을 향상하는 데다 내 삶을 바치고자 하는 것이다.
- 나는 단지 경영진뿐만 아니라 다른 관리자들과도 내 여정을 공유하고 있고 그들 또한 그렇다. 이전에는 결코 그들과 공유한 적이 없었다.
- 이러한 새로운 대화는 우리가 어떻게 일하고 살아가는가 하는 것이며, 우리의 목표는 함께 하는 것이다. 그것은 과제나 결과에 대한 것이 아니라, 발전적인 대화이다. 그것은 내 인생 최고의 부분이다.
- 나는 코칭 공간이 내 인생이 바뀌는 지점이었다고 믿는다 – 한 번에 하나씩의 대화.

이 단계에서 일반적인 차단은 다음과 같은 것이 포함된다:

- 학습을 위한 시간과 공간을 확보하지 않는 것
- 오래된 것을 버리지 않고 그것에 매여 있는 것
- 완결되는 것이 무언가 또는 누군가를 잃는 것이라는 두려움
- 종결에 대한 두려움

7장.
고위 경영진 코칭

최근 몇 년 동안, 모범 사례 모델과 방법론을 탐구하고, 팀 코칭 기술을 테스트하고 개선할 기회를 찾는 이 분야의 코치, 트레이너, 조직개발 컨설턴트 등이 많아지면서 고위 경영진 개발에 관한 관심이 증가하고 있다.

이러한 관심에 대한 반응으로 팀 코칭 문헌이 증가하고, 코칭 훈련 프로그램 공급자들이 팀 코칭과 퍼실리테이션에 훈련 과목들을 포함하였다. 수요 측면에서는, 고위 경영진을 포함하여 조직 전반에 걸쳐 한 방향으로 정렬된 고성과 팀을 개발해야 한다는 인식이 증가하고 있다.

렌치오니Lencioni(2002)는 기업의 팀워크 경향을 반영하여 다음과 같이 적었다. '금융이 아니다, 전략이 아니다, 기술이 아니다. 팀워크는 강력하고 매우 드물기 때문에 결국 경쟁력 있는 장점으로 남게 된다.' 일부 경영진과 HR 전문가들은 재무, 전략, 기술 연구보다 팀워크를 선호하는 것에는 전적으로 동의하지 않을지 모르지만, 일단 일어난다면 매우 강력할 수 있다는 점에는 대부분 동의한다.

팀워크에 관한 관심 증가는 고위 경영진과 그들의 HR 담당자 모두에게 더 중요한 요구사항이 되었다. 고성과 경영진 개발에 대한 책임은 CEO에게 있으며, HR 담당이사는 이것이 가능하게끔 도움을 주어야 한다.

CEO는 점점 더 팀 리더십을 그들 역할의 핵심 능력으로 평가받으며, 경영진을 구성하는 데 충분히 주의를 기울이지 않아서 결과적으로 그들의 경력에 오점을 갖게 된 고위 경영진의 수도 증가한다. 이것은 한 방향으로 정렬되고 성과가 높고 우수한 팀을 만드는 것을 보여주고 싶어 하는 많은 고위 경영진의 관심을 사로잡았다.

그러나 그것을 아는 것과 해내는 것은 다르다. 일부 고위 경영진은 강력한 경영진을 실제로 본 적이 전혀 없으며, 그것이 가능한지에 대해서 상당한 의구심이 있다. 그들은 팀에 참여하는 사람들의 본성과 이 수준에서 존재하는 복잡한 권력, 통제 그리고 권위의 역학 등을 지적한다. 그리고 만약 그들이 그 주제에 관한 문헌들을 읽는다면, 자주 상위권에 있는 높은 성과와 정렬된 팀들이 표준의 예외라는 것을 확인할 수 있다.

그리하여 최고의 팀 구축에 대한 기대는 다른 어느 때보다도 높고, 대부분 팀 구성원과 고위 경영진의 관찰자들은 이것이 쉽지 않은 도전이라는 데에 동의한다.

최고 수준의 정렬된 고성과 팀을 구축하는 도전

거의 모든 상위 팀원은 각자 팀의 리더로서 이중 또는 복수의 책임을 관리한다. 그들은 자기 조직 포트폴리오를 운영하는 동시에 경영진에 헌신해야 한다는 기대를 받는다. 이것이 가져오는 문제점 가운데 하나는 그들이 관리해야 하는 다양한 프로젝트와 그들이 최대한 효율적으로 조직해야 하는 일들의 우선순위를 정하는 것이다.

  그들이 많은 시간을 보내는 장소를 선택한다면 대부분 사람이 '우리 팀'이라고 답할 것이다. 여기서 그들은 더 큰 힘과 통제력을 경험하고, 어떤 방해 없이 무언가를 해낼 수 있다고 느낀다. 일부는 고위 경영관리팀과 더 개인적으로 연결된다고 느끼고, 그들 가운데 많은 경우에는 채용될 수 있을 것이다.

  따라서 경영진 구성원 자격 측면에서는 양면성이 있을 수 있다. 그것은 경영진들이 수년 동안 작업 해온 것이며 경력의 정점이 될 수 있다. 그리고 그들은 분명히 중요한 정보를 놓치고 지위를 잃는 것을 두려워하여 제외되길 원하지 않는다. 그러나 미팅은 지루하고 시간이 많이 소요되며 좌절감을 줄 수 있다. 한 고위 책임자는 자기 감정을 요약해서 '나를 위한 최고의 경영진 미팅은 내가 출장 갔을 때 하는 미팅이야'라고 말했다.

  이러한 양면성을 보여주는 매우 실용적인 예는 흔히 임원진이 있는 곳, 즉 그들의 사무실 배치에서도 나타난다. '고위 경영진'은 팀 구성원을 하나의 물리적 공간 안에 모으고, 이론적으로 더 많은 정기적인 접촉과 더 나은 의사소통을 가능하게 한다. 그것은 그들이 하나의 팀이라는 정체성을 강화한다. 동시에 팀이 우선이라는 메시지를 보낸다. 많은 CEO가 임원진을 자신의 1차 팀으로 만들기 위해 직속 부하직원을 원하지만 개인과 공통의 목적 사이에 존재할 수 있는 긴장감을 알고 있다.

개인적 목적과 열망

팀원들이 팀의 요구를 그들 자신의 우선순위보다 중시한다는 생각은 뭔가 매력적인 점이 있지만, 고위 경영진에서는 좀처럼 간단하지 않다. 한 가지 예외는 팀이 위기에 직면해 있고, 전체 팀의 이익을 위해서 그들 자신의 우선순위를 보류할 때이다. 이처럼 '벽에 맞서는' 상황은 사람들에게 최고의 것을 가져다줄 수 있고, 사람들을 결속시키는 기억할 만한 경험이라는 것을 입증한다. 그러나 그들의 본성대로 그것들은 보통 일시적이다.

더 잦은 도전은 팀원의 개인적 열망과 팀의 목적을 어떻게 조화시키느냐 하는 것이다. '팀에는 내가 없다'라는 상투적 문구는 오해의 소지가 있고 지나치게 단순하다. 사실 거기에는 몇몇 '개인'이 있고, '우리'와 '그것'이 있다. 개인들은 개별적인 팀원이고, 우리는 팀이며, 그것은 조직이다. 모든 것은 다르고 때로는 상충되는 요구들이 있으며, 도전은 그것 모두를 돌보는 것이다. 그들 가운데 누구도 소홀히 하면 궁지에 몰리는 문제가 생긴다.

고위 경영진에 속한 개인들의 공통된 특징은 그들이 자기 경력에 매우 집중하는 경향이 있다는 점이다. 그들은 야심 찬 경력 목표를 가지고, 그들이 가고 싶은 곳과 얼마나 빨리 가고 싶은지에 대한 분명한 이정표를 두며, 세부적인 계획표를 자주 정한다. 중견 간부들이 서른 살이 되기 전에 임원 수준에 도달하고 싶다고 말하는 것을 듣는 일은 매우 흔하고, 일부는 이 모든 것을 '두 번째 회사 이후의 삶'을 통해 실현하려고 계획한다. 그들은 그때면 재정적 안정과 직업적 성공에 대한 그들의 욕구를 충족하고 다른 삶을 살 수 있을 것이라고 합리화한다.

이 시나리오를 받아들이는 사람은 기업이 제시한 의제에 대해서 전적인 헌신이 있어야 하며, 큰 희생을 동반한다고 인식한다. 그들은 그동안에 아주 재미있고, 개인적인 성취가 있기를 희망하며, 그들의 에너지가 지속하고, 언젠가는 '자유롭게' 나가서 사랑하는 사람들과 함께 정말 원하는 삶을 살 수 있었으면 한다. 대부분 사람은 기업의 아드레날린 거품에 중독되고, 제2의 인생에서 함께 하고 싶은 사람들을 잠재적으로 잃는 것과 같은 관련된 위험들을 인식한다. 그러나 이 모든 것을 알고 있으면서도 그들은 도박

한다. 이러한 사고방식과 함께 오늘은 내일을 향해 가는 한 걸음이 되고, 내일에 이르는 것이 중요하게 된다.

노련한 코치들은 이러한 상황을 인식하고, 경영진 고객 가운데 일부가 그들의 직업적 열망의 조력자로써 그들을 본다는 것을 알게 된다. 최고위직의 임원을 포함한 고객의 코치들은 고객 가운데 일부가 현 위치를 브랜드화한다는 것을 안다. 그들이 자신의 이미지를 투사하고, 준 연예인의 지위를 만들어 내며, 그들의 명성을 관리하기 위해 PR 회사를 고용하는 것은 드문 일이 아니다. 그들 경력 가운데 이 단계에서의 이슈는 인정이다. 어떤 사람들은 전문가 단체에서 상을 받는 것에 만족하지만, 다른 사람들은 더 높은 곳을 목표로 하며, 기사 작위와 같은 유사한 수준의 명예를 노린다.

물론 더 겸손한 목표를 가진 고위 경영진도 많다. 이러한 임원들은 무대 위에서 인정받는 것을 싫어한다. 그들은 대중의 찬사를 피하고, 야단법석을 떨지 않고 편안하게 그들의 일을 하며, 때가 되면 팡파르 없이 조용히 떠난다.

최고의 팀에는 보통 양 진영에서 온 이들, 즉 인정을 원하는 사람들과 회의주의적으로 여기는 사람들이 다 있다. 일을 잘해 나가고 있다고 믿는 사람들이 일부 동료가 개인적 목적 달성을 선호하며 그들의 리더십 책임을 우선시하지 않는 것을 보게 된다면, 상당한 긴장감과 분노가 일어날 수 있다. 다른 조직의 이사직을 맡거나 근무 시간의 일정 부분을 정부 자문 위원회에서 보내야 하는 CEO와 팀장의 조직 내 부재는 소속 팀에 대한 신뢰와 영향력을 잃게 할 수도 있다.

이와 대조적으로, 싱크탱크나 존경받는 전문 기관에 가입하는 것과 같이, 특정 개인이 조직 외부에서 자신의 목적을 찾도록 격려하는 일부 경영진들이 있다. 전형적인 시나리오는 전직 CEO가 이사장 역할을 뒤로 하고 새로운 CEO를 위한 자리를 내주는 것이 어렵다는 것이다. 그 조직의 창립자일 수도 있는 이러한 유형의 회장은 이전의 역할을 내려놓기가 어려우며, 그들의 회장 역할에 충분한 자극과 중요성이 부족하다고 본다.

신임 CEO와 다른 임원 구성원들도 자주 이런 개인적 부채감을 느끼면서, 동시에 그가 이 무대를 떠나 다른 곳에서 그의 목적을 찾고자 한다. 이러한 상황이 지속한다면, 경영 체제에 긴장감을 조성할 수 있고, 주요 관계 내의 민감성 때문에 해결이 어려울 수 있다.

많은 고위급 경영진은 은퇴를 앞두고도 더는 직업적 진로에 집중하지 않는 한두 명의 멤버를 가지고 있다. 그들의 목적은 잘 마무리하고 삶의 다음 단계로 나아가는 것이다. 그동안 그들의 팀에 대한 지속적인 기여는 중요한 것으로 보일 수 있다. 이들은 특정 노하우와 경험을 지닌 임원들로서 그들의 은퇴는 조직이 손해를 입거나 조직 성과에 심각한 영향을 미칠 수 있다. 당연히 CEO들은 적절한 후임자를 찾을 때까지 이런 사람들을 잃을까 봐 염려한다. 이 시나리오에서는 이러한 경영자들이 좀 더 오래 머물도록 다소 강압적이면서 경제적으로 인센티브를 제공하는 것이 가능할 수 있다. 그러나 마음속에 이미 은퇴시점을 정하고 은퇴 후 가정에서의 계획들을 준비한 사람들에게 이것은 갈등을 일으킬 수 있다.

고위 경영진의 내부 세계

염려, 이슈, 질문

삶의 모든 영역에는 바깥에서 볼 수 있는 것과 사람들의 생각을 사로잡는 걱정, 문제, 그리고 질문과 같이 내부에서 실제로 일어나는 일이 있다. 그리고 팀원으로써의 자격이 생겨날 때, 사람들은 동일한 내적 질문들을 많이 공유한다. 여기 가장 흔한 몇 가지가 있다.

나는 왜 이 팀에 있고, 정말 팀원이 되고 싶은가?
이것은 개인의 목적과 관련되고 팀 구성원이 됨으로써 그들의 개인적 야망을 성취할 수 있다는 믿음 여부와 관련된다. 이는 그 사람이 팀에 합류하기 위해 완전히 헌신할지 아니면 주변에 머물지를 결정하기 때문에 중요한 이슈이다. 기업의 경영진 수준에서 사람들은 보통 그들 자신의 중요한 부분은 유보하면서도 팀 구성원의 움직임을 어떻게 다룰지 알 정도로 충분히 똑똑하다. 그들은 무슨 말을 해야 하는지, 얼마나 많은 말을 해야 하는지, 언제 말해야 하는지를 알고 있다.

당신은 누구이며, 나와 당신이 어떤 관계를 맺을 수 있을까?
이것은 팀 관계와 팀 구성원들이 정말로 서로를 알고 싶은 준비가 되어 있는지에 대한 것이다. 그것은 접촉과 연결의 질과 깊이에 관한 것이다. 이는 개인들의 그룹은 서로에 대해서 더 잘 알게 되고 서로에게 미치는 영향을 자각해야만 한 팀이 될 가능성을 이해할 수 있으므로 이는 고성과 팀을 구축하기 위해서 필수적이다. 팀 구성원이 자신의 팀 동료를 선택하는 것이 드문 일이라는 점을 고려할 때 이것은 '내가 정말 이 사람들과 한 팀이 되고 싶은가?'라는 또 다른 중요한 내적 질문으로 이어질 수 있다.

우리는 여기서 무엇을 함께 하려 하는가?
이것은 팀을 하나로 묶는 공통의 목적과 목표에 관한 것이다. 팀의 목적이 설득력 있을 때 그것은 그들 개인적 관심과 안건에서 벗어나게 하는 촉진제가 될 수 있다. 사실 이것이 팀 구성원들이 애초에 팀에 가입하는 바로 그 이유이기도 하다. 그들은 팀이 맡고 있는 임무에 매력을 느낀다.

그러나 배후에는 '나는 어느 정도의 자율성을 가지고 내 고유한 결정과 개인적 이익을 추구할 수 있는가?'와 같은 매우 다른 질문이 있을 수 있다.

우리는 어떻게 함께 일하고자 하는가?
이것은 팀 문화 - 규범, 행동, 가치, 기대 그리고 기준에 관한 것이다.

일부 팀은 행동 규칙 또는 팀 헌장 등을 정하는 데 많은 시간을 투자하고, 팀 구성원이 그것에 부응하는지를 모니터하는 데 더 많은 시간을 투자한다. 표면적으로 핵심 이슈는 한 방향 정렬이다. - 모두 이것에 참여하는가, 그리고 그들이 제대로 역할을 하는가? 일부 팀 구성원들은 '만약에 내 업무 결과물을 전달하면, 이 가운데 어느 것이 중요한가?'와 같은 질문을 던질 수도 있다.

우리가 어떻게 함께 일하고자 하는가는 팀 미팅과 팀 개발 활동들의 기반 시설에 관한 것이다. 여기에서 이슈는 그룹 의사소통과 의사결정을 위한 공식적인 채널에 참여하고, 기여하며, 구조화된 팀 구축을 받아들이는 약속에 관한 것이다. 일부 구성원들은 모두에게 이것이 정말 적용되는지, 아니면 '내가 여기서 특별한 사례가 되는 경우를 피할 수 있을까?'와 같은 질문으로 팀 리더와 팀의 결의에 대해 시험해볼지도 모른다.

이러한 네 가지 주요한 질문은 팀 구성원이 상당히 바뀌었거나 새로 형성되는 팀에 반드시 필요하다. 그렇지만 우리는 오랫동안 지속한 팀들이 이러한 것을 해결했다고 가정할 수는 없다. 심지어 수년간 함께 일해왔던 곳에서도 사람들은 그들의 동료를 정말로 알게 되고, 그들이 무엇을 원하고 서로에게 기대하는지를 좀 더 명확히 하며, 공통의 목적 의식과 공통된 작업

방식에 동의하는 사람을 중심으로 해야 하는 일이 자주 있다.

 이러한 질문들이 흔히 사람들의 마음속에 있는 핵심이지만, 팀 리더와 전략 및 전술에 대해 저마다 지닌 자신감 수준에는 다른 것이 있을 수 있고, 이는 다음과 같은 질문들로 나타날 수 있다. – '내가 정말 이 팀이 성공할 수 있다고 믿는가?', '그 팀의 리더가 신뢰할 만하다고 믿는가?', '내가 정말 계획이 있다고 믿는가?'

 강력한 경력 지향성은 팀 구성원들이 이력서와 개인적인 이야기에 가치를 더하고, 성공적인 벤처와 연결되기를 원한다는 것을 의미하기 때문에 이러한 질문들은 중요하다. 그들은 자신들의 개인적 평판이 손상되는 것을 연상시키는 기업에 소속되기를 원하지 않는다.

● 최고의 팀 구축을 위한 결정

팀워크 도전 척도는 일부 CEO와 고위급 경영진 리더들이 자신의 팀이 그들의 수준을 찾도록 결정을 내렸다는 것을 의미한다. 그들은 경영진 회의를 최소로 유지하고, 기본적인 정보 교환을 하는 단일 리더십 접근처럼 과거 시도됐고 믿을 만한 다른 모델을 통해 팀을 이끌어왔다.

 이러한 CEO들은 팀 내 의사결정, 그룹 역동, 신뢰 구축 및 갈등 관리에 시간과 에너지를 소비하기보다는 직속 부하직원과 함께 일대일 미팅, 원격 근무를 하는 구성원들과 전화 회의 등을 통해 업무를 수행한다. 또는 다른 경영진이 자신의 사업을 운영하게 하면서, 최고 운영 책임자를 중심축으로 긴밀하게 협력하는 고위 경영진 체제를 구성한다. 그들은 단순히 최고의 팀을 구성하려고 노력하지 않는다.

그들은 자신의 역할 가운데 팀 개발 측면을 회피하고 있다는 것을 안다. 그러나 그들은 최고의 팀으로 발전할 수 있다는 것을 믿지 않거나, 이 영역에서 자신들의 한계를 알고 있거나, 어쨌든 그것이 자신들의 미래를 좌우할 결과가 될 것으로 믿기 때문에 이것을 감수할 준비가 되어있다. 만약 그들이 단일 지도자의 접근법을 통해서 결과들을 얻는다면, 그것은 궁극적으로 중요하고, 평가받을 것이다.

다른 한편으로는, 많은 고위 경영진 리더가 한 방향으로 정렬된 고성과 팀을 구축하는 도전을 떠맡고 있으며, 이를 그들의 우선순위 가운데 하나로 생각한다. 이러한 팀 리더들은 재능 있고 반 자율적인 개인들의 그룹을 관리하기보다는, 결합한 자원들을 활용함으로써 팀 접근의 이점이 조직적 성과 향상에 반영되기를 희망한다.

그들은 한 명보다는 두 명이 낫고, 리더의 임무는 팀의 집단 지성이 당면한 문제에 충분히 몰입할 수 있는 조건을 만드는 것이라는 점을 안다. 그들은 적절한 깊이의 올바른 대화를 정기적으로 하면서 충분히 신뢰하는 문화를 형성하고, 우수한 의사결정과 더 효과적으로 행동하는 것을 그들의 역할로 본다.

이러한 CEO들은 다른 팀 분위기를 원한다. 이는 단지 전략적인 의사소통의 질을 향상하기 위해서 뿐만 아니라, 폭풍에서의 피난처처럼 팀 구성원들에게 더 높은 수준의 지원을 제공하기 위해서다. 그들은 사람들이 어떻게 서로 살피고 알아보는지를 알고 있으며, 이는 축복이면서 동시에 저주일 수도 있다는 것을 인식한다. 고위 경영진에 속하는 사람들은 강직한 직업윤리, 강한 책임감, 도전적 임무에 대한 매력과 같은 몇 가지 공통된 특징들을 지니고 있다. 그들은 성공에 대한 강력한 투자와 실패에 대한 깊은 두려움을 갖는 경향이 있다. 그들은 엄청난 양의 일을 떠맡고 자신과 타인에게 높은 기대가 있다. 또 거대한 포트폴리오를 보유할 수 있고 그것을 운반할 의지가 있기 때문에 CEO들이 원하는 유형의 사람들이다.

동시에, 더 균형감 있는 CEO들은 동료들이 이러한 엄청난 업무량과 무자비한 속도로 인하여 굉장한 압력에 대처하고 있다는 사실을 인식하고 있다. 그들은 긴 시간 정기적인 해외여행, 장기간 집을 떠나 있어서 생긴 탈진을 걱정한다. 그리고 미리 만들어진 기술적 해결책이 없는 심각한 문제에 정기적으로 직면하면서 발생하는 스트레스를 자각한다. 그들은 장시간 팀원들이 불가능한 일정을 감수하기 위해서 건강, 웰빙, 그리고 그들의 결혼, 가족과의 삶에 희생을 감수하는 것을 걱정한다.

그들은 자신들이 정확히 같은 위치에 있어 봤거나 최근에 경험했기 때문에 이를 안다. 이제 어떤 차이가 생겼다면, 그들이 속도와 강도를 추가함으로써 그러한 문제들에 원인을 제공하는 처지가 되었다는 점이다. 이는 일부 CEO들에게 높은 수준의 죄책감과 개인적인 괴로움을 일으킨다.

팀 구축 방법을 택하는 데에는 또 다른 동기가 있고, 그것은 실리적인 것이다. 부진한 팀 성과의 대가는 성공적인 팀 구축이라는 도전보다 더 심각하고 고통스러울 수 있다. 사실 그것은 개인과 회사 모두에게 엄청난 불행일 수 있다.

이러한 모든 이유로 대부분 팀 리더들은 그들의 팀을 구축하는 데 많은 투자를 한다. 어떤 사람들은 어디로 가고자 하는지 강한 감각을 가지고, 긴급히 그곳에 도달하고 싶지만 노선도를 가지고 있지 않다. 결과적으로 그들은 도전을 충족할 수 있다고 믿는 팀 문화를 형성하기 위해 도움을 구한다. 가장 먼저 찾는 곳이 내부 HR 담당이사와 이전에 이용해 본 적이 있는 외부 컨설턴트 팀들이다. 그렇다면 그들이 팀 개발 팀과 팀 코치에게 기대하고 바라는 것은 무엇인가? 그리고 현재 팀 개발 상황은 도전 과제에 적절한가?

CEO들이 팀 개발과 팀 코치에게 바라고 기대하는 것

가장 기초적인 수준에서 그들이 원하는 것은 그들이 믿을 수 있고, 팀 구성원들의 신뢰와 자신감을 끌어낼 수 있는 사람이다. 그들은 자신들의 세계에서 팀 코치가 가장 중요한 개인적, 직업적 기밀들에 접근할 수 있다는 것을 자각한다. 그 이상으로 그들의 취약점이 드러날 것이다. 코치는 그것을 인정하고 판단하며 잘 관리할 수 있는가?

역량과 관련하여, 그들은 몇 가지를 기대한다. CEO들은 최고의 성과를 거둔 팀이 어떤 모습인지, 핵심 주제에 도달하기 위한 높은 수준의 그룹 퍼실리테이션 기술과 임원 수준으로 개발적 지도를 할 수 있는 능력의 리더십을 원한다. 무엇보다 그들은 팀 코치와 과정이 차이를 만들어내기를 기대한다.

팀 개발은 얼마나 발달했나?

팀 개발 분야가 50년 이상 동안 조직개발 OD 활동의 주류였다는 점을 감안하면 팀 개발의 발달 수준이 높다는 답이 나와야 한다. 고성과 팀을 구축하고 코칭하는 것에 대해서는 축적된 지식이 있다. 문제는 최고의 실용적 사고가 경영진의 구성원들과 팀을 돕는 일에 종사하는 사람들에게만 서서히 영향을 미친다는 것이다. 이 분야의 지식이 모두에게 고르지는 못하다.

팀에서 사용 가능한 문헌과 연구가 점점 더 많아지고 있으나, 기업 리더들과 긴밀하게 작업하는 많은 사람이 이러한 종류의 서적을 많이 읽지 않는다는 것을 알고 있다. 그들은 코치나 전문 자문위원들에게 요약 보고서 제공을 바라거나 직접 체험하는 것을 선호한다. 이러한 이유로, 외부에 있는 지식과 가장 필요로 하는 곳에 적용되어야 할 지식 사이에는 상당한 시간 차이가 있다.

기업 맥락에서 팀 기능 향상을 목적으로 하는 개입은 수년에 걸쳐 많은 형태로 이루어진다. 여기에는 야외 팀 훈련(예: 로프 코스, 래프팅 훈련); 펀데이fun day(예: 페인트볼 게임, 탱크 몰기, 바비큐, 사우나/땀 흘리기, 캠프파이어 대화, 숯불 위 걷기); 사업 시뮬레이션 훈련, 벨빈의 팀Belbin's team 역할이나 MBTI와 같은 팀 프로파일링; 전략 수립 워크숍; 팀 대화 촉진; 경영진 코칭 또는 팀 코칭 등이 포함된다. 일부 팀의 연장자들은 그들의 경력상 다른 지점에서 이 가운데 몇몇 경험을 했을 것이다. 그들은 과거 긍정적 또는 부정적 경험을 한 결과에 따라 몇 가지 방법에 대해 명확한 선호를 하고 있을 것이다. 따라서 잠재적인 수용 또는 저항과 관련된 가치 있는 자료를 생산할 수 있기 때문에 이는 초기 단계에서 탐구하는 것이 유용하다.

이러한 방법은 저마다 강점이 있고, 사업팀에 가치를 더할 수 있다. 야외 팀 훈련은 사람들에게 그들의 익숙한 환경에서 벗어나 일반적인 규칙들이 적용되지 않는 문화적 고립감을 제공한다. 수많은 팀이 이러한 종류의 학습 경험에 참여함으로써 리더십, 팀 역동, 집단 응집과 같은 이슈에 대해서 풍부한 통찰을 얻었다.

워크숍은 사람들이 그들의 조직이 직면하는 도전에 초점을 맞추는 강력하고 효과적인 수단이 될 수 있다. 이러한 보호 시간은 흔히 혁신적인 사고를 만들어내고 팀 헌신을 지원한다. 심리학적 프로파일링은 선호와 관련 방식에 대한 인식을 높이고, 차이에 대한 긍정적 측면을 촉진할 수 있다. 비즈니스 시뮬레이션은 팀을 지적으로 확장하고 핵심 강점과 약점을 드러낸다. 촉진적 팀 대화는 중요한 비즈니스 도전과 그룹 프로세스 문제에 대한 질적인 그룹 대화 공간을 제공한다. 사우나, 캠프파이어 경험 등은 더 깊은 공유를 촉진할 수 있고, 펀 데이는 함께 놀 기회를 제공하고 이야기와 추억을 만들어 낸다.

이러한 과정 가운데 일부는 강력한 진단적 초점을 지니고 있지만, 다른 경우에는 진단을 구조화된 연습과 촉진된 그룹 대화를 통한 경험학습과 함께 결합한다. 게슈탈트 관점에서 보면, 공통된 배경은 그들의 알아차림 수준을 향상하고, 사람 사이의 접촉과 연결을 더 강하게 촉진하며, 에너지 수준을 높이고, 집단 참여와 정체성을 강화하는 것이다.

사람들은 보통 팀 내에서 동료들이 어떻게 그런 행동을 하고 관계 역동이 일어나는지를 더 잘 이해할수록 서로에게서 멀어진다. 이러한 훈련들은 또한 팀 목적을 명확히 하고, 신뢰를 형성하며, 긴장과 갈등을 다루고, 사람들이 팀 내에서 어떤 행동 방식을 보기를 원하는지 합의하기 위한 중요한 장을 제공한다.

훈련 시간을 먼저 갖지 않고 경쟁적인 경기에 임하는 진지한 스포츠 팀은 상상하기 어려울 것이다. 위에서 언급된 팀 개입 훈련은 기업적 상황에 해당한다. 흔히 알려진 '타임-아웃'은 경영진이 함께 배울 수 있고, 잘 해내고 있는 일을 축하하며, 비생산적인 패턴을 더 잘 자각할 수 있는 지점이다. 그들은 그런 다음에 더 높은 수준에서 기능하기 위해 함께 작동하는 새로운 방법을 실험할 수 있다.

따라서 '피칭 훈련 시간'은 팀에게 매우 중요할 수 있다. 그러나 훈련장이 고성과 팀을 만드는 곳이라는 말은 다른 이야기다. 팀 워크숍만으로는 사람들을 고성과 팀으로 만들 수 없다. 그것은 팀들이 그들의 학습 효과 여부가 작용할 때 일어난다.

팀 코칭의 출현

역사적으로 이러한 팀 개입의 대부분은 후속 조치들과 함께 2~3일 동안 진행되는 원정 모델 또는 워크숍에 기초했다. 최근에는 팀 학습을 안정적으로 구현하기 위해 더 장기적이고 광범위한 팀 개발 프로그램이 필요하다는 인식이 확산하고 있다. 때때로 며칠간의 팀 훈련과 단기 집중 워크숍은 흔히 강력하고 일시적인 영향을 주었지만, 지속적인 도전은 학습과 행동을 직장으로 옮겨오는 것이었다. 팀들은 단지 몇 주 또는 몇 달 안에 한 걸음 뒤로 물러서기 위해 두 걸음 앞으로 나아갔다고 정기적으로 보고한다. 이것이 팀 코칭이 팀 개발 개입에 흥미롭게 떠오르게 된 배경이다.

많은 팀 코치들에 의한 독특한 접근은 다음을 목표로 하는 시스템의 세 가지 수준에서의 개입이다:

1. 팀을 하나의 단위/체계로 개선하기
2. 팀 내 관계 개선하기
3. 팀의 개별적 구성원들의 기술과 수행력 향상하기

팀 코칭 과정의 공통된 특징은 팀 코치가 코칭 팀의 일부로서 동료와 함께 작업하면서 팀 워크숍을 여러 차례 진행하는 동시에 개별 팀 구성원도 병렬적으로 코칭하는 것이다. 짝을 지어서 또는 소규모 그룹 간의 진행 방식 세션도 이 접근방식의 특징이라 할 수 있다.

이 체계의 세 가지 수준에서 모두 작업하는 것은 특히 기밀성 경계와 관련하여 많은 도전을 만들어낸다. 이 접근방식은 문제에 영향을 주고 이를 해결할 좋은 기회를 제공하면서도 팀 구성에만 집중하는 이전 모델보다 매우 복잡하다.

팀 코칭의 예술과 과학

팀 코칭은 부분적으로 예술이면서도 과학이다. 그것에는 기술을 적용한 '집단 기술'이 있어서 탁월한 성과를 낼 수 있다. 이는 흔히 '도구와 기법'으로 언급된다.

팀 개발의 '예술'은 팀 코치의 기술과 경험을 가지고 팀 코치가 대화의 질적인 차이를 가능하게 하는 공간을 창조하는 것이다. 이러한 솔직한 대화는 이례적으로 깊이 있는 수준에 도달하게 한다. 이 대화들은 팀이 필요로 했던 대화들이지만 숙련된 도움과 강한 현전 유지 능력이 없이는 불가능했던 것이다.

팀 코칭 과정의 공통 요소

팀 코칭 과정의 정밀한 설계는 팀별로 이루어진다. 그러나 일반적으로 진단 과정, 정신 측정 프로파일링, 개별 및 그룹 데이터 피드백, 공식적 입력, 경험적 그룹 연습, 촉진적 팀 대화, 즉각적 그룹 코칭, 동료 피드백, 팀 그림자 shadowing, 개인코칭, 행동 기술 개발 등과 같은 공통된 다양한 요소(도구와 기법)들을 공유한다.

거기에는 보통 깊이 있는 자기 개방과 영향력 있는 피드백을 통해서 신뢰를 구축하고, 개방성을 창조하며, 더 정직하고 용기 있는 직업적 관계를 강력하게 강조한다. 그것은 팀이 함께 배우고, 서로를 이해하고 고마워하며, 더 높은 수준의 헌신과 성과에 도달할 힘을 얻을 기회를 제공한다.

이 접근에는 정해진 기간이 없다. 일부 경영진은 몇 달 동안 전문 팀 코치의 서비스를 받고, 다른 팀들은 장기적이고 경우에 따라서는 제약을 두지 않는 계약을 한다. 이러한 팀들은 그것이 그들의 운영 방식의 필수적인 부분이 되어야 한다는 견해를 보인다.

내용과 과정

팀 코칭 개입은 내용과 과정에 대한 주의의 균형에 따라 달라진다. 많은 팀 코치들, 특히 게슈탈트 관점으로 활동하는 코치들의 경우에, 그들은 주된 기여를 **과정 전문가**process experts로 보고, 팀 대화에서 내용에 관한 어떠한 언급도 하지 않는다. 이는 숙련된 팀 코치가 제공하는 과정에 통찰력을 높이 평가하는 대부분 고객의 기대와 일치한다. 그러나 만약 코치가 내용으로 빠져서 고객들의 영역으로 들어가는 것은 경계한다.

다음 두 가지 예가 요점을 말해준다. 경영진은 흔히 사업 문제를 논의하기 위해서 팀 워크숍에서 집중적인 시간을 갖기를 원한다. 대형 소매업체의 이사회와 팀 워크숍 동안 전략적 비즈니스 이슈는 그들이 성장과 확장을 위해 어떤 국제 지역을 우선시해야 하는지에 대한 질문이었다. 만약 저자가 코치 입장에서 의견을 제시했더라면, 그 기여가 충분히 고려되고 잘 전달되었다 할지라도 분명히 역할에서 벗어난 것으로 인식되었을 것이다. 그 대신에 코치로서 내 일은 팀이 움직이는 것을 관찰하고 그룹 의사소통과 상호작용에서 발견한 것을 과정에서 피드백하는 것이었다.

유사하게, 프로 축구 클럽과의 작업에서도 무언의 규칙은 항상 명확했다. 저자의 역할은 그룹 응집력과 관련된 주제, 특히 갈등 해결과 관련된 이슈에만 개입하는 것이었다. 다음 경기에 누구를 선발해야 할지, 어떤 게임 계획을 채택해야 하는지에 대한 저자의 의견을 대담하게 내놓았다면 나는 강한 질책을 받았을 것이다.

과정 이슈들 작업하기

경험 있는 팀 코치는 일부 팀 구성원들이 내용보다는 과정에 초점을 맞추어 일어나는 통찰과 드러난 것을 흥미로워한다는 점을 알고 있다. 그렇게 과정 중심과 비교해 볼 때 따분해 보일 수 있으므로 과제 대화로 돌아가는 것에 열의를 적게 보인다. 그러나, 어떤 사람들은 이런 종류의 숙고에 가치를 두지 않고 그것에 조바심을 낸다. 그들은 행동 지향성이나 실질적인 결과가 있는 무언가에 대해서 토론하고 싶어 한다.

그것에는 더 깊고, 지금-여기에 초점을 두고 심사숙고하는 것과 관련된 것을 원하지 않는 다른 이유들이 있을 수 있다. 어떤 사람들은 과정을 다루는 것을 혼란스럽고, 위협적이며, 심지어 거슬리는 것으로 인지한다. 분명한 것은 그것을 사람들 대부분이 그룹 의사소통의 규범이 분명하고 잘 정의된 사업상 과제 논의보다 덜 안전하다고 여길 수 있다는 것이다.

이렇게 안정성이 낮은데도 사람들이 과정에 초점을 맞추는 데에는 중요한 이유가 있다. 왜냐하면 그것은 더 흥미롭고, 불안하며, 예측할 수 없을 것 같은 조짐이 보이기 때문이다. 이러한 사람들은 더 강한 연결성, 접촉 그리고 방법과 연결된 감정의 강도와 같은 다른 결과에 가치를 두는 경향이 있다.

끄집어내는 것이 나을까, 덮어 두는 것이 나을까?

고위 경영진 내에 의견을 양극화시킬 수 있는 또 다른 주제는 이슈나 문제를 명명하거나 배제하는 것이 좋을지, 단순히 그것들과 함께 하면서 되도록 잘 적응하는 것이 좋을지 하는 점이다. 첫 번째 진영에서는 전형적으로 무언가를 명명하는 것이 개방적이고 해결된 상황에서 그것들을 끄집어낼 가능성을 만들어 주기 때문에 자유롭다고 생각한다. 그들은 좋은 의도와 대인 관계 기술을 가진 사람들이 대부분 장애물을 극복할 수 있는 능력이 있다는 좀 더 낙관적인 견해를 취하고 있다.

두 번째 진영에서는 이 제안을 수용하지 않는다. 그들은 사람들이 솔직하게 문제를 끄집어 내어 다룰 수 있다는 것을 이상주의적이라고 본다. 경영진들은 고도로 정치화된 본성과 평가에 관한 민감성 때문에 문제를 있는 그대로 보지 않는다. 그들 마음속의 질문은, 이 상황에서 공유할 수 있는 안전하고 합리적인 것은 무엇인가?, 내가 진정으로 생각하고 느끼는 것은 무엇인가?, 내가 이 팀에 있기에 얼마나 취약한가?, 만약 큰 문제가 여기서 발생한다면 어떤 일이 일어날 것인가?, 그리고 더 큰 개방성이 정말로 좋은 결과를 만들 것인가 아니면 상황을 악화시킬 수 있을 것인가? 등과 같다.

좀 더 복잡하지만, 조직적으로 더 잘 아는 사람들은 팀워크라는 새로운 언어에 반대하는 이러한 고려사항들의 균형을 맞출 것이다. 팀워크는 협력적이고 명료하며 상호 의존적인 중요성을 촉진한다.

해결 또는 개발 – 팀 코칭의 역할은 무엇인가?

해결

팀 코칭 접근의 세련됨은 이전의 팀 개입과는 대조적으로 팀 개발이 얼마나 진전되었는지를 분명히 보여준다. 저자가 이 일을 처음 시작했을 때 기이하게 보였고, 지금은 훨씬 더 비범하게 보이는 유망 고객에게 업무를 받았다. 임무의 하나는 고위급 관리팀의 리더와 대화하는 것으로 시작했고 다음과

같은 문제들이 열거되었다:

- 팀 리더십에 대한 신뢰성 이슈
- 불만이 있는 팀 구성원이 스트레스로 아픈 상태
- 시스템의 몇 가지 공식적인 불만 사항
- 성별과 인종에 대한 기회 균등 문제
- 낮은 신뢰도
- 높은 갈등 수준

그는 그 팀을 '완전히 역기능적인' 것으로 묘사했다. 그는 팀 구성원 일부에 대해서 깊은 자기 비난과 격렬한 분노 사이를 오가곤 했다. 그 팀은 그들이 문제를 해결하는 것을 돕기 위해서 외부 조력자를 데려올 필요가 있다는 결론에 이르렀다. 저자는 그의 말을 듣는 동안 이것의 가능성에 대해 희망이 거의 없다고 느끼는 것을 알아차렸다. 그러나 그는 계속 시도했고, 그것을 처리하기 위해서 반나절을 할당하고 있었다!

팀이 구조화된 팀 개발에 관심을 두는 이유 가운데 하나는 그들이 리더십, 그룹 행동, 의사소통, 신뢰, 팀 역동과 관련된 몇몇 중요한 문제들을 축적했다는 것을 인지했기 때문이다. 어떤 팀 컨설턴트는 이것을 듣고 '그래, 그것이 팀 개발의 일들이고, 내가 하는 일이지'라고 생각한다. 그리고 나서 그들은 방금 설명했듯이 많은 팀이 문제에 당면해서야 도움을 요청하기 때문에, 문제가 얼마나 심각한지에 귀를 기울인다. 그들은 팀 개발과 온전히 기능하지 못하는 팀을 고치는 것을 같게 본다.

리들Riddle(2008)은, '보통 내가 거기에 도착할 때면 일들은 꽤 복잡하다; 그리고 만약 일이 없다면, 난 불려가지 않을 것이다'라고 적으면서, 팀 개발자의 역할이 막혀있거나 제대로 기능하지 않는 팀을 '해결하는' 것이라고 암시한다. 이것은 힘들고, 도전이며, 감정적으로 혼란스러운 작업이다. 그곳에는 항상 당신이 할 수 있거나 알고 있는 것보다 훨씬 더 많은 일이 벌어진다. 갈등은 보통 심각하고 불안은 높다. 따라서 만약 당신이 이 일을 시작한다면 당신 스스로 다소 불안한 잠 못 이루는 밤을 예상하게 될 것이다.

그러나 이러한 종류의 팀 개입이 향상을 만들어낸다면, 그것은 상당히 만족스럽고 보람이 있으며, 고객들도 그것을 높이 평가할 것이다. 만약 유해한 팀 문화가 더 건강해질 수 있다면, 이것은 중요하고 작업장을 훨씬 뛰어넘는 방식으로 그 집단의 사람들에게 커다란 변화를 가져온다.

그렇지만 더 높은 수준의 팀과 일하는 데 균형을 잡지 못한 채 이들 가운데 너무 많은 것을 촉진하는 것은 두 가지 문제를 초래할 수 있다. 첫 번째는 감정적으로 고갈될 수 있다는 것이고, 두 번째는 앞서 기술한 CEO들처럼 똑같은 사고방식에 빠질 수 있다는 것이다. 즉 높은 성과를 보이는 경영진을 본 적이 없고, 그러한 경영진이 존재할 수 있다고 믿지도 않는다. 무의식적으로 당신은 팀 개발이 문제 팀들과 함께 일하는 것에 대한 모든 것이고 그 역할의 본질은 '해결사'라는 관점에 도달한다.

구축과 개발

최근 몇 년간 팀의 생성 초기 또는 새로운 관리팀을 도입할 때 팀 코칭 과정을 시작하는 것이 타당하다는 자각이 커졌다. 흔히 한 팀의 한 방향 정렬, 응집, 진전을 방해하는 감정적이고 대립적인 이슈들은 한 팀의 존재 초기 단계에서 결정의 직접적인 결과나 판단의 실패 요소가 될 수 있다. 초기부터 올바른 플랫폼을 구축할 수 있다면 왜 미래에 문제가 생기겠는가? 라는 논리는 설득력이 있다.

이는 팀에 성공을 위한 최적의 조건을 제공하는 동시에 추후 교정 시나리오의 위험을 감소하는 데 초점을 맞춘다. 결과적으로 팀 코치의 역할을 해결사에서 구축자 그리고 개발자로 바꾼 것이다.

이러한 맥락에서 팀 코칭의 목적은, 흔히 역기능적인 팀에서 놓치는 중요한 요소인 잘 정렬되고, 응집력 있으며, 건강하게 팀을 발전시키는 데 있다. 이를 위해서는 매우 다른 접근법 및 방법론과 기술이 필요하다. 그리고 팀 개발자는 잘 기능하는 팀이 어떤 모습인지 그림을 가지고 있을 필요가 있다. 즉 만약 그녀 또는 그가 빈약한 성과 팀과 주로 일한다면 이러한 그림을 그려보는 능력이 부족할 수 있다.

초기 단계에서 중요한 채널은 팀장과의 코칭 관계와 HR 담당이사와의 자문 관계이다. 이미 살펴본 이유로, 많은 CEO가 반드시 지형에 대한 명확한 그림을 가지고 있는 것이 아니고, 어떻게 그것을 탐색할 것인지도 모른다. 그들이 알고 있는 것은 그들을 팀을 구축하고 싶고, 전문적인 팀 코치가 그것을 성취할 수 있는 전문성을 보여주기를 기대한다는 것이다.

장비를 잘 갖춘 팀 코치

의심할 것 없이, 경영진과 관련된 팀 코치의 역할은 복잡하고, 지적인 도전이며, 광범위한 지식과 음악의 변화에 따라 스텝을 바꿀 수 있는 능력을 요구한다. 때때로 역할은 내용과 상관없이 비지시적인 태도가 있어야 하며, 또 다른 경우에는 컨설팅이나 가르치는 것과 더 유사한 전문 지식을 전달해야 한다. 이런 의미에서 내용은 개인의 발전, 성장 및 변화와 관련된 개념과 프레임워크, 그리고 고성과 팀워크에 필요한 조건에 대한 것이다. 코치들은 그들이 갖고 있지 않은 어떤 것을 소유하고 있을지 기대하게 한다. 이를테면 성과가 좋은 최고 팀이 어떤 모습이고 어떻게 거기에 가야 하는지에 대한 정교한 이해와 같은 것이다.

그래서 우리가 수행하는 역할은 때에 따라 코치, 과정 전문가, 트레이너, 교육자가 될 수 있다. 일회성의 촉진과 반대로, 장기간 경영진과 일하는 팀 코치들은 여정의 다른 시점들에서 팀 변화의 학습과 개발이 필요하므로 머지않아 이러한 모든 역할의 대부분을 하게 될 기회가 있을 것이다.

팀 코칭 역할에 대한 이런 다양한 차원을 고려할 때, 저자는 이제 고위 경영진의 팀 코치로서 활동할 수 있는 적절한 장비를 갖춘다는 것이 무엇을 의미하는지 요약하려 한다. 이러한 요점들 가운데 일부는 코치가 **가지고 있거나 행동하는** 것만큼 코치가 누구인가에 관한 것이다.

- 흥분, 기업 리더십의 기회 및 보상, 그리고 그에 수반되는 도전 과제, 희생과 걱정에 대한 감사
- 경영진에서 권력의 작동 방식에 대한 깊고 현명한 이해
- 팀이 잘 작동하기 위해 무엇이 요구되는지를 이해하는 고성과 경영진의 모습
- 정교한 팀 코칭 방법론 보유
- 한 공간에서 일어나는 생각이나 감정을 이해하고, 관찰한 내용을 명확히 설명하며, 효과적으로 개인을 지원하고, 필요한 경우 단호하게 도전하는 능력
- 어렵고, 논쟁적이며, 고통스러운 이슈를 해결할 수 있을 정도의 충분히 강하고 안전한 수용 공간을 제공하는 능력

- 팀 및 팀원 개개인과 동시에 작업할 때 역할, 범위, 윤리적 문제에 대한 명확한 이해

팀 코칭을 위한 지속 가능 모델

대부분 팀 개발 개입은 팀의 기능을 구축하거나 향상하는 1차 목표에 기초한다. HR 담당이사는 팀을 구축하고 개발하고 해결하는 전문 지식과 경험을 가진 믿을 만한 숙련된 팀 코치를 찾는다. 설계된 프로세스를 사용하여 코치는 일정 시간 동안 팀과 함께 작업한 뒤 자리를 비운다. 그 팀은 코치 없이 진행하거나 새로운 것을 가져오기 위해 다른 사람을 고용한다.

이 모델의 전문성은 외부인에게 있으며 대부분 그들이 갈 때 함께 떠난다. 이 접근을 통해 제한적으로 내부 역량이 강화될 수 있지만, 팀 코칭 자체의 예술과 과학을 익히지 않았기 때문에 외부 지원에 대한 팀의 의존을 멈추기에는 충분하지 않다.

팀 개발에 대한 더 지속 가능한 접근은 두 가지 목표가 요구된다. 그 첫 번째는 팀 성과이고, 두 번째는 지식과 기술 이전을 통한 역량 강화이다. 여기 상세히 기술된 접근법은 팀 리더가 더 나은 팀 리더가 되도록 돕는 동시에 팀 구성원이 더 효과적인 팀 작업과 하나의 그룹으로써 자기 결정을 할 수 있도록 보조하는 것을 포함한다.

결론

이 장의 서두에서 저자는 '팀 개발이 얼마나 발달하여 있는가?'라는 질문을 제기했다. 저자의 견해는 그것이 50년 이상 또는 그 정도 많은 발전을 해왔다고 본다. 구조화된 팀 개입은 대부분 조직에서 광범위하게 사용되고, 그것은 주류 조직개발 활동이다. 팀워크와 고위 경영진 개발에 대한 문헌이 증가하고 있고, 우리는 팀 코치를 훈련하고 발전시키는 고급 전문가 프로그램의 초기 모습을 보고 있다.

코칭에 대한 다른 접근과 일반적인 조직 개발에서처럼, 표준사례들은 상당히 방대하며 많은 팀 코치가 수년을 거슬러 올라가는 개념, 모델 및 방법론을 지속해서 사용한다. 그렇다고 그것들이 여전히 유용하지도, 도움이 되지도 않는다는 뜻은 아니다. 오히려 우리는 더 정교하고, 목적에 적합한 팀 코칭 방법론을 설계할 필요가 있다. 저자는 다음의 두 장에서 저자가 제시한 게슈탈트 접근방식이 그 임무에 유용하게 기여할 수 있기를 희망한다.

8장. 게슈탈트 팀 코칭 접근을 지원하는 개념적 프레임워크

모든 팀은 나름대로 독특하게 다른 점이 있으며 스스로 평가를 인정해줄 필요가 있지만, 팀 코칭에서 발생하는 주제와 문제가 처음 생각했던 것보다 더 예측 가능한 때도 있으므로 이를 잘 알아차리는 것이 중요하다.

지도된 알아차림 directed awareness :
팀 코치를 위한 5 가지 영역의 주의사항

팀 코칭 과정에 착수할 때 개별적으로 그리고 하나의 전체로서 팀을 알기 위해 반드시 염두에 두어야 할 다섯 가지 질문이 있다.

- **성공을 위한 준비가 잘 되어있는가?** 이 질문은 팀 구성원 자격과 구성, 즉 그들이 해야 할 일과 관련된 사람들의 능력, 기술, 경험 그리고 전문지식의 균형에 관한 것이다. 그뿐만 아니라 의사소통을 잘하기 위한 프

로세스가 있고 자원은 충분하게 제공되고 있는가?
- **이끌기와 코칭하기 둘 다를 잘하는가?** 팀장의 인지능력, 효과성 및 신뢰도는 무엇인가? 또 팀장 역할에 대한 관리 측면뿐 아니라 팀 코칭에 대해서도 이해하는가?
- **한 방향 정렬은 잘 되어 있는가?** 강렬한 팀 목적, 비즈니스 전략에 대한 공유된 견해, 공통적인 업무 접근방식과 함께 하는 방식, 즉 그룹의 규범과 행동 규칙에 대한 약속이 있는가?
- **응집력이 있는가?** 이는 관계, 연결, 함께함의 질에 대한 질문이며, 그룹에 대한 즐거움과 자부심 수준에 관한 것이다.
- **학습에 개방적이고 적응적 변화에 대응하는가?** 팀원들이 새로운 생각을 할 수 있고 가장 도전적인 변화 의제에 직면할 준비가 되어있는가? 팀이 문제를 해결하고 도전 과제를 성공적으로 해결하기 위해 그들이 매달려온 신념과 수행 방법을 포기할 준비가 되어있는가? 어떤 준비가 되어 있는가?

전통적으로 팀 개입은 다섯 가지 가운데 두세 가지 - **한 방향 정렬, 응집력, 리더십** - 에 목표를 두고 실행한다. 즉 잘 이끌고 통합되고 결속력이 강하면 고성과 팀이 될 것이라는 믿음에 기반을 둔다.

리더십 초점과 관련해서 두 가지로 할지 세 가지를 요청할지는 코치의 재량에 달려 있다. 어떤 팀 코치는 이것을 핵심적인 단계로 평가했으며 심지어 가장 중요하다고 여긴다. 한편 다른 팀 코치는 매우 신중하고 조심스럽게 다룬다. 이것은 보상이 높고 위험이 크며 늘 민감한 문제다. 효과적인 팀을 위한 암묵적 공식은 다음과 같다.

효과적인 리더십 + 한 방향 정렬 + 그룹 응집력 = 고성과 팀

그리고 확실한 것은 팀 개입이 이러한 요소들을 성공적으로 해결했을 때, 더 긍정적인 팀 분위기를 조성하는 데 도움을 주었고, 사기가 향상되고, 동기부여가 증가하고, 참여도가 높아졌다. 분명히 이것들은 가치 있고 중요한 결과다. 그렇지만 팀 코칭이 최대의 이익을 얻으려면 팀 구성 문제를 해결하고 학습에 최대한 개방적이기를 고무하며 가장 도전적인 변화 의제로 팀을 지원하는 것이 중요하다.

왜냐하면 팀 개발자들은 한 방향 정렬과 응집력 문제가 팀 구성원 문제, 리더십 문제, 복잡하고 차별화를 요구하는 도전, 변화를 점점 어렵게 만들고 있다는 것을 알아차리게 되었다. 이러한 관점에서 나는 효과적인 팀에 대한 더욱 광범위한 공식을 제공한다.

우수한 팀 구성 + 효과적인 리더십 + 한 방향 정렬+ 적응적 변화 대응 능력 + 그룹 응집력 = 고성과 팀

이러한 요소는 팀의 '현재 상태'와 현재 상황을 진단하고 이를 개선하기 위한 후속 개입에서 두드러진다.

모델과 개념적 프레임워크의 선택적 사용

일부 게슈탈트 코치들, 특히 개방적이고 **목표를 정하지 않은 알아차림** 접근법을 강력하게 지지하는 코치들은 개입할 때 딱 필요한 만큼만 하는 것

을 선호한다. 모델, 개념 및 프레임워크는 최소로 유지된다. 관심의 주요 초점은 그룹에서 떠오르는 프로세스에 둔다. 내 입장은 교육적 개입의 선택적 사용이 특정 학습 목표를 지원하는 데 사용될 때 가치를 줄 수 있다는 것이다. 질문은 강사 모드를 **언제** 채택할 것이며, **어떤** 학습 자료물을 사용할 것인가 하는 점이다. 게슈탈트 코치가 개입에 사용하는 기준은 최소한 세 가지에 의해 결정된다. 첫 번째는 팀에 가장 시급한 학습 필요성에 대한 평가다. 그러한 필요성은 그들을 한 개인으로서뿐만 아니라 집단으로서 느끼는 뛰어난 감각이 있을 때 드러난다. 두 번째는 적절한 순간을 선택하는 것이다. 수많은 우아한 인용문, 건전한 리더십 모델 또는 현명한 명언도 타이밍이 좋지 않으면 묵살당한다. 다른 경우로, 만약 그들이 좀 더 개방적이고 학습에 수용적이라면 바로 같은 개입이 팀의 호기심을 완전히 사로잡았을지도 모른다. 어떤 이들은 이것을 **배움의 순간**이라고 말하며 도전은 이러한 순간들을 발견하는 것이다. 세 번째는 모델이나 개념적 프레임워크가 게슈탈트 지향적인 작업의 주요 목표, 즉 알아차림 능력을 높여주고, 접촉 능력을 강화하며 그룹 상호작용을 향상하는 것을 도와주고 촉진해주는 것이다.

팀 코치는 팀이 프로세스에 더 깨어 있고 숙련도를 높이도록 경험학습 훈련과 함께 모델, 개념 및 프레임워크의 조합을 사용하는 경향이 있다. 이 장에서는 팀을 코칭할 때 유용하다고 생각하는 다양한 프레임워크를 제안한다. 이는 고위 경영진뿐만 아니라 모든 직급 팀에도 적용된다.

- 효과적인 팀워크를 위한 원칙 세우기
- 효과적인 그룹 대화를 위한 지침
- 과제/프로세스 도전
- 작업 단위 완료

- 팀의 사회적 자본 - 정서적으로 더 지능적인 팀을 촉진하는 그룹 규범과 행동 규칙 조성
- 전략적이고 친밀한 상호작용

효과적인 팀워크를 위한 원칙 세우기

경영진 코치로서 가장 분명한 출발지 가운데 하나는 시간을 더 잘 활용할 수 있도록 돕는 것이다. 팀은 업무를 효과적으로 처리하는 데 방해가 되는 상황에 갇힐 수 있다. 햇볕이 잘 들지 않고, 테이블이 최대 5미터나 되는 방에서 6~8시간 지속되는 긴 회의는 결코 최적의 성과를 위한 조건이 아니다. 게다가 의제의 우선순위를 잘 못 정하면 자주 소수의 안건에 시간을 많이 소비하게 되고 남은 시간 동안 나머지 안건들을 처리하려고 허둥댄다. 이는 일종의 습관이라 할 수 있다. 늘 그래왔고 그래서 팀들은 단순히 오래된 패턴을 반복하고 있을 뿐이다. 어떤 사람에게는 주변에 머무는 것이 더 편하므로 그렇게 하려고 한다. 다음의 질문 목록에 주목하면 의미 있는 차이를 만들 수 있으며 즉각적인 효과를 얻을 수 있다.

- 장소와 공간은 제대로 확보했는가?
- 참석자들은 회의에 적합한 사람인가?
- 회의의 주관/진행은 얼마나 효과적인가?
- 안건의 우선순위와 시간 관리는 얼마나 효과적인가?
- 사람들은 회의를 제대로 준비했는가?
- 적합한 질문인지 확인하였는가?

- 적절한 깊이로 적절한 대화를 나누는가?
- 그룹 프로세스가 모든 사람에게 최선의 기여를 보장하는가?
- 에너지 수준을 염두에 두고 규칙적으로 휴식하는가?
- 노트북, 휴대폰 및 기타 기기 사용에 관한 명확한 기본 규칙을 수립하였는가?

이러한 질문의 결과로 팀 코칭 맥락과 일상적인 비즈니스 미팅에서 모두 수행할 수 있는 팀 개선 목표 목록이 드러나게 된다.

효과적인 그룹 대화 지침

팀 코칭 프로세스의 일반적인 기대 가운데 하나는 팀 커뮤니케이션을 향상하는 것이다. 팀 진단 과정에 다음과 같은 멘트를 발견한다. '우리는 좋은 청자가 아니다 - 우리는 서로의 말을 경청하는 것보다 의견을 말하고 표현하는 것을 더 좋아한다.' '우리는 모두 우리가 최고의 답을 가지고 있다고 믿는다. 그 결과, 우리는 열린 마음으로 다른 사람들이 하는 말에 귀를 기울이지 않는다.' '사람들은 자기 영역에 영향을 주지 않을 때 대화에 관심을 갖지 않는다.'

좋은 소식은 의사소통에서 더 높은 수준의 알아차림을 구사할 수 있는 팀이 그들 대화의 질을 빠르게 향상할 수 있고 팀 상호작용의 본질과 정서적인 분위기를 근본적으로 바꿀 수 있다는 것이다. 팀 내 효과적인 그룹 대화를 위한 다음 지침은 산타페 연구소에서 처음 개발되었으며 케이프 코드 모델 내에 구축된 아이디어와 원칙을 적용한 것이다.

1. 자주 살펴보고 정기적으로 그룹에 참가하여 당신 주변에서 일어나는 일을 더 잘 알아차리도록 하라.
2. 자신의 기능적 영역에 대해 '보고하는 것'으로 자신의 기여를 제한하지 말고 조직 전반의 리더십 문제에 대한 생각을 제시하라.
3. 당신의 견해를 말하기보다는 질문하라.
4. 동료가 질문하거나, 지원을 제공하거나, 이의를 제기할 때 적절하게 대응하라.
5. 대화를 완전히 다른 주제로 전환하기보다는 방금 말한 것에 기반을 두어라.
6. 장광설을 피하고 자기 견해를 정당화하려 하지 마라.
7. 더 큰 그림을 얻기 위해서 헬리콥터를 타고 위에서 바라보듯이 조망하라.
8. 사용 가능한 시간이 얼마나 많고 적은지 잘 알고 있어야 한다.
9. 비생산적인 시간을 참지 마라.

자주 살펴보고 정기적으로 그룹에 참가하여 당신 주변에서 일어나는 일을 더 잘 알아차리도록 하라

회의나 팀 워크숍 상황에서 팀에 대한 예리한 관찰자는 사람들이 자주 그들의 동료들을 얕보거나 멀리한다는 것을 곧 깨닫게 될 것이다. 간단해 보이지만, 자주 살펴보는 것은 그룹 상호작용을 변화시킬 수 있다. 그것은 일부 사람들이 자신의 내면세계에 지나치게 집중하거나 컴퓨터나 디지털 기기만 내려다봄으로써 주의를 딴 데로 돌리는 경향에 대해 균형을 잡아준다.

자신의 기능적 영역에 대해 '보고하는 것'으로 자신의 기여를 제한하지 말고 조직 전반의 리더십 문제에 대한 생각을 제시하라

당신이 크게 기여하지 않아도 될 사안들은 늘 있을 것이므로 시간 효율성을 위해 별로 중요하지 않은 것은 굳이 말하지 마라. 그러면서도 여러 사람의 생각이 한 사람의 생각보다 낫다는 입장을 가져라.

당신의 견해를 말하기보다는 질문하라

자신이 하고 싶은 말만 하거나 자신의 안건에 대한 의견만 말하고 주장하기보다는 서로 질문하라.

동료가 질문하거나, 지원을 제공하거나, 이의를 제기할 때 적절하게 대응하라

얼버무리거나 툭 내뱉는 의견 또는 비꼬는 듯한 유머는 하지 않도록 주의한다.

대화를 완전히 다른 주제로 전환하기보다는 방금 말한 것에 기반을 두어라

무언가 또는 누군가가 미완성인 채로 남겨져 있다는 것을 알게 되면, 그것을 다시 참고하여 문제에 대한 종결점을 찾도록 하라.

장광설을 피하고 자신의 견해를 정당화하려 하지 마라

이것은 모든 것을 느리게 하고, 지루함을 유발하고, 너무 긴 회의로 이어지며, 좌절감을 유발한다.

더 큰 그림을 얻기 위해서 헬리콥터를 타고 위에서 바라보듯이 조망하라

이것은 관점을 되찾는 데 도움이 된다. 또한 진행 중인 프로세스에 대한 알아차림도 향상될 것이다.

사용 가능한 시간이 얼마나 많고 적은지 잘 알고 있어야 한다

중요한 할 말이 있으면 마지막 순간까지 기다리지 마라. 마찬가지로 시간이 필요한 중요한 이슈가 있다면 뒤로 밀리지 않도록 해야 한다.

비생산적인 시간을 참지 마라

자신에게 정기적으로 질문하라. '지금 바로 올바른 대화를 나누고 있는가?' 만약 그렇지 않다면, 그것에 영향을 미치도록 무언가를 하라.

과제/프로세스 도전

대부분의 경영진 구성원들은 과제와 프로세스의 차이점에 대한 적지 않은 지식을 가지고 있으며, 프로세스 문제가 해결되지 않거나 담당자가 지정되지 않은 채로 남아 있을 때 발생하는 문제들을 예리하게 알고 있다. 개념에 익숙한데도 [표 8.1]에서 보여주듯이 다른 요소들이 무엇으로 구성되어 있는지 펼쳐보는 것이 도움이 될 수 있다.

[표 8.1] 과제/프로세스 도전

과제(내용)	프로세스
• 비전, 가치 및 목적 • 조직 성과 • 전술적, 작전상의 세부 사항 • 분쟁 조정, 문제해결, 의사결정 • 해야 할 일 목록을 작성하는 행동 지향적 토론 • 자원 배분	• 정서적 풍토 • 관계 역동 전략, 우선순위 및 계획 • 권력, 통제 및 권한 문제 • 의사소통 • 경쟁, 긴장, 갈등 • 포함/제외 및 가치 있는 느낌에 관한 문제 • 차이에 관한 문제

대개 경영진들은 왼쪽 칼럼에 있는 리스트를 먼저 다룬다. 그들에게는 너무나 평범하고 사실이기 때문에 그 내용들에 대해 논의할 필요성을 느끼지 못한다. 그것은 마치 물고기에게 물과 같은 것이다. 이와는 달리 오른쪽 칼럼을 볼 때는 망설임, 불편함 그리고 '아하' 하는 순간이 있다. 이것은 흔히 '우리도 그렇게 해야 하지만, 우리는 그것을 잘하지 못한다'라고 표현되는 더 도전적인 칼럼이다. 시니어 팀에 대한 코칭이 바로 그런 것으로 생각한다.

학습은 **프로세스 자각과 동시에 과제에 중점**을 두는 것이며 의심할 여지 없이 많은 팀에게 중요한 도전을 제시한다. 일반적인 비즈니스 환경에서는 프로세스 문제가 기각되거나 누락되는 경향이 있으나 과제 중심은 결국 수행하게 된다.

단위 작업 완료하기

팀 코칭 프로세스의 첫 번째 워크숍에서 한 고위 이사는 회사 상황을 다음과 같은 극적인 용어로 묘사했다. '만약 우리가 이 회사를 변화시키지 않는다면 회사는 사라질 것이다. 우리는 문을 닫은 마지막 팀으로 기억될 것이다. 정말 그렇지 않나? 내가 틀렸다고 생각하거나 우리의 입장을 과장한다고 생각한다면 내 의견에 반대하라.' 아무도 응답하지 않았다.

그래서 사건의 중대성이 분명하고 극명하게 표현된 상황에서 진지한 대화를 계속해야 한다는 절박함이 있었다. 사실, 이 팀이 사업상의 도전을 해결하기 위해 시간을 확보한 것은 이번이 처음이 아니었다. 그들은 핵심 이슈에 접근하고 새로운 전략과 행동 계획을 합의하기 위해 며칠 간의 워크숍을 계획했다. 전무이사가 워크숍의 의장을 맡았고 이는 불쾌한 진실을 파헤치는 데 유용했다. 그들은 또한 시간과 에너지의 투자 외에는 보여줄 게 딱히 없어서 좌절했다. 그 문제들에 대한 다양한 견해들은 거의 공통적인 근거나 수용 가능한 해결책들을 보여주지 않았다.

개막 세션에서 그룹 상호작용을 받아들이기 시작하면서, 나는 여덟 명의 임원들이 저마다 앞선 발표자가 제기한 문제와 관련도 기반도 없으면서 그 문제에 대한 자신들의 견해만 열심히 주장하는 것을 관찰했다. 몇 분 안에 그 방에 있는 사람들 수만큼 주의를 기울여야 할 이야깃거리가 생겨났다. 그리고 나서 그들은 자신들이 원하는 시간보다 더 많은 시간을 얻기 위해 서로 경쟁했고, 논쟁의 힘으로 몇몇 사람은 다른 사람들에게 반응을 얻는 데 성공했다. 해결되지 않은 개방형 이슈의 수는 8개에서 10개, 12개로 빠르게 늘어났다. 어떤 것도 완전히 처리되거나 종결되지 않았다. 그 방의 감정과 에너지는 격렬한 좌절에서 전혀 신경 쓰지 않기까지 다양했다. 경영진과 인사담당 이사들이 걱정스럽게 내 쪽을 바라보면서 '우리를 이 일에서 벗어나게 해줘!'라고 말하는 듯했다.

나는 '지금 시점에서 10점 척도로 대화 내용의 질에 몇 점을 주시겠습니까?'라고 묻는 대신, 그 상황이 좀 더 오래 진행되도록 내버려 두었다. 시간이 좀 지난 뒤에 물었다. 그룹 프로세스와 상호작용에 대해 몇 점을 주시겠습니까? 내용이 프로세스를 압도했다. 내용에 대한 점수 범위는 5~6점이었다. 그룹 프로세스와 상호작용에 대해서는 3~5 사이의 점수를 주었다. 그러고 나서 그들에게 어떻게 느끼는지 설명할 한 단어를 찾으라고 했다. 8명 가운데 6명은 정확히 같은 단어인 '좌절감'을 생각해냈고, 한 명은 20분 전에 방을 나가겠다고 표현했고, 다른 한 사람은 단지 '아수라장'이 가라앉을 때를 기다렸다가 대화에 나서겠다고 말했다. 나는 그에게 그것이 결국 수그러들지 않느냐고 물었고 그는 '글쎄요, 그렇지는 않을 것 같은데요. 우리는 단체로 함께 있을 때 정말 문제 있는 의사소통 패턴을 보이고 있습니다'라고 대답했다. '그럼 어떻게 해야 하나요?'라고 물었더니 '솔직해야 합니다. 평소 나는 별로 말을 하지 않습니다'라고 말했다. 나중에 그와 일대일 코칭 세션에서 그는 팀 회의에서의 의사소통을 '영혼 파괴'라고 묘사했다.

저자의 경험으로 볼 때 이 경영진은 특별히 특이하지 않고 몇몇 다른 팀들과 최소한 4개의 중요한 유사점이 있다. 첫째는 맥락이다. **생존을 위해 비즈니스 변혁의 강력한 필요성**. 두 번째는 선의와 뛰어난 본능과 아이디어를 가진 매우 성공적인 개인들이 **효과적으로 협력하기** 위해 애쓰는 팀 내부 생활방식에 있다. 세 번째는 **여러 가지 이슈를 개방**하는 집단적 패턴인데, 이 모든 것은 그 자체로 중요할 수 있지만 문제는 그 어떤 이슈와도 끝까지 함께 하지 못한다는 것이다. 그리고 네 번째는 결과적인 좌절감으로 이는 수많은 경영진 회의를 특징 짓고 그들이 왜 그렇게 자주 **걱정하고 긴장된**

환경인지를 설명한다.

이 팀과 다른 많은 팀 역시 아직 숙달되지 않은 것을 배울 필요가 있다. 게슈탈트 관점에서 볼 때, 그들은 **작업 단위**를 완성하는 방법을 배우고 이것에 대한 팀 규율을 유지할 필요가 있다. 카터는 작업 단위에 대해 1) 무엇인지 평가하기, 2) 무엇을 할 것인지 선택하기, 3) 선택에 따라 행동하기, 4) 활동 종결하기 등 네 가지 단계가 있다고 설명한다. 이 간단한 과정은 게슈탈트 주기인 알아차림 증가, 에너지 동원, 행동, 문제의 종결 및 학습 동화와 잘 연결되어 있다. 다음은 이전의 사례집에서 설명한 그룹 내 의사소통 문제를 해결하는 방법이다.

그들의 의사소통 과정에 대해 내가 관찰한 것을 팀과 공유한 다음, 나는 그들과 작업 단위 개념을 논의했고 함께 실험에 참여해볼 것을 제안했다. 그들은 조심스럽게 이 요청에 응했다.

우리는 '무엇', 즉 몇 가지 주제와 이슈를 열어 놓고 종결짓지 않은 채 내버려 두는 그들의 경향과 그로 인한 좌절에 대해 다시 논의를 시작하였다. 그들은 그러한 패턴을 깨고 싶은 것이 분명했다. 팀원들은 왜 이런 일이 일어나는지 의견을 제시했는데, 경청하고 질문하기보다는 자신의 뜻을 관철하고 싶은 욕구, 자신의 해결책이 맞는다는 믿음, 해결책을 찾아야 한다는 걱정이 많기 때문이라고 했다. 왜냐하면 시급한 일이 너무 많고 사람들과 충분히 이야기를 나누는 상담형 스타일의 리더도 아니기 때문이다. 그들은 '무엇'에 집중하면 할수록 집단 퍼실리테이션이 팀 내에 힘이 되지 않는다는 느낌이 들기 시작했고 점점 좋은 프로세스에서 멀어졌다. 그러면 의사소통은 혼란스럽고 엉망이 될 것이다. 그들은 먼저 무엇을 해야 하는지에 동의했는데, 그것은 그룹 대화를 촉진하는 것이다.

그들이 만든 실험은 각 세션의 퍼실리테이션을 돌아가며 맡으면서 하루의 나머지 시간을 사용하는 것이었다. 한 사람이 점심까지 그 역할을 맡았고, 오후에 다른 팀원이 이어받을 것이다. 나머지 팀원들은 자원봉사자들에게 그들의 그룹 촉진에 대한 피드백을 제공하고, 그날 마지막에 그룹 대화의 질에 대한 전반적인 검토가 있을 것이다.

아주 다른 에너지와 정서적인 분위기가 곧 이전의 것을 대체했다. 그 팀은 재빨리 그 대화 내용에 다시 몰입했고 행동과 그룹 상호작용에 대한 높은 수준의 알아차림이 있었다. 자원봉사 진행자는 충분히 일을 잘 해냈고, 건설적인 피드백을 받았으며, 이 특정 팀과 함께 그 역할을 맡아야 하는 어려움에 대해 더 잘 알게 되었다. 통상 그 역할을 맡던 전무이사는 그것에서 휴식을 취했고, 대화에 좀 더 충분히 참여할 수 있었으며, 나중에 자원봉사자들이 그것이 얼마나 어려운 일인지 인정하는 것을 듣고 안심했다. 패턴이 강조되기도 하고 중단되기도 하며 변형되기도 했다. 중요한 점은 이 팀이 어떻게 하면 작업 단위를 완성할 수 있는지에 대한 학습 과정을 시작했다는 것이다.

● 팀 소셜 자본 – 정서적으로 더 지능적인 팀을 촉진하는 그룹 규범 및 행동 만들기

정서지능EI 개념은 기업 세계에 큰 영향을 미쳤다. 정서지능이라는 표현은 현재 잘 확립되어 있으며, 최전방 관리자에서 임원급에 이르는 대부분의 리더십 개발 프로그램에는 정서지능 모듈이 표준으로 포함되어 있다. 경영진 코칭은 고위 경영진과 지도자의 감정적 능력을 향상하는 것을 도울 방법을 찾는 HR 담당이사들에 의해 선택된 개입이다. 최근 수년간 개인의 정서지능에 주로 초점을 두었던 것이 **팀 정서지능**이란 개념으로 새롭게 주목받고 있다.

드러스컷Druskat과 월프Wolff(2001)와 같은 연구원들은 정서적 강점이라 불리는 팀의 그룹 규범과 그것이 팀 성과에 미치는 연관성을 조사했다. 그들의 연구는 이러한 그룹 규범 - 대인관계 이해, 배려하는 행동, 기존의 규범을 깨고 낙관적인 환경을 조성하기 위해 당당히 맞서는 구성원들 - 은 팀들이 감정을 조절하는 데 도움이 된다는 것을 보여준다.

그들의 결론은 팀 코치들에게 매우 의미 있는 것이었다. 최상의 팀 성과는 '정서적 지능 규범에 달려있는데, 이는 신뢰 구축, 그룹 정체성 및 그룹 효과성을 위한 행동을 지원하는 습관적인 태도나 행동이다'라는 것을 발견했기 때문이다. 그들은 또한 **집단 정서 역량**group emotional competence이라는 용어를 만들었고 그것을 집단의 **사회적 자본**을 고갈시키는 것이 아니라 규범을 만드는 집단의 능력으로 규정하였다. 그리고 팀 리더들이 정서적으로 지적인 규범을 만들고 유지하는 데 핵심적인 역할을 한다는 중요한 점을 추가했다.

최근 몇 년 동안 나는 이러한 개념을 많은 고위 지도층 팀에게 소개하고, 정서적으로 지능적인 고유한 팀 규범 목록을 만드는 실험을 하도록 그들에게 요청했다. 내가 이 팀들 사이에서 발견한 가장 두드러진 유사점 가운데 하나는 그들이 사회적 자본 개념에 얼마나 강하게 반향을 일으켰는가 하는 것이다. 그래서 어떤 팀들은 사회적 자본의 구축과 보존을 팀 발전의 핵심 목표로 삼았다. 그들은 또한 정서에 대한 지능적이지 못한 부정적인 결과들을 알아차렸다. 대부분은 이것을 개인과 팀 모두에게 중요한 학습 영역으로 보았다.

이러한 아이디어를 경영진에 소개하는 과정은 대개 다음과 같은 순서에 따랐다.

1단계: 그룹 차원의 정서지능에 관한 문헌을 읽어본다.

2단계: 주요 개념과 연구 결과를 짝짓거나 전체 팀으로 토론한 다음 그룹 대화에 참여한다.

3단계: 팀을 초대하여 적용 방안에 대해 논의한다.

모든 경우에, 팀들은 관련성과 중요성을 보아왔다. 다양한 연구자들에 의해 정의된 바와 같이 한 팀이 모든 역량을 가진 경우는 없었다. 그 대신 그들은 그것을 자신들의 것으로 만들고 싶어 했다. 이런 일이 일어날 때 무언가를 잃을 수도 있지만, 주인 의식과 진정한 참여는 흔히 매우 실질적인 이득이 된다. 이것은 추가적인 단계로 이어졌다.

4단계: 팀을 초대하여 정서적으로 지능적인 그룹 규범의 목록을 작성하도록 한다.

[상자 8.1]은 여러 팀의 일을 합성한 것을 보여준다. 그것은 '정확한' 목록이나 드러스컷과 월프(2001)의 원작을 개선해서 제공한 것이 아니다. 이는 다수의 기업 경영진에 의해 그 작품이 그들 **자신의 것**으로 만들어지는 한 가지 방법을 제시하는 것이다.

전략적이고 친밀한 상호작용

고위 경영진과 함께 일하는 코치들에게는 전략적인 방식과 친밀한 방식의 상호작용을 모두 이해하는 것이 필수적이다. 네비스(2003)는 '전략적 상호작용을 **특정 업무 수행을 목표로 할 때 개인이 영향력을 교환하는 방식**으로 정의

[상자 8.1] 팀 내에 사회적 자본 구축

1. 서로에 대해 깊이 이해한다.
2. 다른 관점으로 해결한다.
3. 서로 이의를 제기하고 이슈에 직면한다.
4. 적극적으로 서로를 지지한다.
5. 피드백을 주고 받는다.
6. 긍정적인 팀 환경을 조성한다.
7. 팀 기능의 품질을 관리한다.
8. 내부 관계와 외부 관계를 확실하게 약속한다.

한다. 목표를 달성하는 것이 일차적인 중요성이며, 비록 연결성이 여전히 필요하지만, 상호관계는 어떤 일을 완수하는 데 도움을 준다.' 반면에 친밀한 상호작용은 '각자가 생각하고 느끼는 것을 배려함으로써 서로 가까워지는 것'으로 정의된다. 그 의도는 연결성을 바람직한 목표로 강화하는 것이다.

고위급 경영진에게 [표 8.2]를 제시할 때마다, 그들은 과제/프로세스 문제에 관하여 앞에서 설명한 것과 유사한 반응을 보인다. 사람들은 즉시 이렇게 말한다. '우리는 왼쪽만 처리할 뿐이고 오른쪽은 더 있어야 한다. 우리는 균형을 잃었다.' 흥미로운 것은 사람들이 이것을 알고 있으면서도, 팀들이 이러한 알아차림과 통찰력을 지속적인 변화로 해석하는 것은 매우 어렵다는 것이다. 여기서는 '총명함'이 잘 작동하지 않는 것 같다. 정상적인 비즈니스 문화가 전경일 때, 우측은 시야에서 사라지고 배경이 된다.

이에 대한 설명 가운데 일부는 분명히 조직의 문화적 규범과 가정에 있다. 매우 빠르게 돌아가는 일상과 경영 환경의 상당한 압박도 그것을 부분적으로 설명해준다. 그렇지만 아마도 또 다른 이유가 있을 것이다. 즉 사람들은 흔히 프로세스 문제와 관련하여 무엇을 해야 할지 확신하지 못한다. 그들의 더 발전된 역량은 좌열left-column 지향적이다. 많은 경영진은 핵심적인 개선 목표로 **과제**와 **프로세스**에 모두 참여하고, **전략과 친밀한 상호작용** 사이에서 균형을 잡아야 하는 과제를 갖고 있다. 경험학습 과정을 통해 그들이 어떻게 할 수 있는지는 다음 장의 주제다.

[표 8.2] 전략적이고 친밀한 상호작용의 어려운 균형

전략	친밀함
• 일을 완수하는 데 집중(과업 성취)	• 사람들의 상태에 집중
• 사업의 성공	• 개인의 복지와 팀 문제
• 성과 초점	• 사람과 관계 초점
• 결과에 대한 관심	• 사람에 대한 관심
• 인지지능(IQ) 및 분석적, 합리적인 사고	• 정서지능(EQ) 및 감정 표현
• 행동 계획 및 할 일 목록	• 알아차림 증진 및 통찰력 증진
• 계층 구조, 권력, 권한의 의도적 사용	• 권력과 권한의 의도적인 축소
• 형식	• 비형식
• 고려, 신중, 측정 또는 계산(정치적)	• 개방적, 감정 공유, 취약점 노출(비정치적)
• 보호 유지, 거리 유지, 접근 금지	• 감시 해제, 출입 허용

9장. 경험적 팀 학습:
도구, 진단 및 구조화된 실습

대부분의 팀 개발 과정은 설계되고 구조화된 학습 경험을 사용한다. 팀 코치들은 개인적으로 선호하며, 자주 시도하고 시험한 훈련 방법을 사용하는 경향이 있다. 경험이 적은 코치들은 흔히 자신의 기존 레퍼토리를 보완하기 위해 새로운 것을 찾는다. 이 책의 범위를 벗어나 디자인된 학습 경험을 포괄적으로 제공하는 것은 아니지만, [표 9.1]에 나열된 게슈탈트 팀 코칭의 일반적인 의도에 맞고 자주 사용하는 몇 가지 사항을 개략적으로 설명한다. 이들은 팀 진단, 유용한 팀 실습, 구조된 훈련 및 기술 개발 훈련의 네 가지 범주로 나뉜다.

[표 9.1] 게슈탈트 팀 코칭의 일반적인 목적

1. 신뢰 구축	• 더 감정적이고 심리적으로 현존하고, 개인적인 문제를 개방적으로 나누고, 어려운 사안을 제시하기 위한 상태를 만드는 것
2. 알아차림 개발	• 팀이란 무엇인가에 대한 지금 현재의 알아차림 강화
3. 접촉과 연결	• 자기, 타인 및 맥락/환경과의 연결
4. 관계	• 목적에 적합한 관계 구축 및 발전
5. 좋은 프로세스와 효과적인 그룹 대화	• 실제로 일어나는 일에 적응하는 것. 그룹 커뮤니케이션 및 상호작용의 질적 향상
6. 자기계발의 촉진	• 팀원 개개인이 자신의 잠재력을 성장, 발전 및 실현할 수 있도록 지원

팀 진단 team diagnostic

게슈탈트 관점에서, 팀 진단의 목적은 팀이 '무엇인지' - 그들의 지금 실제 모습 - 에 대한 알아차림과 이해를 높이는 데 있으며, 이에 대해 할 수 있는 많은 방법이 있다. 어떤 게슈탈트 코치는 선입견 없이 그냥 나타나 눈에 띄는 것을 보지만, 다른 코치들은 설문지나 팀원들과의 반구조적 인터뷰 등 다양한 질문 방법을 사용한다.

내가 좋아하는 것은, 이 두 가지를 모두 가지고 상당한 실험을 한 뒤, 직접적인 방법과 간접적인 방법을 결합하는 것이다. 나는 모든 팀원과 일련의 대면 회의를 시작하지만, 현장에서 잘 작동하지 않을 때 팀 설문지인 CohesionQ를 사용한다. 그것은 앞에서 설명한 광범위한 표제, 즉 **팀 구성, 팀 리더십, 한 방향 정렬, 적응적 변화를 다룰 수 있는 능력, 그룹 응집력**을 기반으로 둔다.

아래에 이 과정의 단계에서 내가 질문하곤 하는 예시들이 있다.

1. 이 팀이 공유하는 비전과 공통의 목적은 무엇인가?
2. 이 팀이 전략적 우선순위를 달성하기 위해 수행해야 할 네 가지 주요 사항은 무엇인가?
3. 사람들은 직업적인 동료들뿐만 아니라 개인으로서도 진정으로 서로를 얼마나 잘 알고 있을까? 이것은 어떻게 팀 기능에 긍정적이거나 부정적인 영향을 미치는가?
4. 팀은 어느 정도까지 단체 규범과 행동이라는 합의된 행동 강령을 준수하고 잘 행동하고 있는가? 그렇지 않다면, 여기의 문제와 이슈는 무엇인가?
5. 그룹 역동과 관계는 효과적인 팀워크에 어느 정도 기여하는가, 아니면 그것에 걸림돌이 되는가? 만약 후자라면, 그 장애물들은 무엇인가?
6. 팀의 풍토와 분위기, 특히 개방성, 신뢰, 안전 및 약점/취약성을 기꺼이 보여주려는 것에 대해 어떻게 설명하겠는가?
7. 팀이 긴장을 이겨 내고 갈등을 구조적으로 해결할 수 있는지를 어떻게 평가할 것인가?
8. 이 팀과 조직이 직면한 중요한 과제는 무엇인가?
9. 당신은 팀 구성원들이 이들의 함축성을 어느 정도까지 이해한다고 믿는가?
10. 변화하는 데 필요한 것을 어떻게 한 방향으로 정렬하고 조정할 것인가?

희로애락 반응 훈련

팀 평가에 대한 또 다른 구조화된 접근방식은 많이 시도되었던 희로애락 훈련이다. 그것은 변화에 대한 사람들의 반응을 진단하는 데 자주 사용됐지만 단순하고 효과적이며 일반적인 팀 평가 도구로 간주한다.

이 훈련을 사용하는 목적은 팀의 핵심 이슈를 발굴하고 논의를 쉽게 하기 위한 중요한 자료를 발견하는 것이다. 각자가 팀의 정서적 풍토를 드러내고 현재 상태를 어떻게 인식하는지 유사점과 차이점을 보여준다. 간단한 과정을 통해 모든 사람이 자기 의견을 공유하고 팀과 관련된 것이 무엇이든지 그들의 감정을 표현할 수 있는 길을 열어준다. 이 과정에서 팀이 '무엇인가'에 대한 공통된 이해와 진단을 갖게된다.

방법: 그 과정은 상황에 맞게 조정될 수 있지만 본래 아래와 같이 실행한다. 전체 팀이나 소규모 하위 그룹에서 관심의 초점은 세 가지 질문에 대답하는 것이다. 이 팀에서 여러분은 무엇에 슬픈가? 무엇에 화나는가? 무엇에 기쁜가? 모든 제시된 의견은 벽에 붙인 플립 차트에 기록된다. 모든 사람이 방 안을 돌아다니면서 차트 내용을 샅샅이 읽고 그들이 가장 중요하다고 생각하는 것에 투표한다. 이것은 가장 강력한 슬픔, 분노, 기쁨을 만들어 낸다. 한 시간도 채 안 돼 팀 스스로 팀 진단을 수행한다. 그다음 중요한 문제에 대한 촉진된 대화가 뒤따른다.

이러한 진단 프로세스는 알아차림 개발, 접촉 및 연결, 관계, 양호한 프로세스 및 효과적인 그룹 대화를 다룬다.

유용한 팀 실습

체크인 및 체크아웃

체크인은 함께 일하려고 하는 사람들 사이에 더 연결되는 분위기를 조성하는 간단한 방법이다. 그것은 회의나 워크숍을 시작할 때 일어나며, 사람들이 더 효과적으로 현재에 이를 수 있게 한다. 모든 사람이 그들에게 '제일 상위에 있는 것'(전경)을 이야기하도록 초대받는데, 이것은 소속되어 있다는 기분이 들게 하고 모든 사람에게 상호작용과 대화에 영향을 줄 사안, 기대 또는 문제에 대해 더 많은 정보를 제공한다. 체크아웃은 사람들이 미팅에서 개인적으로 무엇을 가져가는지를 공개하고 전체적인 미팅 효과를 검토할 기회다.

일반적인 체크인 프로세스의 변화는 이 예에서 볼 수 있듯이 특정 테마를 직접 인식하는 것이다.

방법: 각 팀원에게 10점 척도로 자신의 **에너지, 개방성, 집중력**을 정직하게 평가해 달라는 질문을 받는다.

만약 10이 여러분이 직장에서 느꼈던 에너지 중 가장 높은 수준이고, 1이 여러분이 지쳐서 쓰러질 위기에 처해 있다는 것을 의미한다면, 여러분의 에너지 수준은 지금 얼마나 되는가? 다음으로, 지금 현재 당신의 마음 개방과 솔직함의 수준은 어느 정도인가? 마지막으로, 이 회의/워크숍에서 당면한 과제에 모든 주의를 기울일 수 있는 능력을 어느 정도라고 평가합니까?

이 팀 훈련은 알아차림 개발, 접촉, 연결, 그리고 양질의 과정을 촉진한다.

구조화된 훈련

짧은 경험하기

언뜻 보기에 이 훈련은 아이스-브레이커 ice-breaker처럼 보일지도 모른다. 어떤 코치들은 이것을 목적으로 사용하지만, 팀, 팀 코치 그리고 상황에 따라 그것은 더 깊고 더 영향력 있는 과정이 될 수 있다. 이것의 유용성은 그 집단이 정말로 그것에 반응할 수 있는 수준에서 선택한다는 것이다.

방법: 팀에 대한 지침은 한쪽 끝은 얕고 다른 쪽 끝은 깊은 수영장을 상상하라는 것이다. 몇 분간 생각해본 다음, 이 팀과 공유하지 않은 네 가지를 적어보도록 지시하고, 팀원이 감수해야 할 위험 수준을 4점 척도로 나타낸다. 사람들은 서로 차례로 그들의 목록을 한 번 공유할 수 있다 – 그것은 1점, 2점, 3점 또는 4점이 될 수 있다. 이것은 시간이나 참여도에 따라 몇 차례 할 수도 있고 단지 한 번만 할 수도 있다.

이 훈련은 신뢰 구축, 알아차림 개발, 접촉 및 연결, 관계 구축을 다룬다.

이것은 또한 팀워크의 기본 원칙 가운데 하나, 즉 한 집단의 사람들이 서로에 대해 인식하게 되면 팀이 될 가능성과 서로에게 미치는 영향을 파악할 수 있다는 것을 뒷받침한다.

역할 관계 넘어서기

이 훈련은 팀 내 동료들 사이에 새로운 수준의 이해를 촉진할 수 있다. 그것은 팀원들이 이전에 공유했던 것보다 더 깊이 있게 자신을 공개하도록 요구한다. 사람들이 그러한 위험을 감수할 때, 신뢰 구축, 유대감, 연결이 상당한 수준에 도달할 수 있다. 사람들은 더 온전한 느낌으로 서로를 알게 되고 자주 그 경험에 감동한다. 이 프로세스에는 경험에 대한 자세한 공유, 피드백 및 처리에 충분한 시간이 필요하다는 점에 유의해야 한다. 7, 8명으로 구성된 경영진이라면 이 훈련은 몇 시간이 걸릴 수 있다.

방법: 지시 사항은 다음과 같다. 가족 배경, 경력, 가치관 및 목적 등 네 가지 주제와 최근 심리 검사 다면평가에서 자신에 대해 배운 것을 쓰라고 한다. 30분에서 40분 정도 걸리는 메모를 모두 작성하면, 팀 코치는 개인들을 초대해서 그들이 원하는 만큼 팀원들과 공유하도록 한다. 그들이 얼마나 나눌지는 전적으로 그들의 마음에 달려있다.

이 훈련은 신뢰 구축, 알아차림 개발, 접촉 및 연결, 관계 및 자기계발을 촉진한다.

구조화된 2인 1조 훈련

이 훈련의 목적은 관계를 구축하고 강화하며 피드백을 위한 기회를 제공하는 것이다.

방법: 팀원 개개인은 일정표에 따라 다른 팀원들과 함께 시간을 보낸다.

각 짝에 걸리는 시간은 상황에 맞게 조정될 수 있다. 그렇지만 일반적으로 최소 20분이 필요하다. 각 세션의 시간 관리를 효과적으로 수행하도록 하고, 그렇지 않으면 수행하지 못했던 것들이 사람들에게 영향을 미치고 이후 세션에 문제가 발생할 수 있다. 시간이 균등하게 공유되도록 누군가가 세션을 독점하지 않는지 확인하라. 사람들이 말하는 것만 듣고 즉시 토론에 들어가지 않게 하고, 그것을 받아들이고 일단 이해를 위해 명료하게 할 것을 제안한다. 세션의 초점은 다양한 필요와 의제에 맞춰질 수 있다. 팀에 처음 온 다면, 가장 좋은 방법은 여러분이 누구인지 그리고 여러분이 체크한 것을 더 많이 공유함으로써 동료들이 알게 하는 과정으로 시작하는 것이다. 기존에 형성된 관계가 있는 경우는 다음 중 하나 이상에 집중하라.

1. 함께 일을 잘하는 데 방해가 될 수 있는 미해결 과제를 처리하기.
2. 싹을 잘라내야 할 최근의 사소한 일들에 대해 언급하기.
3. 피드백을 제공하기 – 이는 긍정적인 피드백과 발전적인 피드백이 균형을 가져야 한다는 점을 기억하라.

문제해결에 더 긴 시간이 필요하다는 것을 알게 되면 나중에 대화를 계속하겠다고 약속하고, 피드백은 당신이 원하는 만큼 하면 된다.

이 훈련은 신뢰 구축, 알아차림 개발, 접촉 및 연결, 관계 구축을 다룬다.

구조화된 피드백

팀 코칭 프로세스에서 피드백을 주고받는 것은 일대일 또는 열린 그룹으로 수행될 수 있다. 다음 사례에서 비넷Vignette은 프로 스포츠 맥락에서 발생한 구조화된 피드백 프로세스를 설명한다. 몇 시즌 동안 나는 영국 프리미어 리그 축구 클럽에서 월별 스텝 팀 회의 퍼실리테이션을 했는데, 그들은 모든 회의에서 개인적인 책임을 다루기 위한 세션을 포함해야 한다고 주장했다. 각 팀원은 그달 자신의 실적과 개인의 팀 약속에 대한 이행 정도를 평가한 뒤 다른 사람들은 개인의 관점을 지지하거나 이의를 제기할 수 있는 피드백을 제공하였다. 그들은 때로는 칭찬 샤워를 받고 때로는 현실을 직면하기도 했다.

그 목적은 약속을 지키는 원칙을 강화하고 이러한 것들이 불충분하고 내부적인 긴장을 유발하는 것으로 보이는 경우, 그것들이 더 큰 갈등으로 발전하기 전에 싹을 잘라내기 위한 것이었다. 만약 여러분이 프로 축구 클럽의 전형적인 문화에 익숙하지 않다면, 프로 축구선수들이 몇 경기 후 해고당할 수도 있다고 생각한다는 점을 인식할 필요가 있다. 따라서, 그들은 이러한 팀 피드백 세션을 매우 진지하게 다루었다. 이것들은 정직하고 활발한 교류였다.

이 프로세스는 신뢰 구축, 알아차림 개발, 접촉 및 연결, 관계 및 개인 계발을 촉진한다.

팀 선언문

한 그룹의 동료들이 그들이 더 조화롭게 함께 일하도록 돕기 위해 일련의 행동과 규범에 동의해야 한다는 것은 이상하게 보일지도 모른다. 그러나 많은 팀은 이러한 합의들이 그들이 행동을 규제하고 불필요한 충돌을 줄이는 데 유용한 역할을 할 수 있다는 것을 발견한다. 가장 강력하고 지속적인 합의는 공동 책임, 협력적 행동, 신뢰 구축, 상호 지원 및 존중으로 이러한 것들은 서로를 대우하겠다는 약속을 잘 이행하게 하는 경향이 있다. 그 기준을 가장 높게 설정한 팀들은 책임감, 정직성, 성실성, 투명성 등에 대해 명시적인 기대를 하는 경향이 있는데, 특히 행동이 팀의 다른 구성원들에게 영향을 미칠 가능성이 크다.

> **[상자 9.1] 팀 선언문의 예**
>
> 정직과 투명성
> 긍정적이고, 지지적이며, 즐거운 분위기
> 더 잘 경청하고 다른 관점을 수용하도록 노력하기
> 문제에 직면하고 도전하는 행동
> 약속 지키기
> 건설적인 피드백 주기
> 회의를 더욱 효과적으로 하기

방법: 전체 팀 또는 복귀할 수 있는 소규모 그룹에서 팀 구성원이 그룹 규범과 행동 측면에서 어떤 팀이 되기를 원하는지를 반영한 팀 선언문을 만드는 것이 과제다. 그것은 팀이 훈련을 시작하기 전에, 이전 장의 팀 사회적 자본 부분에서 설명한, 정서적으로 똑똑한 팀으로 만들어 주는 그룹 규범과 행동에 관한 문헌을 검토하는 것이 팀 선언문을 만드는 데 도움이 된다.

이 훈련은 신뢰 구축, 알아차림 개발, 접촉 및 연결, 관계 및 양호한 과정을 다룬다.

금붕어 어항 goldfish bowl

매우 간단한 이 훈련의 장점은 일과 과정을 모두 포함한다는 것이다. 팀은 대개 중요한 문제에 집중된 시간에서 일부 이점을 얻으면서 동시에 프로세스 영역에서 관찰 기술을 실천한다.

방법: 내부 원과 외부 원이라는 두 개의 그룹이 형성된다.

내부 집단은 팀에게 중요한 것을 논의하거나 해결한다 - 그것은 사업상의 문제일 수도 있고 내부 팀 결속에 영향을 미치는 문제가 될 수도 있다. 외부 그룹은 관찰한 후에 의사소통, 상호작용 및 그룹 프로세스의 질에 대한 피드백을 제공한다. 그 뒤 그 과정을 바꾸어 수행하고 이어서 전체 그룹 검토가 진행되어 배운 것을 습득한다.

이 훈련은 알아차림 개발, 접촉 및 연결, 그리고 양호한 과정을 다룬다.

기술 개발 훈련

팀에 적용할 때 그룹 응집력을 강력하게 발휘하게 하는 특정 기술이 있다. 이 가운데 가장 유용한 것은 코칭 스킬, 정서지능, 프로세스 알아차림이다. 이것들은 모두 자기 인식, 공감, 더 깊은 경청, 더 나은 질문, 피드백 및 타인의 인식을 촉진하는 기술들이다. 그들은 또한 더 깊은 자기성찰과 감정적인 자기 관리 그리고 관계 형성을 촉진한다. 이러한 기술을 함께 배우는 팀은 팀 역학을 더 잘 인식하고, 민감하고 조심스럽게 서로의 요구를 조정할 수 있는 능력을 갖추게 된다. 이러한 기술들은 팀에게 갈등에 대처하기 위한 훨씬 강화된 자원을 제공하는 동시에 더 높은 수준의 협력적 행동을 촉진하게 한다. 팀들은 이러한 기술을 개발하기 위해 얼마나 많은 훈련을 했는가에 따라 다르다. 어떤 팀들은 이 영역을 잘 알고 있고, 다른 팀들은 이 영역에 거의 진출하지 못했다. 이에 대한 정확한 관점을 갖는 것은 팀 진단의 일부가 될 수 있으며, 전체 프로세스에 대한 다수의 기술 개발 훈련 세션을 설계하는 것이 이치에 맞는지 결정할 수 있다.

결론

진단 프로세스, 구조화된 훈련 및 기술 개발 훈련은 모든 팀 코칭 프로세스에서 중요한 구성요소가 될 수 있으며, 특히 게슈탈트 접근법의 일반적 의도에 대한 알아차림 향상, 신뢰 구축, 더 강력한 접촉 및 연결, 더 효과적인 그룹 대화 등을 지원할 경우 더욱 그러하다. 결국 팀은 사회적 과정이다; 그들은 공통의 목표를 추구하기 위해 관계를 맺고, 상호작용하고, 의사소통하는 사람들의 그룹이다. 이것들은 팀에서 실재하는 것이다 – 당신은 그들을 관찰하고 그들에게 영향을 줄 수 있다. 시간을 들여서 관계를 발전시키고, 신뢰를 쌓고, 행동 규범을 합의하고, 긍정적인 감정적 분위기를 조성하는 것은 팀을 만드는 데 모두 필수적인 요소들이다. 팀 성과에 영향을 미치는 것은 다음과 같다. 사람들이 느끼는 감정, 그들이 서로 어떻게 지내는지, 개방성과 신뢰의 정도, 대화의 질 그리고 그룹 과정의 효과성 등이다. 이러한 것들에 초점을 맞추는 것은 그룹 결속력을 형성하고, 팀 정체성을 개발하고, 가장 소중한 자산인 팀 정신을 육성할 수 있다.

10장.
숙련된 게슈탈트 코치

이 장에서 저자는 숙련된 게슈탈트 코치가 된다는 것이 무엇을 의미하는지 설명하고자 한다. 고객을 위해서 코치인 자기 자신을 어떻게 활용할지, 자신이 가진 진정성을 제공하고, 심리 위주의 작업에 매우 중요한 현전 presence[9]을 유지할지를 조사하는 것에서 시작한다. 거기서부터 저자는 독특한 게슈탈트 코칭 스킬 세트를 제시하고 그것을 발전시킬 수 있는 다양한 방법을 제공하며, 이 마지막 장을 마치면서 게슈탈트 전문가들을 위한 전 범위에 걸친 코칭 교육 주제에 대한 권장 사항을 제시하려 한다.

현전을 통해 의도적으로 자신을 활용하기

어떻게 자기 자신을 코칭 상호작용에 사용하고 자신의 존재에 의도성을 가져오는가는 게슈탈트 접근법의 전형적인 특징이다. 첫 번째 제안은 불가피

---

9) 현전presence: 코치가 지금-이순간 온전한 자신으로 고객과의 대화에 임하는 것

하게 코칭 상황에서 당신의 존재가 관여한다는 것이다. 비록 여러분이 더 은근하게 자신의 존재를 드러냄으로써 여러분의 영향을 최소화하고 싶더라도, 여전히 존재로서 영향을 미친다. 게슈탈트 **장이론**Field theory**의 관점**은 당신이 중립적이기를 바라더라도 그렇게 될 수 없다는 것을 상기시킨다. 더 중요한 질문은 당신이 당신의 징후를 나타내는 것(당신의 전형적인 관계 패턴)을 잘 인지하고 있는지, 그것이 다른 사람들에게서 유발되는 경향이 무엇인지, 그리고 당신이 그것에 더 큰 의도를 가져올 수 있는지이다.

　일반적인 오해를 피하기 위해 미리 말하자면, 카리스마나 스타일을 언급하는 것이 아니라는 것을 분명히 하고 싶다. 카리스마나 스타일은 존재의 한 측면일 수 있지만 존재를 정의하는 일부분일 뿐이다. 당신의 존재는 당신이 세상에서 보여주는 존재와 행동 방식에서 비롯된다. 이는 '당신이 하는 일에서 당신이 어떤 사람인지를 보여줘라'와 '당신이 어떻게 보이는가?'라는 말에서 알 수 있다. 당신의 존재는 다른 사람들을 유혹하고, 관심을 끌며, 심지어는 매혹할 수도 있다. 그것은 다른 사람들에게 영향을 미칠 수 있는 능력을 설명할 수 있고 똑같이 관여, 접촉 그리고 영향력의 결핍도 설명할 수 있다.

　시미노비치와 반 에론(2006)은 현전의 개념과 전문가로서의 정체성을 다음과 같이, 즉 **삶의 경험, 지적 레퍼토리, 약점이나 취약점뿐만 아니라 특별한 기술이나 장점, 정신적 가치와 신념, 그리고 육체적 존재 그 자체**로 설명했다. 다시 말하면, 그것이 카리스마 있는 것으로 인식되든, 멋지든, 그렇지 않든, 우리 모두 각자의 존재감을 가진 것은 명백하다는 것이다. 문제는 우리가 우리의 존재에 대해 얼마나 많이 또는 조금 아는가이며, 얼마나 스킬과 의도를 가지고 사용하는가이다. 저자가 다른 곳(Bluckert, 2009)에서 주장했듯이, 이것은 코치의 탁월함을 향한 여정에서 자기계발이 중요하다는 것을 코치에게 꼭 집어서 말하는 것이다. 그들의 존재와 그 영향에 대한 알아차림이 거의 없는 코치는 눈뜬장님이나 마찬가지다. 부드러우면서도 단단하고, 솔직하면서도 영리하고, 강하면서도 온화한 자기 자신의 다른 면을 사용하는 법을 아직 배우지 못한 코치는 영향력과 변화를 연주할 수 있게 정교하게 조율된 악기가 아니다.

더 큰 의도성

코치로서 당신이 선택하는 것은 성장과 학습을 촉진하는 데 가장 유용하리라고 믿는 것에 달려있다. 때때로 당신은 좀 더 좋은 느낌을 주는 존재가 될 필요가 있다고 판단할 수 있다. 더 부드럽고, 더 침착하며, 더 온화한 존재로서 자기 공개, 위험 감수, 감정 표현을 위한 신뢰와 안전에 요구되는 수준을 만들기 위해 계획적으로 준비할 필요가 있다. 또 다른 경우에 당신은 사물을 아주 다르게 볼 수 있고 더 도발적인 존재가 될 필요가 있다고 느낄 수 있다. 이 경우 당신은 더욱 도전적이고 대립적인 스타일을 채택할 수 있으며, 단어를 의도적으로 선택하고 더 강력하게 표현할 수 있다.

이것은 다른 상태의 존재가 다른 맥락을 가져올 수 있다는 것을 의미한다. 때때로 당신은 고객의 에너지 상태를 반영하거나 그 상황에서 다른 에너지를 자극하기 위해 당신의 정력적인 존재를 변화시켜도 된다. 당신은 최근 충격적인 시기를 겪는 팀과 함께 일하게 될 것이고, 이럴 때 필요한 것은 현전을 유지하는 것이다. 또는 당신이 팀이 불가피한 문제를 향해 몽유병 환자처럼 걸어가고 있다고 믿고, 긴박감이나 속도를 직면하는 것을 더 강하게 하고 싶어 하는 마음이 들지 모른다. 이 경우 당신은 의도적으로 평화를 교란할 수 있다. 고위 경영진과 임원코치 고객들은 그들의 코치에게 이것을 기대한다. 그러나 이것은 코치에게, 크리첼리Critchley와 스틸튼Stuelten(2008)

이 말하는 '**유지하면서 동시에 관계를 불안하게 하는 역설**'로 끌어들인다.

더 통합적인 코치는 필요한 것을 대체로 잘 알고 좋은 판단을 내린다. 그것은 어떤 상황에서도 고객에게 유용하고 적절한 현전 상태를 말한다. 그런 다음 지적 레퍼토리와 감정적 레퍼토리에 모두 접근하여 내부에서 필요한 것을 찾을 수 있다. 당신의 지적 레퍼토리는 당신이 이슈와 문제의 핵심을 파고들고, 사건들 사이의 연결과 연결을 보고, 그러고 나서 당신의 관점을 강렬하게 전달하도록 도와준다. 당신의 감정 레퍼토리는 당신의 정서지능의 원천이다. 그것은 그 순간에 여러분의 감정과 그 감정들이 어떻게 여러분의 사고, 의사결정, 그리고 다른 사람들과의 접촉을 형성하고 있는지를 더 잘 이해할 수 있는 귀중한 자료를 제공한다.

예를 들어, 여러분은 여러분이 지도하는 팀과의 연결에서 긍정적이고 침착하며 자신감 있는 존재감을 전달하고 싶어 하지만, 사실 그들이 귀를 기울이지 않는 데 대한 강한 감정과 씨름한다. 또는 개별 코칭 고객에게 이해와 연민을 표현해야 한다고 알고 있지만, 당신이 너무 피곤하고 스트레스받거나 개인적인 문제에 몰두하고 있게 되면 고객과 함께 하는 그곳에 존재하고 있지 않게 된다.

현전에 관한 마지막 요점: 때로 어떤 상황에 어떤 종류의 존재로 온전히 함께할지 고민하고 있을 때 스스로에게 질문하는 것이 도움이 될 수 있다. '이 상황에서 부족하거나 결여된 것은 무엇인가?' 그러면 당신은 변화에 영향을 주고 변화를 가져오는 의도적인 방법으로 현전을 유지할 수도 있다.

이것의 전형적인 예는 한 팀이 당면 과제에 너무 깊이 집중하여 그룹 과정과 상호작용이 약하게 되는 경우다. 즉 팀 내 개개인이 서로 말을 듣지 않고, 계속 방해하며 타인이 기여할 수 있도록 건설적인 보탬을 거의 하지 않는 것이다. 이 시나리오에서는 어쩌면 대부분 사람이 서로에게 신경을 쓰지 않고 팀의 잠재력도 충분히 이용되지 않을 가능성이 있다.

한 가지 방법은 단순히 관찰한 것을 되돌아보고 이것이 어떤 차이를 만드는지를 보는 것이다. 또 다른 방법은 과정 중심의 언급과 경청과 같이 특정 행동을 따라하는 방법으로 놓치는 것이 무엇인지를 보는 것이다. 이는 단순히 '무엇'이 아니라 '어떻게'에 대한 알아차림과 호기심을 불러일으키는 의도가 있다. 이곳의 황금률이란 저항을 낳을 것 같은 비판적이고 판단적인 입장에 서지 않고 이익이 되도록 만드는 것이다.

그런데 현전하는 것은 소수의 사람만 가지고 있는 것이 아니라 대부분 사람들이 가지고 있다. 우리가 우리의 존재를 이해하든 이해하지 못하든, 그것이 다른 사람들에게 미치는 영향을 인정하든, 그렇지 않든, 우리는 삶의 모든 부분에 우리의 특징을 가지고 있다. 도전 과제는 당신이 사람들을 향해 다가서는가, 회피하는가, 저항하는가에 관한 당신의 특징적인 패턴에 대해 더 깊이 이해하는 것이다. 당신은 상호작용할 때 거래적인가 아니면 관계적인가? 당신은 많은 파장을 조정할 수 있는가? 이것들과 당신의 지적, 감정적 레퍼토리처럼 이 문단에서 논의했던 요소들은 유연성과 궁극적으로 사람들에게 영향을 미치고 변화에 영향을 주려는 노력의 의도성을 결정한다.

● 공간을 유지하고 버텨주기 holding space[10]

개인 또는 그룹 맥락에서 개발 작업은 사람들이 도전적 작업에 몰입할 수 있도록 그들에게 압박과 압력뿐만 아니라 보호와 안전을 제공할 수 있는 충

---

10) 버텨주기: 작업 진행 중에 고객에게서 무엇이 일어나든 피하지 않고 함께 머무르며 인내하고 기다려 주는 것

분히 강한 **버팀목 역할을 하는 공간**이 요구된다. 이러한 **경험적, 환경적** 조건을 조성하는 것이 중요한데도 코칭 역할에서 자주 과소평가되며, 결과 측면에서는 중요한 성공 요인으로 평가된다.

버텨주기가 강하게 요구되는 이유

아래는 안전과 직원 보호가 무엇보다 중요한 조직을 이끄는 경영진의 이야기다. 15년 동안 치명적인 사고나 심각한 사고가 발생하지 않은 흠 하나 없는 안전 기록 이후, 6개월 동안 두 번의 사고를 겪었는데 두 번 다 심각한 부상이 있었다. 이로 인해 해당 조직과 경영진은 경각심이 높아졌고 불안도 커졌다. 분노 감정이 표면화되었고 많은 직원은 그 사건을 초래한 문제를 해결하지 못하는 무능한 지도부를 비난하기 시작했다. 경영진은 감정의 강도를 잘 인식하고 모든 직원을 찾아가 그들의 불안과 두려움을 표현하게 하는 것을 최우선에 두었다. 그들이 몇 번이고 받은 메시지는 '당신들은 이것을 해결하기 위해 충분히 노력하고 있지 않다. 그런 일이 또 일어날 거다'라는 것이었다.

 이 경영진이 무능하고 현실에 안주하는 경영진 집단이 아니었다는 것을 제대로 이해하는 것이 중요하다. 아무리 생각해도 그들이 그럴 리는 없다. 이런 유형의 산업에 심각한 사건이 15년 동안 없었다는 것은 매우 이례적이다. 이런 것들은 바로 회사와 직원들을 깊이 배려하는 양심적이고 경험이 풍부한 경영진임을 나타낸다. 독립 규제 당국은 그들을 그러한 회사를 운영할 수 있는 가장 유능한 사람들 가운데 한 명으로 간주했다. 사건이 터지기 전에는 대다수 참모도 같은 말을 했을 것이다. 그 팀은 호감과 존경을 받았다. 그 팀의 리더는 그의 산업 지식, 헌신, 정직과 동정심에 대한 대다수 스태프의 찬사를 받는 거의 전설에 가까운 사람이었다.

그 팀은 치명타를 입었으나 자신을 숨기거나 정당화하려고 하지 않았다. 다른 사람들이 말한 것은 그들이 자기 자신에 대해 말한 것의 반사된 이미지일 뿐이다. 그들은 그 사건을 개인적인 실패로 간주했고 높은 수준의 불안과 죄책감을 경험하고 있었다. 일어나서 출근하는 것은 매일의 고투가 되어있었다. 그런데도 그들은 강하고 단호한 사람들이었고 일을 바로잡는 데 전념했다. 그들은 이런 사고가 더는 일어나지 않도록 할 수 있는 모든 것을 할 것이다. 욕망과 헌신은 문제가 되지 않을 것이었다. 그들이 종사하는 산업 특성을 고려할 때, 안전 문제의 진상을 규명하는 일이 될 것이다.

사고 원인을 파악하기 위해 직원들과 수백 번의 인터뷰를 하고 발생하는 문제에 대해 오랫동안 자세히 분석한 뒤, 그들은 발생 가능한 원인으로 보이는 것을 열거했다. 여기에는 구조적, 문화적 요인뿐만 아니라 믿기를 꺼리는 휴먼 에러에 대한 간단한 설명도 포함되었다. 사고의 충격과 합동 조사 과정은 이 고위 경영진 그룹에 심각한 타격을 입혔고 그들은 자신의 판단력과 진단을 올바르게 할 수 있는 능력에 대한 자신감을 잃고 있었다. 데이터를 잘못 해석하고 추가 사고의 위험에 대응하기 위해 조직을 개방하는 것을 두려워했다.

그들이 경영진 워크숍에 참석했을 때, 그들은 매우 지치고 절망적으로 걱정하는 사람들로 구성된 그룹으로 보였다. 이는 6차례의 예정된 워크숍 가운데 세 번째였으며, 이전 워크숍에서는 체크인에 15분도 안 걸렸다. 그들은 단지 사업 안건을 다시 논의하거나 아니면 팀 결속 훈련을 원했으나 이번에는 매우 다르게 진행되었다. 격렬한 감정을 표현하는 과정이 거의 세 시간 동안 이어졌다. 많은 사람이 눈물을 흘리기도 했는데, 어떤 사람은 어린 시절 이후 처음 있는 일이었다. 그들은 불안, 죄책감, 수치심에 사로잡혀 아직도 생생한 악몽에 빠져 있었다.

오프닝 라운드가 끝났을 때 대화가 시작되었고, 그들 가운데 많은 사람이 '나보다 나은 사람'을 위해 길을 비켜주겠다며 사임을 제안했다. 이 전투에 지친 경영진들은 서로 눈을 마주 보며 말했다. '만약 당신이 내가 가기를 원한다면, 나는 갈 것이다', '만약 당신이 내가 이 일을 감당할 수 없다고 생각한다면 나는 물러날 것이다', '이 문제들은 우리 자신보다 더 중요하다. 어쩌면 우리 모두 떠나야 할지도 모른다'라고 말했다.

심연에 직면하면서 그들 가운데 많은 사람이 일어난 일에 대해 자신을 비난했는데, 지금이야말로 그들에게 고통을 견딜 수 있을 만큼 강한 버팀목이 필요했다. 우리는 버텨주기 개념을 갈등에 직면하는 것과 관련 지을 수 있다. 이 예에서처럼 가끔 그것은 수치심, 죄책감, 절망감 같은 높은 수준의 불안과 강력한 감정을 포함하는 것이다. 이런 상황에서 팀을 위해 안정적이고 강한 자세를 유지하는 것은 코치의 역할 가운데 하나이다. 이런 종류의 극단적인 상황은 매일 일어나는 것은 아니지만 조만간 고위 경영진의 코치로서 여러분은 그들이 필요로 하는 순간에 매우 취약한 사람들을 은유적으로 껴안을 준비가 되어있어야 한다.

물리적인 버텨주기 공간

충분히 강한 버텨주기를 제공하기 위해서는 적절한 물리적 환경이 필요하다. 때때로 코치들은 이것에 충분하게 주의를 기울이지 않고 마치 호텔 투숙객들에 둘러싸인 호텔 로비와 같은 경기장에 임원들이 다른 사람들의 눈에 띄거나 들릴 수 있는 곳에 그냥 내버려둔다. 이것은 불가피하게 코칭 대화에서 어떤 일이 일어나고 어떤 일이 일어나지 않을지 제한을 두게 한다.

고객이 현재 또는 역사적으로 오래된 문제에 대해 매우 어려운 감정이 있다면, 그들은 안전과 비밀이 보장되지 않을 수 있다는 생각 때문에 그것을 표현하기보다는 많은 것을 억누르고 있을 가능성이 있다. 이는 버텨줄 물리적 공간이 충분히 안전하지 않다는 것이다. 마찬가지로 10m 길이의 테이블에 사람들이 앉아 있는 이사회실에서 팀 코칭 워크숍이 진행된다면 이것은 일반적인 임원 회의와 같은 격식을 만들어내고 무슨 일이 일어날지 영향을 미칠 것이다. 개발 작업의 경우 효과적인 그룹 대화와 이러한 작업에 일반적으로 적용되는 더 깊은 공유 수준을 위해 물리적 환경 조건을 최대화하는 것이 필수적이다. 실질적인 수준에서 이것은 당신이 존재하기 위해 다음의 조건을 찾을 필요가 있다는 것을 의미한다. 코칭 장소는 작업의 성격에 적합해야 한다. 개인코칭의 경우 안전성과 기밀성을 제공하는 경계가 필요하다. 팀 코칭 워크숍과 다른 개발 그룹 학습의 경우, 메인 콘퍼런스장은 충분히 크고, 밝고, 통풍이 잘되고, 프라이버시가 충분히 보장되어야 한다. 좌석 배치는 회의실 스타일이 아닌 비공식적이어야 하며, 소그룹 세션과 경험적 훈련을 위해 일련의 회의실이 충분해야 하며, 작업을 제대로 하기 위해서는 충분한 시간이 할당되어야 한다. 앞에서 설명한 사례의 예를 보면 요점을 알 수 있다. 체크인이 거의 세 시간이 걸렸고 이것은 6개의 시리즈로 이루어진 세 번째 작업장에서 이루어졌다. 상호작용 집단과정 작업보다 심층적인 대화에 필요한 신뢰와 개방성을 구축하기 위한 시간이 필요하며, 그런 대화를 적절하게 하려면 더 많은 시간이 필요하다. 팀장을 포함한 모든 팀원이 그룹 세션에서 처음부터 끝까지 완전히 참석하기로 약속하는 것이 중요하다. 어떤 이유로든 사람들이 오고 갈 때, 그것은 언제나 그 과정을 방해하고 안전을 약화한다.

    개인코칭과 팀 코칭 세션에서도 기기 활용에 관한 합의가 필요하다. 일반적으로 노트북, 휴대전화, 디지털 기기는 사람들이 그 과정에 완전히 주의를 기울일 수 있도록 스위치를 끄고 치워 두는 것이 원칙이다. 이에 대한 예외는 진짜 비상사태이거나 누군가는 대기해야 하는 당직일 때다. 또한 세션 중에 메모하기 위해 모바일 기기를 사용하는 사람들이 증가하고 있다.

숙련된 코치

심리적 마음자세 psychological-mindedness

게슈탈트 코치의 전문성 발달의 출발점은 심리적인 마음자세 - 독특한 게슈탈트 기술이 구축될 수 있는 플랫폼 - 의 성장이다. 심리적인 마음자세란 **자기 자신, 다른 사람들, 그리고 그 사이의 관계를 되돌아볼 수 있는 개인의 능력**을 말한다. 그것은 사람들이 어떻게 귀찮게 굴며 왜 사람들이 자신이 하던 대로 행동하는지에 대한 호기심에 뿌리를 두고 있다. 나아가 그것은 현재에서 과거를 보고 현재 문제와 이전에 일어났던 일 사이의 관계를 만드는 우리의 능력에 관한 것이다. 본질에서 그것은 행동, 생각, 감정의 원인과 의미를 더 깊이 고려하는 것을 의미한다. 생각이 깊은 사람들은 자신의 경험에서 한 걸음 물러서서 자신의 내부 과정을 더 많이 알아차리고 상대방의 경험에 관한 판단을 보류할 능력이 있다.

심리적인 마음자세는 자기-자각, 타인에 대한 알아차림에 바탕을 두고 있으며, 이는 결국 모든 코칭에서 심리적 능력의 밑바탕이 되는 요소들이다. 이것은 **코치의 개인적인 발전이 이론과 기술 개발만큼 중요**한 모든 이유이며, 실제로 둘 사이에는 의미 있는 구분이 없다. 일반적으로 코치로서 자기

계발을 하는 사람과 확실하게 게슈탈트 접근법으로 작업을 하려는 사람들에게 전문 훈련 프로그램은 알아차림 개발과 자기 탐색에 강한 초점을 둘 필요가 있다.

게슈탈트 코치의 독특한 스킬 세트

여기서 언급하는 신뢰 구축, 지지와 도전, 타이밍 감각은 일반적인 기술이라고 볼 수 있다. 이 기술은 다양한 이론적 접근방식으로 일하는 코치들에게는 익숙한 것들이다. 다른 것들은 실험을 고안하는 능력이나 자신의 의도적인 사용과 같은 좀 더 게슈탈트 특유의 것이다. 대부분은 알아차림 향상, 접촉 강화, 문제 추적, 단위 작업 완성, 의미 부여 및 학습의 동화 같은 게슈탈트 경험 주기의 특정 단계와 관련이 있다.

[상자 10.1] 게슈탈트 코치의 기술

1. 신뢰를 쌓고, 접촉하며, 효과적인 작업 조건을 만들 수 있는 능력
2. 현재 상황에서 작업하고, 내용을 인지하고, 프로세스에 적응할 수 있는 능력
3. 이슈를 추적하고 미해결된 자료를 상기시키는 능력
4. 알아차림을 향상하는 능력
5. 현장(고객, 본인, 그리고 상호작용)에 있는 것을 예리하게 관찰할 수 있는 능력
6. 광범위하게 맥락을 파악하고 현 상황에 어떤 영향을 미칠지 평가할 수 있는 능력
7. '저항'을 창의적이고 효과적으로 활용하여 작업할 수 있는 능력
8. 관찰을 명확하고, 영향력 있고, 판단하지 않고 표현하는 능력
9. 적절한 경우 작업을 지원하고, 도전하고, 심화할 수 있는 능력

10. 직접적인 경험과 극심한 감정적 상황을 견뎌낼 수 있는 능력
11. 실험을 고안하고 실험적인 마음자세를 배양하는 능력
12. 고객이 의미를 부여하고 학습을 동화하는 데 도움이 되는 능력
13. 뛰어난 개입 타이밍 감각을 갖는 것
14. 개입의 목적이 무엇인지, 언제 개입해야 하는지를 아는 것

신뢰를 쌓고, 접촉하며 효과적인 작업을 위한 조건을 만들 수 있는 역량

이론적 의미에서는 신뢰를 확립하는 데 공동의 책임이 있지만, 실제로는 코치에게 더 많은 책임이 있다. 일부 고객에게는 이것이 오래 걸릴 수 있으며, 특히 그들이 과거에 조력 전문가에 대한 부정적인 경험을 가졌을 경우, 더 중요하게는, 그들이 개인적으로 신뢰에 관해 아직도 지속하는 문제가 남아 있는 경험이 있을 때 그렇다. 반면에, 때로는 신뢰와 연결이 놀랍도록 빠르게 형성될 수 있고, 이럴 때 고객은 곧바로 작업할 준비가 되어있을 것이다.

고객에게 신뢰는 그들이 필요한 모든 것을 말하고 실수, 실패, 후회를 반성할 수 있을 만큼 충분히 안심할 수 있게 해준다. 코치에게 신뢰는 몇 가지 차원이 있지만, 특히 두 가지 차원이 중요하다. 첫째는 성실성이고 두 번째는 역량이다. 당신이 외부 코치든 내부 코치든 조직 내 개인에 대해 극도로 민감하고 미묘한 정보를 가질 때가 있을 것이다. 예를 들어, 당신은 누군가가 조만간 그들 스스로 그것을 알기 전에 직장을 잃을 것이라는 사실을 알게 될 것이다. 당신은 주요 구조조정, 인수 합병에 대한 비밀스러운 계획을 알 수 있다. 한 번의 부주의한 발언이나 경솔한 행동은 신뢰를 완전히 무너뜨리고 잠재적으로 코칭 관계를 망칠 수 있다.

역량 문제는 고객이 코치의 접근법, 판단 또는 행동에서 의심스러운 경험

을 할 때 발생한다. 대부분 코치의 역할이 말하기보다는 촉진하는 것이라는 점을 알면서도 일부 코치들은 조언하고 전문가 역할을 하는 경향이 있다. 답을 찾는 것처럼 보이는 고객은 처음에는 이러한 지혜의 진주를 고맙게 여길지 모르지만, 만약 그 조언의 질이 미심쩍다는 것을 알면 곧 경계하게 될 것이다. 코칭이 본질에서 촉진 과정이라는 것을 이해하는 경험 많은 고객은 그들의 코치가 정말로 자신의 적절한 역할을 이해하는지 의문이 남을 것이다.

현재 상황에서 작업하고, 내용을 인지하고, 프로세스에 맞게 조정하는 능력

코치는 고객의 세계와 그들이 그것을 어떻게 보는지 알기 위해 고객 문제를 이해할 필요가 있다. 그렇지만 프로세스 관점을 유지하는 것도 중요하다. 이것은 논의되는 문제들이 개인, 팀, 조직 전체에 영향을 미치는 심각한 성격의 문제일 때 어려운 도전이 될 수 있다. 이러한 상황에서 나타나는 긴박함과 불안감은 코치들에게 문제해결을 시도하게 할 수도 있다. 그런데도 코치로서 당신의 일차적인 기여는 프로세스 공간에 있으며, 그것은 상호작용 패턴과 대화와 연결의 질을 달성하기 위해 고도의 관찰 기술을 필요로 한다. 새로운 문제와 도전은 항상 나타날 것이다. 코치의 역할은 개인이나 집단이 그들을 다루기 위해 더 잘 준비하도록 돕는 것이다.

문제를 추적하고 완료되지 않은 자료를 고객의 관심으로 되돌리는 능력

이슈와 주제는 일반적으로 어떤 것이 더 강한 에너지로 더 뚜렷하게 드러날 때까지 왔다 갔다 한다. 이런 일이 발생하면 앞에 일어난 전경의 추적을 잃어버리고 상당 시간 동안 주의의 초점이 거기에 머무를 수 있다.

경영진들을 오래 관찰한 사람들은 그들이 거의 길을 잃지 않는 것 같다고 말한다. 전문 코치들은 그 순간의 중요한 문제에 집중하는 동시에 관심을 끌지 못한 많은 주제에 대해서도 예의 주시하는 능력이 있다. 어떤 이슈들은 일이 진전되고 또 다른 토론을 통해 그 문제가 해결되었기 때문에 문제가 되지 않을 수도 있다. 다른 이슈들은 종결하기 위해 지난 일을 다시 끄집어내야 할지도 모른다. 이는 개인들이 자신의 문제가 다른 사람들 것보다 격하되고 우선순위에서 밀렸다고 여길 수 있으므로 집단 상황에서 특히 중요하다. 이런 일이 자주 발생하면 팀에서 덜 중요한 구성원이라는 느낌으로 이어질 수 있다.

알아차림을 향상하는 능력

게슈탈트 코치는 알아차림을 향상하는 파트너가 되어야 하며, 알아차림을 다루는 데 숙련된 사람이다. 이것은 핵심 역량으로 평가된다. 게슈탈트 코치는 [상자 10.2]에 열거된 기술의 일부 또는 전부를 이용한다.

[상자 10.2] 조직 맥락에서의 알아차림 향상 기법

1. 더 깊은 이해와 통찰력을 촉진하는 질문
2. 그 사람을 지금 이 순간으로 끌어들이고, 그들이 묘사하는 상황을 말로서가 아니라 경험하게 하는 질문
3. 관찰한 것에 대한 선택적 공유
4. 고객과의 상호작용 경험에 대한 선택적 공유
5. 다면평가, 심리측정, 정서지능 측정 및 리더십 평가 도구와 같은 다양한 알아차림 향상 도구의 사용

6. 조사 프로세스 및 진단 실습의 사용

당면한 분야(고객, 코치 자신, 그리고 둘 사이의 상호작용)를 예리하게 관찰하는 능력

이를 위해서는 좋은 안목, 예민한 귀, 고객의 감정 세계와 당신 자신의 세계를 조율하는 능력, 그리고 접촉 문제를 감지하는 능력이 필요하다. 매우 실용적인 의미에서, 이것은 당신 **내부**에서 무슨 일이 일어나는지 알아챌 뿐만 아니라 당신 **주변**에서 일어나는 일에 경각심을 가지라고 요구한다.

게슈탈트 코치는 특히 다음 사항에 적절히 대응할 것이다.

- 대화와 그룹 대화의 질
- 상호작용 및 그룹 역학의 특성
- 몰입과 에너지 수준의 질
- 알아차림, 접촉과 연결의 질
- 관계의 특성
- 정서적 풍토
- 양호한 프로세스와 건전한 자율 규제에 대한 주의
- 다양한 차이에 대한 인식 또는 인정

동시에 게슈탈트 코치는 자기 내부 세계에 적응하고 그들이 감지하고 생각하고 느끼는 것을 알아차려 '자신을 도구로 사용할 수 있게' 할 것이다. 우리의 경험을 공유하는 목적은 고객이 자기 자신과 자신의 행동과 사고 패턴의 특성에 대해 알아차림을 향상하는 것이다. 이러한 관찰은, 능숙하게 전달되고 좋은 타이밍으로, 모든 코칭 개입 중 가장 강력하고 심오한 것이 될 수 있다. 개인이나 팀 세션의 내용에 참여하는 것 자체가 확장일 수 있다. 그렇게 하는 동시에 **전체를 조망**하며 당신 고객의 관계 스타일과 반응에 대한 당신 자신의 내면 생각과 감정을 알아차리는 것은 매우 도전적인 문제로 보일 수 있다.

자기 자신을 사용한다는 것은, 머리속에서 그리는 것을 당신의 고객이 어떻게 접촉하고 당신에게 어떤 일이 일어나는지 관찰할 때, 그 내용의 일부를 잃는 위험도 감수해야 한다. 이러한 위험을 감수함으로써 얻는 이익은 새로운 통찰력과 업무의 깊이 면에서 상당히 클 수 있다. 그것은 또한 당신과 고객 사이의 관계를 더 깊게 하고 더 진실하게 만들 수 있다.

더 넓은 영역에 있는 것, 즉 문맥을 파악하고 현재 상황에 어떤 영향을 미칠지 평가하는 능력

이것은 고객 개개인이 개인 내, 개인 간, 팀과 조직을 포함한 여러 가지 다른 수준의 시스템 내에 존재한다는 것을 더 강하게 인식하기 위한 것이다. 파렛Parlett(1997)은 "게슈탈트 전문가로서 인간은 항상 관계 체계 안에 존재하기 때문에 우리는 결코 '방 안의 개인'과 일하지 않는다."라고 썼을 때 그것을 포착했다. 기업 리더들과 함께 일하는 코치들은 곧 이것을 절실히 인식하고 지속 가능한 변화가 하나 이상의 시스템 수준에서 자주 개입이 필요하다고 인식한다.

이것은 누군가가 그 변화를 이해하지도 지지하지도 않는 팀 문화에서 그들 자신의 행동을 바꾸려고 할 때 명백해진다. 그 대신 동료들은 의식적으로 또는 무의식적으로, 그룹에 어느 정도 이익이 있거나 인식된 위협이 있으므로, 변화를 방해하는 방식으로 작용할 수 있다.

   기업의 구조조정 과정은 체계적인 힘이 개인과 집단에 어떻게 작용하는지를 보여주는 분명한 사례를 제공한다. 기업 경영진과 함께 일하는 팀 코치들은 흔히 아직 발표되지 않은 다음 조직 개편의 결정을 알게 되는데, 이것은 그 팀의 구성원 개개인에게 영향을 미칠 수밖에 없다. 팀의 몇몇만이 이 사실을 알고 있고 나머지는 추측하려 애쓴다. 이런 상황에서 시스템은 비록 그늘에 가려 있지만 분명하게 방 안에 존재한다. **방 안의 코끼리**the elephant in the room라는 표현은 흔히 현재 논쟁의 여지가 없는 범주에 속하는 체계적인 문제를 언급한다. 더 넓은 조직개발Organization development(OD) 관점에서 시스템 접근방식을 채택하는 이유는, 시스템 개입이 조직에 최상의 영향을 미치려면 어떤 수준에서 지시되어야 하는지, 그리고 시스템 개입을 주도하는 것이 누구의 책임인지를 식별하기 위해서다. 조직 분야의 고객들은 자기 소유가 아닌 것에 대한 책임을 지지 않고, 궁극적으로 그 책임을 지는 고위 경영진의 대리인으로 행동하도록 유인되고 있다는 점을 끊임없이 경계해야 한다.

'저항'을 통해 창의적이고 효과적으로 작업할 수 있는 역량

지금쯤이면 코치의 일은 누군가를 어딘가로 데려가지 않는다는 점을 분명하게 알게 될 것이다. 실제로 그렇게 하려고 한다면 당신은 이미 존재하는 저항을 겪게 될 것이다. 게슈탈트 관점에서 보면, 변화는 어렵고 사람들이 자주 그것에 대해 불안과 양가감정을 느낀다는 것을 예상해야 한다. 그들은 작은 이익을 맛볼 수 있지만, 비용과 손실이 있다는 것도 인식할 것이다. 이런 관점에서 보면, 저항은 단순히 귀찮은 것이 아니라 의미가 있다.

매우 실용적인 의미에서 이것은 또한 코치의 일을 더 쉽게 만든다. 저항을 뚫고 나갈 방법을 찾을 필요는 없다. 그 대신 저항을 창조적 적응의 한 형태로 인식하고 검증하라. 이런 능력이 없다면 사람들은 조종당하고 착취당할 수 있다.

이제 외부 상황에서 발생하는 변화에 대한 저항이 관련자들의 성격상 결함이라기보다는 관계 문제로 보는 것이 최선의 이해라는 점을 확실히 알게 될 것이다. 이것은 자신의 현실을 자기가 정의하는 것이지 타인에 의해 정의되지 않는다는 게슈탈트 입장에 기반을 두고 있다.

관찰 내용을 명확하고 강력하면서도 비판단적인 방식으로 표현하는 능력

고객과 코치 사이에서 무슨 일이 일어나는지 알아차리는 것과 그것을 충격으로 표현하는 것은 별개의 일이다. 이를 위해 다음 사항을 염두에 두는 것이 유용하다.

- 기술적 전문 용어를 피하면서 항상 명확하고 이해할 수 있는 방식으로 말하려고 노력하라.
- 말을 아껴라. 만약 고객이 그것의 길이와 복잡성 때문에 무언가를 이해하려고 애쓴다면, 그것은 별로 영향을 주지 못할 것이다.
- 관찰 결과가 올바른지를 판단하는 데 너무 많이 투자하지 말고, 무비판적이고 지지적인 방식으로 관찰 결과를 제공하라. 때때로 그 제안은 적중할 것이고 고객은 당신이 말해야 할 것을 인식하고 가치 있게 여길 것이다. 다른 경우에는 그 제안이 그들에게 큰 의미가 되지 않을 것이다. 이런 경우에는 그저 우아하게 물러서면 된다.

- 해석하기보다는 최대한 서술적으로 피드백한다.
- 내적인 자료를 잘 표현하기 위해서는 은유나 이미지 형태를 취하는 게 나을 수 있다. 창의성을 가지고 실험한다는 것은 게슈탈트 작업의 중요한 특징이다.
- 어떤 종류의 개입이든, 기술과 우아함이 높든 낮든, 의도성은 항상 중요한 요소다. 그 관찰이 선량한 마음으로, 그리고 사려 깊은 생각에서 이루어진다면, 잘 받아들여질 수 있다.
- 대담하고 위험을 감수하는 것이 중요하다. 모험하지 않으면 얻는 것도 없다.

필요한 경우 작업을 지원하고, 도전하고, 심화할 수 있는 능력

고객에게 지지적 존재가 되는 것과 고객이 어떻게 지원을 허용하는지 이해하는 것은 별개의 일이다. 임원코치의 많은 고객은 강력한 자급자족 패턴을 개발해 왔기에 타인의 지원을 받아들이기 어려워한다는 것을 안다. 흔히 고립이 관행인 리더십 자리는 일부 임원들이 마음을 열고 누군가가 그들을 돕게 하는 것을 매우 어렵게 만들 수 있다. 어떤 사람들에게는 아주 창의적으로 접근해야 들어갈 수 있는 길을 찾을 수 있다.

많은 고객은 그들의 코치와 강한 정서적 연결을 느끼고 싶어 한다. 그들은 이것이 더 높은 위험이 있을 것으로 알고 있으며, 그들이 취약함을 느끼게 한다. 지원과 도전 사이의 균형을 이루는 것은 효과적인 코칭 관계를 구축하는 데 가장 중요한 요소 가운데 하나이며 동시에 달성해야 할 가장 어려운 것의 하나다. 그러므로 코치로서 자신의 지지와 도전적인 개입이 고객들에게 어떻게 받아들여지는지 피드백을 요청하는 것이 도움이 될 수 있다.

직접적인 경험과 강렬한 감정적 상황을 견뎌낼 수 있는 능력

고객이 안전하고, 버텨주기를 경험하고 이러한 경험을 공유할 때, 그들은 흔히 어떤 문제나 사건에 대해 가진 감정의 강도에 놀랄 수 있다. 감정을 분출할 기회는 특히 마음속에 쌓인 게 많거나, 그것을 표현할 곳이 없거나, 위기 상황에 부닥쳐 있다고 생각하는 고객에게 대단히 중요하다.

활발한 교류가 통할 수 있는 팀 코칭 워크숍에서는 감정이 고조되는 경우가 많으므로 팀 코치는 이를 예상할 필요가 있다. 극도의 감정적인 상황에 머무르고 그들에게 버팀목을 제공하는 것은 코치 역할의 중요한 측면이다. 마찬가지로 개인이나 팀이 구조화된 피드백 프로세스에 참여하거나 그룹 코칭 시나리오에서 피드백을 공유할 때 감정 강도는 빠르고 극적으로 변할 수 있다. 사람들은 동료들이 그들에게 보여준 지지와 친절 그리고 감수성에 의해 눈물을 흘릴 수 있다. 반대로 그들은 분노, 수치심 그리고 당혹감을 불러일으키고 상처를 주는 몇몇 힘든 피드백을 들을 수 있다.

일대일의 맥락에서든 그룹이나 팀 상황에서든 코치들은 감정을 다룰 수 있고 고객이 그들의 감정적인 처리를 잘할 수 있도록 도울 수 있다. 어떤 코치들에게는 이것이 능수능란한데 어떤 코치들에게는 좀 더 발전해야 하는 지점이다.

마지막으로, 내가 다른 곳에서 언급하였듯이 코치 역할은 "감정을 '사냥'하는 것이 아니다. 감정이 자연스럽게 발생할 때 감정의 발산을 허용하고 지지하는 것만이 필요하거나 적절한 것이다(Bluckert, 2009)."

실험을 고안하고 고객에게 실험적인 사고방식을 함양하는 능력

게슈탈트 코치는 징커Zinker(1994)가 '창의적 허용'이라고 부른 것을 가지고 있다. 과정을 다루는 기술로서 창의적인 실험은 다른 분야 코치들보다 더 자연스럽고 쉽게 다가가는 것처럼 보인다. 이것은 일부 게슈탈트 코치의 특징적인 방법이 될 수 있지만, 다른 분야 코치들은 그것을 거의 사용하지 않는다. 특히 사이코드라마 훈련을 받지 않은 코치들은 그렇다.

이런 것이 비교적 자연스럽다고 생각하는 코치들은 흔히 그들의 일에 유연하고 창의적으로 접근하고 새로운 아이디어와 기법을 가지고 노는 것을 즐긴다. 페인트, 잡지에서 오려낸 것, 마스크, 의상 등 소품 상자를 가진 코치도 있고, 어떤 코치는 신체 작업을 전문으로 하고 움직임과 춤을 활용하기도 한다. 아직 이러한 작업 방식에 도달하지 못한 코치들은 경험 많은 전문가가 주도하는 워크숍에서 창의적이고 드라마 치료법을 이용한 접근법을 직접 경험 하는 것이 소중한 경험이 될 것이다. 이것은 이런 작업의 가능성에 대한 통찰력을 제공할 것이며 창의적인 실험을 핵심적인 방법으로 사용하는 게슈탈트 코치와 함께 일함으로써 보고 배울 수 있다.

고객이 의미를 부여하고 학습을 동화하는 데 도움을 주는 능력

전통적인 코칭은 실질적인 행동 계획과 해야 할 일 목록을 코칭 대화의 적절한 결과물로 강조하지만, 게슈탈트 코칭 관점에서는 이것이 항상 가장 중요한 결과는 아니다. 비록 외부적으로 어떤 집중된 조치가 취해질 수도 있지만, 게슈탈트 코칭의 결과는 흔히 자기 내부의 재구성, 즉 새로운 시각과 지각 방법이다. 원래의 문제는 멀리 보이고, 훨씬 덜 중요하며, 조치가 필요하지 않은 것처럼 보일 수 있다.

  코치의 역할은 고객들이 의미를 부여하고 새로운 학습을 성취하도록 돕는 것이다. 코치는 경험 주기의 마지막 단계인 동화 단계에 참여함으로써 단위 작업의 완료를 촉진한다. 이곳은 또한 사람들이 경험에서 긍정적인 면을 축적할 수 있고, 즐거움과 자부심 그리고 만족감을 느낄 수 있거나, 일이 잘 풀리지 않은 상황이나 실패에서 배울 수 있는 곳이다.

  또 이것은 이전의 전경에서 에너지와 관심을 철회하는 경험 주기의 단계라는 점에 유의해야 한다. 새로운 전경이 등장하거나 코칭 대화가 끝나기 전에 공백이 뒤따를 수 있다. 서두르지 않고 자연스럽게 주기가 끝나도록 허용하는 것은 더 경험 많고 예민한 전문가의 특징이다.

개입에 대한 뛰어난 타이밍 감각 갖기

타이밍 감각이 좋으면 효과적인 개입과 아무 효과가 없는 개입과 큰 차이를 만들 수 있다. 고객이 개인이든 경영진이든 코치의 도전은 같다. 즉 개입할 적절한 순간을 선택하고 주의가 흐트러지지 않게 하고 가치 있게 보이도록 기여하는 것이다. 타이밍에 관한 결정을 알리는 여러 가지 고려사항이 있다. 첫째는 고객이 지금 어디에 있는지 예리하게 알아보는 것이다. 그들은 당신이 말하는 것을 들을 수 있도록 마음을 연 상태인가? 만약 그들이 자신의 이야기를 끝내지 않았다면 그들은 당신의 반응을 받아들일 준비가 되어 있지 않을 것이다. 그들은 여전히 어떤 힘든 소식, 중대한 자기 공개 또는 힘든 피드백을 받은 뒤에 벌거벗고 취약한 상태라고 느낄 수 있다. 기다리며 주의 깊게 경청하는 것이 고객에게 전달되지도 못할 언급을 하는 것보다 더 중요할 수 있다.

때때로 고객과의 관계에서 대화 유형이나 친밀한 정도가 충분히 자리잡지 못했거나 견고하지 않은 경우가 있다. 여기에서 타이밍 문제는 신뢰, 라포 그리고 연결에 관한 것이다. 고객은 아직 당신이 그들에게 영향을 미치도록 허락할 준비가 되어있지 않을 수도 있다. 즉 그들은 여전히 조심스럽고 당신을 안전한 거리에 두고 지켜보려 한다. 마찬가지로, 코칭이 팀이나 조직의 시스템 수준을 목표로 할 때, 준비에 관한 질문은 항상 코치의 마음 속에 있어야 한다. 여기서 질문은, 개입을 했을 때 시스템에 어떤 지지와 반대가 존재하느냐에 따라 주어진 순간에 현실적으로 달성 여부가 달렸다는 것이다.

당신의 의도가 무엇인지, 당신이 개입할 때가 언제인지 알기

여러분이 코치로서 하는 선택과 결정은 여러분이 성장, 학습 그리고 효과적인 문제해결을 위해 가장 유용할 것으로 믿는 것에 달려있다. 게슈탈트 코치의 입장은 객관적인 위치에서 현명하고 통찰력 있는 관찰을 되돌아보는 중립적인 관찰자 가운데 하나가 아니다. 장의 관점에서 작업한다는 것은, 당신이 고객과의 관계에서 미미한 역할이라도 수행하는 동안은 당신은 결코 중립적일 수 없다는 것을 의미한다. 당신은 흔히 이해하지도 못하고 확실히 통제하지도 못하는 방식으로 크든 작든 영향을 미치기 마련이다.

게슈탈트 전문가들은 이미 약술된 원칙, 가치, 가정에서 발생하는 공통적인 전문적 근거를 공유하는 경향이 있다. 이 연장선에서 모든 게슈탈트 작업의 대표적인 목표와 주된 초점은 통상 [상자 10.3]에 표시된 것이다.

[상자 10.3] 게슈탈트의 공통 목적

1. 기능 향상을 유도하는 알아차림 개발
2. 더 강한 접촉과 더 나은 연결
3. 향상된 관계
4. 양질의 대화 및 그룹 대화
5. 차이에 대한 인정과 인식
6. 전략적이고 친밀한 상호작용의 균형

여기에 소개된 일반 기술은 많은 코치 교육 프로그램에서 찾아볼 수 있지만, 게슈탈트 특유의 기술은 존재할 가능성이 작다. 사람들이 게슈탈트 중심의 개발을 탐구했을 때 발견했듯이 이러한 기술을 배울 장소를 찾는 것은 그리 간단하지 않다. 그러나 역량에 대한 경로는 존재한다.

이러한 능력과 기술을 개발하는 방법

심리적 마음자세 개발

케이스먼트Casement(1985)는 **관찰하는 자아**와 **경험하는 자아**를 분리한 최초의 사람 가운데 한 명이고, 내면에서 그것을 경험할 수 있을 뿐만 아니라, 우리의 생각, 감정, 행동을 객관적으로 볼 수 있는 능력을 소개했다. 케건의 (1994년) '주체-객체subject-object' 이론도 이와 유사한 역동을 이야기했다. **주체**로서 경험되는 것들은 세상에 대한 가정이나 행동 패턴과 같이 단순히 자신의 일부로서 아무런 의심 없이 받아들인다. 그것은 우리에게 현실이기 때문에 당연하게 여긴다. 반면에, **객체**는 우리가 무언가를 보고, 고려하고, 그것을 재평가하고, 잠재적으로 그것에 대해 행동하고 바꿀 수 있다는 것을 의미한다.

자기계발 작업을 통해 우리는 **관찰 자아**와 **객체** 모드에 있는 능력을 개발할 수 있다. 이것은 심리적인 사고방식과 게슈탈트 접근방식이 필요로 하는 것이기 때문에 중요하다. 즉 자신의 경험을 알아차리고 반성하기 위해 **헬리콥터**를 타고 올라가 전체를 조망할 수 있는 능력이다.

이 능력을 통해 코치는 고객과 함께 하는 경험을 통해 변화를 끌어내고, 개입의 원천으로 고객의 내적 자료를 선택적으로 사용함으로써 자신을 영향력과 변화의 도구로 사용할 수 있다.

자기를 활용해서 개발하기

자기 자신을 도구로 사용하는 목적을 기억하는 것은 중요하다. 게슈탈트 관점에서 볼 때, 고객들과 함께 일하면서 우리의 경험을 공유하는 것은 그들의 시스템과 행동의 특징적인 패턴에 대한 알아차림을 높이는 데 중요한 요소다. 그러나 이것은 우리 자신을 거울로 삼는 것과는 다르다. 거울은 단순히 이미지를 반사할 뿐이지만, 우리는 우리가 반영하는 것을 검토하고 우선순위를 정하고 선택한다.

그 결과, 자기 자신을 활용하려면 내면의 화살표가 무엇을 말해주는지 평가하고 '자신의 재료'와 '고객의 재료'를 구별할 수 있는 능력이 필요하다. 자기 자신의 오랜 세월에 걸친 깊이 뿌리 박힌 패턴과 세상에 대한 가정을 더 많이 이해할수록, 충분히 자각해서 행동한다고 확신할 수 있고 자신을 안전하고 효과적인 변화의 도구로 사용하여 더 좋은 준비 자세를 갖추게 된다. 이러한 것이 없다면, 당신은 자신을 지나칠 정도로 복잡한 상황에 밀어 넣고 고객의 안건을 가로챌지도 모른다는 불안함을 느낄 수 있다.

이것은 당신의 소유물과 다른 사람의 소유물 그리고 공동으로 만든 것을 어떻게 당신이 알 수 있느냐는 어려운 문제를 제기한다.

확실히, 자기 검증을 거의 하지 않은 코치는 자기 문제와 고객의 문제를 구별할 수 있는 자기 알아차림이 부족할 수 있다. 이러한 상황에서 자기를 사용하는 것은 유해하거나 단순히 주제에서 벗어난 개입으로 이어질 수 있다. 그래서 심리적으로 일하고 자기 자신을 자신의 작업 접근에 통합하여 사용하는 사람은, 일대일 상황이나 집단적 상황에서 그들 스스로 더 깊은 개인적 발전 과정을 겪게 하는 것이 필수적이다.

자기계발의 중요성

개인 발전을 넓히고 깊게 하고 자기 인식, 통찰력, 지식을 더 많이 얻기 위해 코치로서 선택할 수 있는 경로가 많이 있다. 완전하고 포괄적인 목록을 제공하는 것은 이 책의 범위를 벗어나지만, 저자는 게슈탈트 기반 접근법에서 일하고자 하는 코치의 성장과 개발을 지원한다고 믿는 선택적 프로세스 목록을 제공할 것이다.

이를 위해 특별히 도움이 될 수 있는 구조화된 학습 과정은 다음과 같다.

- 코칭과 코칭 심리에 관한 훈련 및 교육 - 이론과 실습은 물론 개인 개발에 대한 강한 초점을 포함하는 방법론

- 상담/심리치료/심리학 훈련 및 교육
- 코칭 받기
- 개인 심리치료
- 경험적 워크숍 및 지속적인 개인 성장 그룹
- 개인 학습/독서

이러한 활동의 검토

훈련 및 교육

코칭 심리학 프로그램은 코칭 분야에서는 여전히 상대적으로 새롭지만 점차 확대되고 있다. 그들은 전형적인 기초 과정으로 제공되는 것보다 심리적 이론과 실천에서 더 높은 수준의 훈련과 교육을 최선을 다해 제공한다. 어떤 코치들은 심리학적 발달이나 심리 지향적인 조직개발 프로그램을 집중적으로 수행할 필요성을 느낀다. 이것들은 코치의 지식, 기술, 그리고 일반적인 역량을 상당히 증가시킬 수 있다. 그것은 또한 전문 치료사, 심리학자 또는 조직개발 컨설턴트로 종사하기 위해 다른 직업적 방향에서 그들을 떼어 놓을 수 있다.

코칭 받기

코칭 받기의 주제는 흥미로운 점을 제기한다. 훈련 중인 많은 코치는, 학습의 실습/피드백 모델을 통합한 훈련을 하지 않거나, 훈련 과정 요건이 코칭을 받아보는 시간을 규정하지 않는 한, 코칭 자체를 받는 것에 대한 개인적인 경험이 거의 없는 것으로 보인다. 심리 훈련을 받은 숙련된 코치에게 고객 경험을 하는 것은 자신의 문제를 해결하는 동시에 코치가 사용하는 접근법을 흡수하는 탁월한 방법이 될 수 있다.

심리치료 경험

심리치료는 여전히 충분히 대처하지 못하거나 잘 기능하지 못한다는 불쾌한 연상을 줄 수 있다. 이 주제는 일부 코치들과 잘 어울리지 않는다. 이 때문에 많은 코치 훈련생이 자신이 심리치료를 받는다는 생각에 멈칫거리기도 한다. 그러나 치료는 여전히 개인의 성장 문제를 더 깊이 파고들 수 있는 가장 강력한 과정의 하나로 남아 있으며, 어떤 사람들에게는 진정으로 그들의 가장 지속적이고 다루기 힘든 패턴들 가운데 일부를 이해하고 진전시킬 수 있는 유일한 방법일 수도 있다.

치료와 상담 훈련은 일반적으로 전체적인 학습과 개발 과정의 일부로 고객 입장이 되어 보는 것을 포함한다. 이것은 때로는 40시간 정도로 상당히 적을 수 있지만, 그런데도 그것은 훈련 상담자나 심리치료사에게 그 취약한 장소에 있다는 것이 무엇을 의미하는지 맛보는 동시에 뿌리 깊은 문제를 해결하는 장소를 제공한다. 심리적으로 중점을 둔 더 발전된 코치 훈련 프로그램이 이어질 것이고, 훈련 코스 참가자들이 정확히 같은 이유로 코칭 훈련의 마지막으로 받아들일 것을 권고할 것이다.

경험적 워크숍 및 지속적인 개인 성장 그룹

개인 성장 워크숍에 참석하거나 진행 중인 경험 그룹의 일원이 되는 것도 강력한 자기계발 경로다. 그들은 변형 작업을 위한 환경과 경험적 조건을 제공할 수 있다. 그룹 환경은 코치들이 자기 자신과 집단에 대한 알아차림에 예민해지고, 새로운 행동을 실험하고, 그들의 영향과 존재에 대해 더 많이 발견할 수 있는 학습 맥락을 제공한다. 공통적인 요인은 이들 집단의 천성이 피드백이 풍부하다는 점이다.

사람들은 그들이 어떻게 보이는지, 또는 그들이 보일지라도 더 많이 찾아내고, 자신과 다른 사람들에게 마음을 열도록 지원받는다. 이 과정에서 훈련 중인 코치와 관련된 많은 기술이 시험 되고 조사, 질문, 공감 표현, 도전 같은 것으로 미세 조정된다. 덜 방어적인 방식으로 피드백 받을 수 있는 능력처럼 숙련된 방식으로 피드백을 제공하는 능력도 배운다.

사람들은 그룹으로 있는 것뿐 아니라 영향을 주고받는 방법에 대한 주요 기술에 대해서도 많이 배운다. 본질에서 이 그룹들은 정서지능 학습 실험실이다. 진행 중인 그룹의 일원이었던 사람들과 수년 동안 존재해 온 몇몇 사람들에게 이곳은 아주 깊은 관계가 자라는 특별한 장소가 된다. 일부 사람들에게, 이러한 집단은 자기계발의 중심적인 부분이었고 그들의 전문성 개발을 위한 중요한 학습 원천이었다.

개인 학습/독서

자신을 계발하기 위한 모든 방법의 목록에는 독서와 개인적인 공부가 포함되어야 한다. 여기에는 코칭 문헌의 핵심적 실체, 몇몇 뛰어난 게슈탈트 출판물이 있다. 그뿐만 아니라 점점 증가하는 많은 자기계발 매뉴얼이 사람들을 새롭고 영감을 주는 개념에까지 닿을 수 있게 한다. 더 광범위한 개발 활동의 일부로서 이것들은 중요한 역할을 한다. 최고의 문헌을 읽고 새로운 학습을 흡수하는 것은 인지적 이해에 도움이 될 것이며 심지어 의식을 확장할 수도 있지만, 그 자체로는 독특한 게슈탈트 기술을 개발하기에 불충분한 도구가 될 것이다.

개인 성장의 원천으로서의 인생 경험

위에서 설명한 학습 경험 외에도, 개인 개발의 또 다른 주요 원천인 인생 경험이 있다. 다음과 같은 인생 경험은 흔히 개인의 성장과 발전을 가속할 풍부한 학습 재료를 제공한다.

- 작업적 맥락에서 확장된 역할과 프로젝트는 훌륭한 개발 기회임을 증명할 수 있다.
- 규범, 가정 및 기대가 당신의 문화와는 매우 다른 외부에서 일정 기간 생활하는 것
- 일부 사람에게는 부모가 되는 것이 혁신적인 경험이 될 수 있다.
- 사랑하는 사람을 잃으면 목적과 우선순위를 깊이 재평가할 수 있다.
- 영적 경로에 전념
- 더 높은 수준의 지원 및 실험 기회를 제공하는 환경
- 반영 훈련을 위한 버텨줄 공간이 제공되는 수련원

독특한 기술 세트 개발

이러한 활동들 가운데 일부 또는 전부를 통해 개인의 성장 안건을 떠맡는 것뿐만 아니라 심리적인 마음자세를 개발하는 것은 게슈탈트 코치로 발전하는 확실한 토대를 제공할 수 있다. 그렇다면 문제는 게슈탈트 코칭 기술이 어떤 특정한 게슈탈트 훈련을 하지 않고도 숙달될 수 있느냐 하는 것이다. 일부 기술은 고객과의 업무 관계를 신뢰하는 능력, 알아차림을 증진하고 지원과 도전을 제공하는 능력 등 다른 많은 조력 분야 직업과 일치한다

는 점을 고려할 때, 다른 배경을 가진 코치가 게슈탈트 접근법을 사용하는 코치와 유사하고 양립 가능한 방식으로 작업할 수 있어야 한다는 데에는 이론이 있을 수 있다

　기본적인 심리학적 틀이 다르거나 취사선택해서 일하는 다양한 전문가들에게 공통점이 확실하게 존재한다. 그런데도 접근법을 정의하는 몇 가지 구체적인 개념, 관점 및 방법론이 있다. 아마도 더 중요한 것은, 심리적인 기법을 넘어 철학으로 더 잘 이해되는, 세상을 바라보는 관점인 게슈탈트 **사고방식**도 있을 것이다. 게슈탈트 훈련을 받지 않은 코치도 같은 가치와 가정을 공유하고 유사한 경험적 과정을 사용할 수 있지만, 어떤 이론적이고 실무적 배경 없이 코치가 진정으로 게슈탈트 방식으로 작업할 수 있다는 것은 있을 수 없는 일이다.

컨설팅과 코칭에서 게슈탈트 조직 훈련 프로그램

가장 초기의 게슈탈트 기반 컨설턴트 프로그램은 1940년대까지 뉴욕 게슈탈트 치료 연구소와 NTL연구소에서 시작되었다. 그렇지만 그들 사이에 수천 명의 조직 컨설턴트, 커플과 가족 치료사, 지역사회 개발 전문가들을 양성하고 이론과 실천을 발전시키는 데 가장 큰 영향을 끼친 것은 오하이오주 클리블랜드의 게슈탈트 연구소와 케이프 코드의 게슈탈트 국제연구센터다. 세계 대부분 지역에서 에드윈과 소니아 네비스, 조셉 징커, 조셉 멜닉, 존 카터 같은 사람들 – 이들은 수십 년 동안, 개인의 치료 분야를 넘어 게슈탈트를 응용한 제1세대 게슈탈트 전문가의 선도적인 불빛이었다. 이들의 헌신적이고 매우 재능있는 작업에 의해 게슈탈트가 전달되고, 이에 영감을 받아

게슈탈트 훈련을 받은 사람들을 발견할 수 있다. 사실 그들의 영향력은 너무 널리 퍼져 있어서 게슈탈트가 미국에서 만들어졌다고 생각하기 쉬울 것이고, 오늘날까지도 그렇게 남아 있다. 그러나 이것은 완전히 정확한 그림은 아니다.

치료적 맥락 밖에서 일하는 2세대 게슈탈트 전문가들은 이론과 실제의 독창적인 발전에 대해 이들 연구소에 많은 신세를 지고 있지만, 전 세계적으로 유사하게 일하는 게슈탈트 연구소와 리더십 개발 경영대학원이 늘어나고 있다. 그리고 원래 게슈탈트의 본질과 그것에 끌린 사람들의 종류를 볼 때, 이것은 새로운 발전과 더 넓은 범위의 응용에 기초하여 실천할 수 있는 많은 변형을 만들어냈다. 조직적이고 공동체에 기반을 둔 게슈탈트는 게슈탈트 심리학과 게슈탈트 요법 본래의 형태에서 지속해서 진화하고 있다. 게슈탈트 치료 워크숍을 경험한 것이 1970년대나 1980년대가 유일한 경험인 사람들은 아마도 그 현대적 용도를 모르고 있거나 매우 놀랄 것이다.

조직 기반의 게슈탈트에 관한 관심이 높아지면서 기본 수준의 소개부터 고급 대학원 학위까지 게슈탈트 조직 컨설팅에서 여러 가지 교육 프로그램이 탄생했다. 폴 바버Paul Barber, 존 리어리조이스John LearyJoyce, 빌 크리츨리Bill Critchley, 그리고 나 같은 영국의 이런 프로그램 리더들은 뒤에 게슈탈트 접근법과 방법론을 중심으로 한 전문가 과정과 임원코칭 프로그램을 개발하기 시작했다. 유라시아, 아시아 태평양, 북유럽 및 발트해 국가들에서도 유사한 프로그램이 등장하고 이미 언급된 미국 기관에서 제공하는 코칭 프로그램이 추가됨에 따라, 이제 세계 여러 곳에서 독특한 게슈탈트 중심의 코칭 프로그램을 경험할 기회가 생겼다.

종합적인 게슈탈트 코치 개발 프로그램에 대한 권고 사항

게슈탈트 코칭의 확산이 더뎌지고 있다는 점과 미래의 게슈탈트 코치 개발과 교육에 대한 틀을 제공할 수 있는 게슈탈트 코칭 접근법을 체계적으로 제시하기 위한 것이 이 책을 쓰는 주된 이유 가운데 하나다. 이를 염두에 두고 [상자 10.4]는 게슈탈트 코칭을 위해 종합적인 훈련의 핵심 요소라고 믿는 것을 제시한다.

> [상자 10.4] 게슈탈트 코칭을 위한 종합적인 훈련 목록
>
> 다음 사항에 대한 확실한 파악
>   1. 사람과 변화에 대한 기본 원칙, 가정 및 가치
>   2. 인간의 기능과 행동에 대한 게슈탈트 이론
>   3. 가장 중요한 기준 프레임으로서의 경험 주기
>   4. 관계적 자세
>   5. 장 이론적 사고방식
>   6. 다른 수준의 시스템과 개입에 대한 영향
>   7. 프로세스 지향

이것은 분명히 광범위한 학습 프로그램을 나타내며 현재 가장 좋은 게슈탈트 코칭 프로그램 가운데 일부는 이러한 요소들을 많이 포함하고 있다. 만일 당신이 이를 좀 더 진전시키고자 한다면, 당신이 직접 그것을 연구하고 그 분야의 교수진들과 의견을 주고받을 것을 강력히 권한다. 이것은 삶과 일의 많은 분야에서 변형적인 작업을 생산할 수 있는 접근법이다.

결론

저자는 오래전부터 게슈탈트가 이 분야에서 일하는 실무자들의 공동체 밖에서 거의 이해되지 않고 오해받는다는 견해를 갖고 있었다. 설상가상으로, 그 공동체 안에는 전 세계에 존재하는 응용 프로그램의 폭을 모르는 사람들이 많다. 그것은 많은 교육기관과 선도적인 불빛을 중심으로 돌아가는 다소 고립된 직업 세계였다. 문헌은 주로 게슈탈트 요법을 중심으로 게슈탈트 출판사에 의해 제작되었다. 심지어 그것이 1980년 경에 완전히 사라졌다고 믿는 사람들도 있는데, 펠티에Peltier(2001)가 쓴 『임원코칭을 위한 심리학』이란 책에 나온 설명 때문일 것이다. 이 책에서는 정신역동에서 나온 사실상 모든 심리학적 틀을 인지행동적, 인간 중심적, 그리고 심지어 가족 치료와 최면적 의사소통을 다루고 있지만, 게슈탈트를 다룬 장은 없다.

    네비스의 컨설팅에 대한 게슈탈트 접근방식에 관한 책(1987)이 게슈탈트 조직 실행의 주요 설명으로 존재할 뿐, 지금까지 이 이론에 충실한 포괄적인 게슈탈트 접근법을 코칭에 수립하려는 시도는 거의 없었다. 그렇지만 내 생각에는, 실제로는 현실에 확고하게 뿌리를 내리고 있다. 이 책에서의 내 의도는 그 공백을 메우는 것이었다.

만약 당신이 항상 게슈탈트 원칙과 주요 개념에 대해 호기심이 있었다면, 나는 그것들을 접근 가능한 형태로 제시했기를 바란다. 방법론을 찾고 있었다면 찾았기를 바란다. 당신을 놀라게 했을지도 모르는 것은 게슈탈트가 조직개발과 치료적 맥락 너머의 응용에 미친 광범위한 영향이다.

이 책의 초점은 조직적인 맥락에서 게슈탈트 코칭이었고, 이 단계까지는 내가 기술, 과정, 방법뿐만 아니라 맥락에 주의를 기울였다는 것을 알게 될 것이다. 이것은 의식적인 선택이었고 이 이야기는 내 결정을 설명하는 데 도움이 될 것이다.

몇 년 전에 나는 정부 기관에서 몇몇 주요 관리들을 위해 개발도상국이 요청한 대규모 리더십 프로그램 내에서 코칭 모듈을 운영하도록 초청받았다. 이 나라는 적도를 따라 어딘가에 자리 잡고 있다. 11월 초에 런던에서 개최될 최고의 프로그램을 설계하기 위해 심혈을 기울였다. 네 명의 손님들은 한 달 동안 집중적으로 강의실과 현장 학습 프로그램을 위해 영국 수도로 날아갔다. 내 코칭 워크숍은 그 안에서 작은 부분에 불과했다.

전체 프로그램이 설명된 프로그램에 처음 이틀간의 소개를 마치고 참가자들은 런던을 관광하게 되었다. 이 단계에서는 이미 선두 트레이너들이 우려를 하기 시작했다. 그들이 어떤 기관이 설계할 수 있는 최고 프로그램이라고 믿었지만, 그 네 사람은 거의 말을 하지 않았다. 그들은 부지런히 메모했지만 질문하지 않았다. 결국 트레이너 한 명이 위험을 무릅쓰고 그들에게 괜찮은지, 처음 며칠 동안 코스를 즐기고 있는지 물었다. '아, 네'라고 공손하게 대답했다. '정말 멋집니다. 당신들은 우리에게 가장 놀라운 학습 기회를 만들어 주었고, 우리는 매우 감사하게 생각합니다.' 그 트레이너의 두 번째 질문은 더욱 대담하고 명확했다. '글쎄, 여러분이 말도 하지 않고 질문도 거의 하지 않아서 그런데, 우리에게 무슨 문제가 있는지 궁금합니다.' 참가자들은 서로 쳐다보다가 가장 연장자가 침묵을 깨고 말했다. '알다시피, 우리나라에서는 외투가 전혀 필요치 않았던 것뿐입니다. 우리나라 기온은 섭씨 30~35도 사이에서 별로 변화가 없습니다. 이곳은 사실 우리에게 추워도 너무 춥습니다. 그리고 우리는 당신들이 우리를 돌보느라 이렇게 고생하는데, 이런 말을 하는 것은 무례하다고 생각했기 때문에 말하고 싶지 않았습니다.'

이것은 그 프로그램에서 가장 큰 '아하' 순간을 만들어냈다. 그리고 그것을 가진 사람은 대표자가 아니라 트레이너였다! '몇 주 동안에 걸친 준비와 프로그램 설계 그리고 우리가 가진 최고의 도구와 기술을 우리는 잊어버렸네요. 당신들은 좋은 외투가 필요할 겁니다. 지금은 11월의 런던이거든요.' 그들은 함께 웃으면서 따뜻한 옷을 사기 위해 가장 가까운 남성복 판매장으로 곧장 데려다줄 택시를 불렀다.

다양한 조직적 상황과 더욱 복잡한 도전

조직에서 게슈탈트를 적용하는 초기에 관리자들은 대인관계 기술을 향상하기 위한 일대일 상담과 민감도 훈련에 주로 초점을 맞추었다. 이것은 그 당시 획기적인 일이었다. 그 이후로 적용 범위는 점점 더 커졌고 게슈탈트 방법은 병행해서 진화했다. 게슈탈트 코치들은 고위 경영진의 임원코치로 일대일로 계속 일하지만 많은 코치는 팀과 조직 차원에서도 일한다.

이것은 복잡성의 정도가 증가함에 따라 수많은 새로운 도전들을 제시한다. 다음 과제는 이를 엿보게 한다.

- 방어적이고 때로는 공격적인 행동이 동료들에게 문제를 일으키는 관리자
- 협업이 어렵다고 생각하는 다수의 매우 경쟁력 있는 개인으로 구성된 고위 팀 - 그들은 회의를 난장판이라고 표현한다.
- 2만 명의 직원을 고용하고 있는, 인지된 '결함 있는 조직'의 성과를 전환해야 하는 과제를 안고 있는 임원들
- 고위 경영진과 임원 역할로의 전환을 위한 현지 인재 개발 속도를 가속하기 위한 역량 강화 임무를 가진 개발도상국의 경영진

이 광범위한 소관에서 발생하는 게슈탈트 코치와 조직 컨설턴트, 특히 고객 요구에 부응하고 지속해서 발전해야 할 필요성에 대해 몇 가지 함의가 있다. 이런 의미에서 게슈탈트 코치는 그들의 고객과 다른 상황에 있는 것이 아니다. 왜냐하면 보조를 맞추기 위한 요청이 고위 경영진과 임원진이 직면하는 가장 근본적인 도전 가운데 하나이기 때문이다.

이것은 흔히 매우 불편한 지점이다. 특히 지난 몇 년 동안 고위 지도자들과 함께 일했던 내 경험에 비추어, 그들 가운데 많은 사람이 해결하고 살아가기 위해 부여되는 문제, 딜레마, 모순을 해결하고 있지만, 정작 그들이 흥분을 어떻게, 얼마나 오랫동안 처리할지 알지 못한다는 것이다. 부분적으로 이것은 몇 가지 능력에 대한 반영이 될 수 있지만, 나는 정말로 그것보다 훨씬 더 많다고 생각한다. 프로젝트 규모나 크기와 함께 문제의 본질과 복잡성은 많은 고위 지도자들의 한계를 시험한다. 그들은 계속해서 그들의 코치들과 조언자들이 아인슈타인과 다른 현인들의 말을 인용하는 것을 듣는다. 해결책은 다른 의식 수준에서 찾아야 한다. 다른 곳이 아닌 바로 여기에 당신을 있게 한 것. 그들이 동의하며 고개를 끄덕인다. 그렇지만 그들은 방법을 모른다. '검증된 삶'이란 그런 것을 이루기 위한 수단을 요구하는데, 우리

가 그런 삶을 선택했다 하더라도 우리는 무엇을 해야 할지 어디서 숙련된 도움을 받아야 할지 모른다는 것이다. 그들이 코치에게 확실히 필요로 하는 것은 마음을 열 수 있을 만큼, 그리고 충분히 깊은 수준에서 관계를 맺는 것이다. 그런 일이 있을 때, 고객들이 문자 그대로 다른 곳에서는 그런 대화를 하지 않을 것이라고 말하는 것은 드문 일이 아니다. 그 대화가 불확실한 세계에서 반드시 더 높은 수준의 확실성을 촉진하는 것은 아니지만, 그것은 흔히 긴장을 줄이고 불안을 완화할 것이다. 게다가, 그것은 차례로 더 효과적인 의사결정과 생산적인 행동으로 이어질 수 있다는 알아차림을 깊게 할 것이다.

팀 상황에서 코칭 과제는 연결, 협업, 혁신 및 개인적인 성장 조건을 창조적으로 창출하는 것과 같은 장소에서 시작된다. 때때로 그 역할은 주로 팀에서 놓치고 있는 온전히 함께 하는 것을 유지하는 것이다. 예를 들어, 불신과 갈등의 감정적인 풍토가 있을 때, 단순히 그곳에 있는 것, 침착함을 유지하고 따뜻하고 연민이 담긴 현전 상태를 투영하는 것은 그 자체만으로 치유할 수 있다. 코치들이 잊고 있던 현전을 유지하고 더 높은 수준의 안전감을 만드는 데 도움을 줄 때, 팀들은 그들이 예상했던 것보다 훨씬 더 많이 참여하는 것은 드문 일이 아니다. 많은 선임 팀이 아직 이것을 어떻게 해야 할지 모르는데, 이것은 코치가 할 수 있는 가장 중요한 기여 가운데 하나라는 것을 의미한다. 이해와 도구를 팀장과 팀원들에게 전달하여 그들이 혼자 할 수 있도록 하는 것이 똑같이 중요하다.

이 책을 쓰는 동안 나는 몇 가지 질문을 하는 자신을 발견했는데, 그 가운데 하나는 내가 경력의 많은 부분 가운데서 왜 내 주된 심리학적 기준으로 게슈탈트와 함께해 왔느냐는 것이었다. 그에 대한 대답은 게슈탈트 수련과 글들을 한데 모으는 도전을 통해서 나타났는데, 그것은 내가 수없이 많은 도전과 그것들을 통해 접하게 된 많은 사람을 기억나도록 했다. 그것은 내가 게슈탈트 이론과 실천에 대해 진정으로 생각하도록 또한 도전의식을 북돋워주었다.

그 결과는 나를 이러한 경험들을 통해 깊은 지혜와 자연스러운 흐름에 물든 접근방식으로 다시 연결해주는 경험들이다. 그들은 또한 삶을 긍정하는 일에 대한 멋진 기억들을 다시 불러일으켰고, 그것보다 더 중요하고 보람 있는 일은 거의 없을 것이다. 나는 이 접근법을 깊이 믿고, 그것을 발견한 것을 매우 다행스럽게 생각하며, 그것을 독자인 당신에게 진심으로 강력하게 추천한다. 나는 최근 나와 함께 코칭 프로그램에 참석한 한 싱가포르인 남자 라이완 청Lai Wan Chung의 놀라운 말로 끝을 맺는다. '코칭 공간은 한 번의 대화로 삶이 바뀌는 곳이다.' 얼마나 놀라운 생각인가!

이 책을 읽어줘서 고맙습니다. 행운을 빕니다.

참고문헌

Allan, J. and Whybrow, A. (2007) Gestalt coaching, in S. Palmer and A. Whybrow (eds) *Handbook of Coaching Psychology*. London and New York: Routledge. 코칭심리학, 스티븐 팔머, 앨리슨 와이브로 지음, 정석환 등 역, 2016, 코쿱북스
Barber, P. (2002) Coaching and consulting: a dialogue with holism and the soul, *Organisations & People*, February, 9(1).
Beisser, A.R. (1970) The paradoxical theory of change, in J. Fagan and I.L. Shepherd (eds) *Gestalt Therapy Now*, pp. 77-80. New York: Harper & Row.
Bluckert, P. (2005a) Critical factors in executive coaching – the coaching relationship, *Industrial and Commercial Training*, 37 (7).
Bluckert, P. (2005b) The foundations of a psychological approach to executive coaching, *Industrial and Commercial Training*, 37(4).
Bluckert, P. (2009) *Psychological Dimensions of Executive Coaching*, 2nd edn. Maidenhead: Open University Press.
Bluckert, P. (2014) The Gestalt approach to coaching, in E. Cox, T. Bachkirova and D. Clutterbuck (eds) *The Complete Handbook of Coaching*. London: Sage.
Carter, J. (2004) Carter's cube and a Gestalt/OSD toolbox: a square, a circle, a triangle, and a line, *OD Practitioner*, 36(4): 6-10.
Carter, J. (2008) Gestalt organisation and systems development and OD – a past, present and future perspective, *OD Practitioner*, 40(4).
Casement, P. (1985) *On Learning From the Patient*. Hove: Brunner-Routledge.
Cheung-Judge, Mee-Yan (2001) The self as an instrument – a cornerstone for the future of OD, *OD Practitioner*, 33(3).
Clarkson, P. (2004) *Gestalt Counselling in Action*. London: Sage. 게슈탈트 상담의 이론

과 실제. 클락슨 지음. 김정규, 강차연, 김한규 옮김, 2010, 학지사.

Critchley, B. and Stuelten, H. (2008) *Consulting from a Complexity Perspective*. Unpublished.

Druskat, V.U. and Wolff, S.B. (2001) Building the emotional intelligence of groups, *Harvard Business Review*, 79(3), 81-90.

Farrands, B. (2012) A Gestalt approach to strategic team change, *OD Practitioner*, 44(4).

Hall, C.S. and Lindzey, G. (1957) *Theories of Personality*. New York: John Wiley & Sons.

Herman, S.M. and Korenich, M. (1977) *Authentic Management: A Gestalt Orientation to Organizations and their Development*. Reading, MA: Addison-Wesley.

Kegan, R. (1994) *In Over Our Heads. The Mental Demands of Modern Life*. Cambridge, MA: Harvard University Press.

Kegan, R. and Lahey, L. (2009) *Immunity to Change: How to Overcome it and Unlock the Potential in Yourself and Your Organization*. Cambridge, MA: Harvard Business Press. 변화면역: 우리가 변화하지 못하는 진짜 이유. 캐건 & 라헤이 지음. 오지연 옮김. 2012. 정혜.

Latner, J. (1992) The theory of Gestalt therapy, in E.C. Nevis (ed.) *Gestalt Therapy: Perspectives and Applications*. New York: Gestalt Institute of Cleveland and Gardner Press.

Leary-Joyce, J. (2014) *The Fertile Void - Gestalt Coaching at Work*. London: AOEC Press.

Lencioni, P. (2002) *The Five Dsyfunctions of a Team*. San Francisco: Jossey-Bass. 팀이 빠지기 쉬운 5가지 함정. 렌시오니 지음. 서진영 옮김. 2007. 위즈덤하우스.

Lewin, K. (1952) *Field Theory in Social Science*. London: Tavistock.

Melnick, J. and Nevis, E.C. (2009) *Mending the World: Social Healing Interventions by Gestalt Practitioners Worldwide*. South Wellfleet, MA: Gestalt International Study Center.

Nevis, E. (1987) *Organizational Consulting: A Gestalt Approach*. New York: Gestalt Institute of Cleveland and Gardner Press.

Nevis, E. (1997) Gestalt therapy and organisation development: a historical perspective, 1930-1996, *Gestalt Review*, 1(2): 110-30.

Nevis, E.C., Melnick, J. and Nevis, S.M. (2008) Organizational change through powerful micro-level interventions - the Cape Cod Model, *OD Practitioner*, 40(3).

Nevis, S., Backman, S. and Nevis, E. (2003) Connecting strategic and intimate interactions: the need for balance, *Gestalt Review*, 7(2).

Parlett, M. (1997) The unified field in practice, *Gestalt Review*, 1(1).

Peltier, B. (2001) *The Psychology of Executive Coaching: Theory and Application*. New York: Brunner-Routledge. 경영자 코칭 심리학: 리더를 성공으로 움직이는 힘. 펠티어 지음. 김정근, 김귀원, 박응호, 배진실, 이상욱 옮김. 2017. 학지사.

Perls, F.S. (1947) *Ego, Hunger and Aggression*. London: Unwin Brothers Limited.

Perls, F.S., Hefferline, R.F. and Goodman, P. (1951) *Gestalt Therapy*. New York: Julian Press.

Petrie, N. (2014) *Future Trends in Leadership Development*. Greensboro, NC: Centre for Creative Leadership, White Paper.

Riddle, D. (2008) *Senior Leadership Team Coaching*. Greensboro, NC: Centre for Creative Leadership, White Paper.

Sabir, S. (2013) What's a Gestalt? *Gestalt Review*, 17(1).

Siminovitch, D.E. and Van Eron, A.M. (2006) The pragmatics of magic: the work of Gestalt coaching, *OD Practitioner*, 38(1).

Simon, S. (2009) *Applying Gestalt Theory to Coaching*. South Wellfleet, MA: Gestalt International Study Center.

Simon, S. (2012) Applying the Cape Cod Model to coaching, *Gestalt Review*, 16(3): 292-308.

Spoth, J., Toman, S., Leichtman, R. and Allan, J. (2013) Gestalt coaching, in J. Passmore, D. Peterson and T. Freire (eds) *The Psychology of Coaching and Mentoring*. Chichester: Wiley-Blackwell.

Stevenson, H. (2005) Gestalt coaching, *OD Practitioner*, 37(4).

Waldrop, M. (1992) *Complexity: The Emerging Science at the Edge of Order and Chaos*. New York: Simon & Schuster.

Wheeler, G. and Backman, S. (1994) *On Intimate Ground*. San Francisco: Jossey-Bass.

Yontef, G. (2002) The relational attitude in Gestalt therapy, *International Gestalt Journal*, 25(1): 15-35.

Zeigarnick, B. (1927) On finished and unfinished tasks, *Psychologische*, 9.

Zinker, J. (1994) *In Search of Good Form*. San Francisco: Jossey-Bass.

색인

T그룹 방법론T-group methodology　25

ㄱ

가정assumptions　29, 232, 233
감각 단계sensation stage　127-8
감정 해소emotional release　73
강점 기반strengths-based　135
개념적 모델conceptual models　70
개방성openness　171
개인 간 관계interpersonal relationships　224
개인 계발personal development　68, 104-7
개인코칭 어젠다personal coaching agendas　69
개인적 성장personal growth　122
개인적 성취personal fulfilment　156
개인치료individual therapy　25
개입intervention　88, 98, 124, 220, 224-5
걱정을 유발하는 대화anxiety-provoking conversation　40
게슈탈트 경험 주기Gestalt Cycle of Experience　45, 47, 127
게슈탈트 기반의 자문Gestalt approach to consultancy　243
게슈탈트 심리치료Gestalt therapy　25
게슈탈트 심리학Gestalt psychology　25
게슈탈트 접근Gestalt approach　31
경영진 코칭leadership team coaching　165
경청listening　213
경험 주기Cycle of Experience　41-8, 94
경험하는 자아experiencing self　232
계약contracting　112-3, 120
공감empathy　112, 208
공동체 개발community development　25
공동체에 기반을 둔 게슈탈트community-based Gestalt　240
공통목적common intent　232
공통점common ground　189
과제 중심task-focused　187-8
과제/프로세스 도전task/process challenge　174
관계 역학relationship dynamic　166
관계적 입장relational stance　31, 48-9
관계적 특성relational characteristics　49
관점perspective　133
규범norms　159-61, 205
그림자처럼 관찰shadowing　69
기밀성confidentiality　167, 217
기업의 구조조정corporate restructuring　225
긴장 시스템tension systems　40

ㄴ

내부적인 긴장internal tensions　205

ㄷ

대면 회의face-to-face meetings　198
두 의자 기법two-chair method　72
둔감화desensitization　132
드라마 치료법을 이용한 접근법drama therapy-influenced approach　229

ㄹ

라이프라인 연습lifeline exercise　115

ㅁ

마음의 평정equilibrium　36

모호성ambiguity 66
목표를 정하지 않은 알아차림undirected awareness 65-71
미해결 감정유발unresolved feelings arising 38
미해결 과제unfinished business 33, 38
민감성sensitivity 208

ㅂ

반구조화된 대화semi-structured conversation 118
반복적 행동repetitive behaviour 77
발전적 피드백developmental feedback 135
방금 수행한 것에 대한 보고debriefing 97-8
방 안의 코끼리elephant in the room 225
배경ground 39
버려주기holding space 213-8
벨빈의 팀역할Belbin's team roles 68, 165
변화change 121, 142
    내면중심의 변화internally-focused 59
    다양한 관점의 접근multi-perspective approach to 31, 57-64
    역설paradox of 137
    저항resistance to 31, 57-64
변화 면역Immunity to Change 120, 121
변화 면역 매핑 과정immunity to change' mapping process 121
변화의 역설paradox of change 137
변화의 역설적 이론Paradoxical Theory of Change 32-4
복잡성complexity 54
부정denial 132-3
불안anxiety 173, 214
비지시적 알아차림undirected awareness 65-70

ㅅ

사업 시뮬레이션 훈련business simulation exercises 165
사이코드라마psychodrama 72

사전 접촉pre-contact 45
사회적 자본social capital 183
삼각계약triangular contract 113
상호작용interaction 49, 183
    본성nature 59
상호작용 집단과정interactive group processes 217
성장growth 25, 100
성찰적 실행reflective practice 238
세션 관리session management 203
수평적 발달horizontal development 105
수행perfomance 105
시스템에 대한 행동acting on the system 45
심리 발달psychological development 235
심리 평가psychometric assessment 114
심리적 마음자세psychological-mindedness 218-9
심리치료psychotherapy 235, 236
심리측정 검사psychometric testing 68
심리학적 프로파일링psychological profiling 165

ㅇ

'아하' 순간aha' moments 188, 245
안전지대comfort zone 141
알아차림awareness 32
    차단과 저항blockages and resistances to 132-3
    향상된 알아차림heightened 32, 56, 133, 192
알아차림 구축awareness-building 56
알아차림 능력 향상awareness-raising 43, 65-84, 108, 134, 191, 219, 222-3
알아차림 증가raising awareness 134-5
양가감정ambivalence 225
양극성polarities 60
양극화polarization 90
'어항 속 금붕어' 과정'goldfish bowl' process 76, 207
업무량 증가escalating workloads 102
에너지 동원energy mobilization 141-4, 143

역기능의 교정dysfunction correction   172
연결connection   112, 166, 198, 201, 206
열망aspirations   155-8
완결성closure   45-7, 74, 96-8, 191-2
욕구 기반 이론needs-based theory   31
융통성flexibility   120
의도성intentionality   211-3, 227
의식 향상consciousness-raising   108
임원수련회executive retreat   125
임원코칭executive coaching   27

ㅈ

자기 개방self disclosure   168
자기 관리self-management   65
자기 수용self-acceptance   133
자기 실현self-actualization   25
자기 인식self-awareness   207
자기 조직화self-organization   33, 87, 88
자기 책임성self-responsibility   48
자기 프로세스self-process   56
자기 확신self-confidence   146
자기 효능감self-efficacy   48
자기 알아차림self-awareness   234
자기 지지self-support   123
자기계발self-development   99
자기계발서self-help books   106
자기성찰self-reflection   208
자급자족self-sufficiency   227
자율성autonomy   48
장의 역사field history   54
장 이론field theory   24
저항resistance   165, 213, 219
적응adaptation   31
전경figure   37-8
전경과 배경의 과정figure-ground process   25, 37-8
전략적 상호작용strategic interactions   194
전략적 플래닝 워크숍strategic planning away-days   165

전략적 행동strategic behaviour   89
전문가practitioners   28-9
접촉contact   45, 198, 202, 206
정서 역량emotional competence   193
정서적 풍토emotional climate   130, 223
정서지능emotional intelligence(EI)   26, 65
정신분석psychoanalysis   24
조절adjustment   32
조직개발organizational development(OD)   25-8, 177, 225, 235
조직 자문organizational consulting   26-7, 240
주체-객체 이론subject-object' theory   232
지각perceiving   229
지금-여기here and now   73
지도된 알아차림directed awareness   179-81
진단을 위한 만남diagnostic meetings   38
진정성authenticity   24, 209
진정한 대화authentic dialogue   49
집단/그룹 상호작용group interaction   92, 169, 182, 189
집단/그룹 응집력group cohesion   165, 169
집단/그룹 역학group dynamics   28, 223
집단 지성collective intelligence   162

ㅊ

창의적 실험creative experimentation   65-84
창조적 적응creative adjustment   25, 35-6, 40
책임감accountability   205
첫 세션opening session   114-5
체크인 그룹활동check-in exercise   37
체크인 및 체크아웃check-ins/check-outs   201
초점을 맞춘 질문focused questions   70
취약성vulnerability   196, 210

ㅋ

커플 및 가족치료couples and family therapy   25
케이프 코드 모델Cape Cod Model(CCM)   85-100, 184

개입전문가의 입장stance of intervener　86-7
　　배경background　85
코치coaches
　　통합적인 코치integrated　212
코칭coaching　24-8
　　게슈탈트 코칭 과정Gestalt coaching process　111-26
　　게슈탈트 코칭의 본래의 영역natural territory of Gestalt　101-10
　　고위리더십팀 코칭senior leadership teams　153-77
　　알아차림 단계awareness stage　133
　　에너지 동원energy mobilization　141
　　접촉단계contact stage　147
　　프로세스의 성찰review of process　123-4
　　행동단계action stage　144-6

팀 코치team coach　175
팀 코칭team coaching　165
팀 분위기team climate　162

ㅍ

표현articulation　226-7
프로세스 알아차림process awareness　208
프로세스 자문process consultancy　71
프로세스 전문가process experts　169
프로세스 중심process orientation　31, 54-7
피드백feedback　26, 38, 92-6, 114-9, 123-4, 192, 207
　　다면평가360-degree　68

ㅎ

학습의 동화assimilation of learning　219
한 방향 정렬alignment　180
핵심 가정core assumptions　121, 139-40
행동 패턴behavioural patterns　69
행동 단계action stage　144
행동의 변화behavioural change　56
헤쳐나오기getting through　104-7, 137
현상학적 방법phenomenological method　66
현전presence　209-13
환기reawakenings　131-2
희로애락 훈련Sad, Mad and Glad exercise　200

ㅌ

통찰insight　68
팀 개발team development　68, 174
팀 경험학습team experiential learning　197-208
팀 문화team culture　159-61
팀 빌딩team building　174
팀 선언문team chartering　205-6
팀 역기능team dysfunction　172-3
팀 역동team dynamics　165, 208
팀 진단team diagnostics　198-200

저자 소개

피터 브루커트 Peter Bluckert

Peter Bluckert Consulting Ltd, Courage and Spark Ltd. 회사 설립자 겸 이사이다. 국제 리더십, 팀 및 조직 개발 컨설팅 기관으로 주로 5개 영역, 1.경영진 코칭 및 리더십 컨설팅, 2. 시니어팀 개발, 3. 리더십전문 개발 프로그램, 4. 전략적 OD (코칭 문화 개발 지원), 5. 리더십 리뉴얼 및 회복탄력성 등에 중점을 두고 있다. 수직적 성장과 개발 분야의 선구자인 Courage and Spark Ltd.를 창업한 피터 브루커트는 4개의 성공적인 국제기구 개발 컨설팅 회사를 설립하고 이끌었다. 그는 거의 40년간에 걸친 컨설팅 경력 동안, 광범위한 민간 및 공공 부문 조직의 임원 및 팀과 함께 일하며, 사고 주도자, 실무 주도자, 혁신적 학습 경험 설계자로서 명성을 쌓았다. 2000년 유럽 멘토링코칭협의회(EMCC)를 공동 창립하고 APECS의 창립 멤버가 되었다. 현재까지 경영진 코칭 분야에 전념하고 있다. 이론가보다는 실천가로 가장 잘 묘사된 그는 좋은 이론이 좋은 실천을 강화한다고 믿으며, 다수의 코칭 관련 서적을 출간하고 코칭 관련 저널에 꾸준히 기고하고 있다.

역자 소개

임기용 박사(Ph.D)

뇌-심리 기반의 조직개발 전문 기업인 뉴코컨설팅의 대표이며, 한국코치협회 전문코치(KSC), 게슈탈트 상담심리사, 중소기업 HR자문코치로 활동하고 있다.

2007년 MBA과정에 다니면서 알게 된 코칭 철학과 인간관에 매혹되어 바로 코칭 세계로 뛰어 들었다. 한국코치협회KCA의 전문코치 자격증을 취득하고, 현장 지점장으로 근무하면서 코칭을 지점 경영에 적용하였다. 코칭으로 즐겁게 소통하고 학습으로 역량을 향상하다 보니 전국 최고의 지점이 되었다. 이를 계기로 인재개발원 전략교육 팀장을 맡아 현장 교육의 기획자 겸 전문강사로서 '지사장 사관학교' 과정을 기획, 운영하고 지점장을 대상으로 직접 코칭 리더십 강의를 하였다. 코칭을 전사로 확산하기 위해 '찾아가는 연수원' 프로그램을 만들어 전국 지점의 영업 및 소통 교육과 지점장 코칭을 통해 현장에 코칭을 전파하였다.

전문코치로서의 길을 가기 위해 대학원에 입학하여 뇌인지과학을 전공하였으며, 상담심리, 미술치료, 명상 등 인간의 이해와 행동 변화의 근본적인 원리를 찾기 위해 다양한 분야의 공부를 하고 있다. 인간의 무의식을 활용하는 코칭에도 관심이 많아서 타로카드의 상징 이미지나 꿈을 활용한 코칭을 연구하고 있다. 이러한 학습과 연구를 통합하여 개인의 성장과 조직의 변화를 위해 더 빠르고 효과적이며 근원적이고 통합적인 방법으로 접근하고 있다.

국내 다수의 대학과 대학원에서 코칭 심리학, 그룹코칭, 조직개발 코칭, 뇌 기반 학습코칭, 생활 속의 뇌 과학 등을 강의하고 있으며, 기업에서는 리더십, 소통, 협상, 스트레스 해소, 뇌 자원 개발, 조직 활성화 분야의 강의를 하고 있다. 코칭 활동은 기업의 임원코칭, 조직개발 코칭 등 비즈니스 코칭뿐 아니라 커리어 코칭, 라이프 코칭, 학습 코칭 등 다양한 분야의 고객을 대상으로 코칭하고 있다

코칭 분야 외에 NLP 트레이너, 최면 트레이너, 소셜 명상 지도자 자격을 소지하고 있으며, 저서로 『초보작가의 글감옥 탈출기』와 번역서로 『코칭의 역사』가 있다.

임기용 뉴코컨설팅 대표

블로그: http://blog.naver.com/imbraincoach

메일: imbraincoach@gmail.com

이종광

한국기업상담연구소㈜ 대표이며, 코치 및 상담심리사이다. 다수의 조직에서 직장인의 정서관리, 리더십 개발을 위한 프로젝트를 수행하였으며 현재

는 대기업 상담실에서 수년간 상담심리사와 코치로서 활동 중이다. 게슈탈트를 기반으로 기업체 임직원의 스트레스 관리와 리더십 프로그램을 개발하여 보급하고 있다.

국내 대기업에서 '고성과팀 만들기' 프로그램을 개발하여 조직개발OD을 수년간 운영하였고, 리더십 역량개발 및 평가 실무자로서 Assessment Center를 구축하여 수년간 운영했다. 그 경험을 바탕으로 이후, 리더십 개발과 코치로서 Professional Assessor, Development Center 전문 facilitator로서 서울시, 외교부, 고용노동부, 중앙공무원교육원 등 중앙부처와 금융기관, 공공기관, 대학 등에서 리더십 역량 개발 강의와 평가자로서 활동하였다.

가톨릭대학교 상담심리대학원에서 상담심리를 전공하였고, 게슈탈트치료 전문가인 김정규 교수에게서 게슈탈트심리치료 전문가 과정(240시간)을 수련하였으며, 대기업 상담실에서 수년 동안 게슈탈트심리치료에 기반을 둔 코칭과 심리상담을 2,500회 이상 진행하고 있다. 한국상담심리학회 인증 상담심리사이자 한국코치협회 인증 코치로 활동 중이다.

연구논문으로는 「조직변화를 위한 팀 활동 효과에 대한 연구」(한국기업교육학회 기업교육연구 제9권 제1호)가 있으며, 개발한 교육 프로그램으로는 조직개발프로그램인 '고성과팀 만들기'가 있다. 한국HRD협회에서 '교육프로그램 분야 HRD대상'을 수상한 바 있다. 또 현장과 조직 상황을 반영한 현장 사례 중심 '실천적 리더십' 프로그램과 조직 내 중간관리자들의 정서관리지원 리더십 프로그램 '내마음 여행'을 개발하여 성공적으로 운영 중이다.

한국기업상담연구소: www.kwci.kr

연락처: jklee14@hanmail.net

고나영 박사(Ph.D)

고나영 심리상담연구소의 대표이며 임상심리학자Clinical Psychologist, 게슈탈트치료사Gestalt therapist이다. 심리치료 및 심리상담 현장에서 임상심리학과 상담심리학의 균형을 추구하며, '나, 타인, 세상과의 관계 회복'에 초점을 맞춘 심리치료와 상담을 하고 있다. 다수의 대학과 대학원에서 게슈탈트치료를 강의하고, 개인상담, 기업상담, 집단상담, 심리교육 프로그램 등을 운영하며 현장에서 사람들과 소통하려 노력하고 있다.

한국게슈탈트상담심리학회KGCP가 인증하는 게슈탈트상담심리사(2016)이며, 유럽 게슈탈트치료 전문 기관인 뷔르츠부르크 통합게슈탈트치료연구소IGW에서 게슈탈트치료 수련(772시간)을 받았고, IGW의 한국 담당 게슈탈트치료사이다. 독일 프라이부르크 가족치료연구소FFAK에서 아동청소년 중심 가족치료(152시간), 뉘른베르크 중독장애 전문치료연구소ISW에서 중독장애 심리치료 훈련(66시간)을 받았다. 그 밖에도 임상심리전문가 레지던트 과정(1,113시간), 정신역동적 부부치료 과정, 게슈탈트 지도자 과정(240시간) 등을 국내 기관에서 수료하였다.

국립 강원대학교 심리학과, 성신여자대학교 심리학과 대학원을 졸업하고, 독일 프라이부르크 대학교Albert-Ludwigs-University Freiburg, Germany 심리학과 임상심리학 및 심리치료 부서Dept. of Clinical Psychology and Psychotherapy에서 박사 학위를 취득하였다. 독일 프라이부르크 대학병원Medical Center Freiburg, Germany에서 근무하며 의과대학 및 심리학과 학생들에게 심리치료를 강의하고, 독일학술교류처DAAD, 독일연방교육연구부BMBF, 세계보건기구WHO 등에서 용역 지원을 받아 국제 정신건강International Mental Health 프로젝트를 다년간 이끌었다. 국제 정신건강 프로젝트에서는 세계 저명한 심리치료사 및 정신건강의학과 의사들과 함께 중국, 베트남, 라오스 등지에서 의사, 교수, 심리치료사, 간호사 등을 대상으로 심리치료 커리큘럼을 개발, 훈련, 지도하였고, 다양한 정신건강 국제 컨퍼런스를 조직 및 주최하였다.

연구물로는 「The role of body shame, social appearance anxiety and body checking behavior on body dissatisfaction and disordered eating behaviors: A cross-cultural study in Germany and Korea」, 「Master's Degree Program in Psychosomatic Medicine and Psychotherapy in China, Results of a Psychosomatic Training Program in China」, 「Disordered eating behaviors in university students in Hanoi, Vietnam」 등의 논문을 단독 또는 공동 발표하였고, 〈소년원생의 안정적 사회정착을 위한 실태조사 및 정책지원 방안 연구(I)〉를 한국형사정책연구원에 공동 발표하였다. 그 밖에 다수의 국제 정신건강 컨퍼런스에서 포스터 및 구두 발표 경력이 있다.

고나영 심리상담연구소: www.nayeongko.com

발간사

호모코치쿠스 17. 게슈탈트 코칭

그동안 우리는 신경과학, 마음챙김, 내러티브, 정신분석 이론에 근거한 코칭을 소개해왔다. 이어서 게슈탈트 코칭을 소개한다. 특정 중심 이론에 근거한 코칭은 코칭 임상을 정교하게 안내하며, 고객을 위한 코칭 기획에 지도를 제공한다. 사실 특정한 중심 이론으로 전문적인 코칭 임상을 진행하는 활동은 우리에게는 아직 낯설다. 전문코치로서 교육훈련을 받고 나서 다시 특정한 심리학 이론과 기법을 숙달하는 일은 조금 버거운 일이다. 그렇지만 전문코치는 자신의 전문성을 지속적으로 관리해야 함은 물론 영역을 확대해가야 할 때, 새롭게 검토할 수 있는 방향 가운데 하나가 중심 이론을 선택하고 집중해서 연마하는 길이다. 코칭 중심 이론에 근거한 임상 훈련 방향은 전문성과 함께 코칭의 깊이를 개척할 수 있다고 생각되기 때문이다.

오늘날 많은 이론이 코칭 임상을 통해 새롭게 소개되고 있다. 그 종류가 두 손으로 열거하기 힘들 만큼 많아졌고, 앞으로도 계속 늘어날 것으로 보인다. 우리는 기존의 여타 인문 분야에서 형성된 이론과 기법이 코칭 임상을 통해 새롭게 제시되는 코칭 이론 확대와 발전에 주목한다. 또 그것이 전문코치의 임상 경험을 통해 연구된 것이라면 적극적으로 소개하고자 한다. 코칭 이론 지평의 확대는 곧 코칭 임상 영역을 넓힐 뿐 아니라 코치의 상상력을 극대화할 수 있기 때문이다.

코칭에 입문하고 나서 철학, 경영학, 교육학 등 자신의 과거 전공을 새로운 차원에서 이어갈 필요를 느끼는 코치들이 많다. 이런 관심과 노력이 코칭 철학과 이론, 기법을 정립하는 길로 이어지길 소망한다. 중심 이론을 반드시 심리학 영역에서 형성할 필요는 없다. 자신이 딛고 있는 학문 분야에서도 충분히 가능하다는 생각이다. 인간의 잠재력과 가능성이 어떠한 제약 없이 드러나는 삶과 이를 위한 길을 제시할 수 있다면 모두 가능하다. 이런 점에서 코칭을 뒷받침할 수 있는 사상가나 이론은 흘러 넘친다. 임상 경험을 통해 능동적인 결합을 모색해보길 권한다.

또 코칭을 통해 오히려 자신의 전공과 학습 방향을 과거와 달리 새롭게 확정하는 코치들도 있다. 이런 분들에게 추천하고 싶은 분야 가운데 하나가 게슈탈트 코칭이다. 실제 접해보면 코칭에 많은 영향을 주었다는 것을 금세 알 수 있을 것이다. 게슈탈트 심리학에서 제시된 프레즌스, 알아차림, 맥락/상황에 대한 이해, 장 이론 등은 앞으로도 코칭 발전에 지속적인 영향을 줄 것으로 보인다.

평소 수퍼비전에서 코치를 만날 때 중심 이론에 대한 선택에 조언해달라는 요청을 받는다. 이때 기본적인 안내로는 현재 구현되고, 시장에서 기능하고 있는 코칭 중심 이론에서 선택하기를 제안해왔다. 이런 경우에도 게슈탈트 코칭은 빠지지 않는다. 선택한 중심 이론을 충분히 소화하고 난 다음에 새롭게 소개되고 시험되는 중심 이론이 있다면 그때는 가장 최신의 중심

이론을 또 하나 선택하라고 제안한다. 코칭의 이론적, 임상적 발전을 위해 이런 시간을 감안한 경로와 판단이 필요하다고 보기 때문이다.

  신생 학문으로서의 코칭은 아직도 복합 학문의 위치에 걸터앉아 있다. 이런 하이브리드 단계를 충분히 향유하며 다양한 코칭 이론을 선택하고 임상 경험을 축적해가는 여정의 어느 단계에 이르길 꿈꾼다. 코칭이 스스로 자기 철학과 실천윤리, 기법적 진전을 구축해 내는 대평원에 이를 수 있을 것이다.

2020년 7월 1일
김상복

호모코치쿠스

코칭 튠업 21
: ICF 11가지 핵심 역량과 MCC 역량

김상복 지음

뇌를 춤추게 하라
: 두뇌 기반 코칭 이론과 실제
Neuroscience for Coaching

에이미 브랜 지음
최병현, 이혜진 옮김

마음챙김 코칭
: 지금-여기-순간-존재-하기
Mindful Coaching

리즈 홀 지음
최병현, 이혜진, 김성익, 박진수 옮김

코칭 윤리와 법
: 코칭입문자를 위한 안내
Law & Ethics in Coaching

패트릭 윌리암스, 샤론 앤더슨 지음
김상복, 우진희 옮김

조직을 변화시키는 코칭 문화
How to create a coaching culture

질리안 존스, 로 고렐 지음
최병현, 이혜진 등 옮김

내러티브 상호협력 코칭
: 3세대 코칭 방법론
A Guide to Third Generation Coaching : Narrative-Collaborative Theory and Practice

라인하르드 스텔터 지음
최병현, 이혜진 옮김

임원코칭의 블랙박스
Tricky Coaching

맨프레드 F.R. 케츠 드 브리스 등 편집
한숙기 옮김

마스터 코치의 10가지 중심이론
Mastery in Coaching

조나단 패스모어 편집
김선숙, 김윤하 등 옮김

코칭·컨설팅
수퍼비전의 관계적 접근
Supervision in Action

에릭 드 한 지음
김상복, 조선경, 최병현 옮김

정신역동과 임원코칭
: 현대 정신분석 코칭의 기초1
Executive Coaching :
A Psychodynamic Approach

캐서린 샌들러 지음
김상복 옮김

수퍼비전
: 조력 전문가를 위한 일곱 눈 모델
Supervision in the Helping Professions

피터 호킨스, 로빈 쇼헤트 지음
이신애, 김상복 옮김

코칭 프레즌스
: 코칭개입에서 의식과 자각의 형성
Coaching Presence : Building Consciousness and Awareness in Coaching Interventions

마리아 일리프 우드 지음
김혜연 옮김

멘탈력
정신적 강인함에 대한 최초의 이론적 접근
Developing Mental Toughness
: Coaching strategies to improve performance, resilience and wellbeing

더그 스트리챠크직, 피터 클러프 지음
안병옥, 이민경 옮김

코치 앤 카우치
Coach and Couch

멘프레드 F.R. 케츠 드 브리스 등 지음
조선경, 이희상, 김상복 옮김

리더의 정치학
: 조직개혁과 시대전환을 위한 창발 리더십 모델
Leading Change: How Successful Leaders Approach Change Management

폴 로렌스 지음
최병현 등 옮김

고용 가능성
고용+가능성 업그레이드 전략
Developing Employability and Enterprise: Coaching Strategies for Success in the Workplace

더그 스트리챠크직, 샬롯 보즈워스 지음
조현수, 최현수 옮김

(출간 예정)

강점 기반 리더십 코칭
: 조직 내 긍정적 리더십 개발을 위한 가이드
Strength_based leadership Coaching in Organization An Evidence based guide to positive leadership development

덕 매키 지음
김소정 옮김

마인드풀 리더십 코칭
Mindful Leadership Coaching :
Journeys into the interior

맨프레드 F.R. 케츠 드 브리스 지음
김상복, 최병현, 이혜진 옮김

내러티브 코칭
이론과 실천
Narrative Coaching : The Definitive Guide to Bringing New Stories to Lif

데이비드 드레이크 지음
김상복, 김혜연, 서정미 옮김

공감적 경청
: 깊이와 폭 넓히기
共感的傾聴術:精神分析的に"聴く"力を高める

고미야 노보루 지음
이주윤 옮김

임원코칭
: 시스템 – 정신역동 관점
– 현대 정신분석 코칭의 기초3
Executive coaching: System-psychodynamic perfective

하리나 버닝 편집
김상복 옮김

코칭과 정신건강 가이드
: 코칭에서 심리적 과제 다루기
A Guide to Coaching and Mental Health : The Recognition and Management of Psychological Issues

앤드류 버클리, 케롤 버클리 지음
김상복 옮김

정신역동 코칭의 이해와 활용
: 현대 정신분석 코칭의 기초2
Psychodynamic Coaching : focus & depth

울라 샤롯데 벡 지음
김상복 옮김

코칭수퍼비전의 이론과 모색
Coaching and Mentoring Supervision : – Theory and Practice

타티아나 바키로버, 피터 잭슨, 데이빗 클러터벅 지음
김상복, 최병현 옮김

인지행동 기반 라이프코칭
Life Coaching : A Cognitive behavioural approach

마이클 니난, 윈디 드라이덴 지음
정익구 옮김

웰다잉 코칭
생의 마지막과 상실을 겪는 사람들을 위한 코칭 가이드
Coaching at End of Life

돈 아이젠하워, J. 발 헤이스팅 지음
정익구 옮김

Being Supervised
A Guide for Supervision

Marilyn B. Cole, Karen C. Macdonald 지음

ADHD Coaching
– 정신건강 전문가를 위한 가이드

Prances Prevatt, Abigail Levrini 지음

 호모스피릿쿠스

나르시시스트와 직장생활하기
Narcissism at Work: Personality Disorders of Corporate Leaders

마리 린느 제르맹 지음
문은영 · 가요한 옮김

(코쿱북스)
코칭의 역사
Sourcebook Coaching History

비키 브록 지음
김경화, 김상복 외 15명 옮김

리더십을 위한 코칭
Coaching for Leadership

마샬 골드 스미스, 로렌스 라이언스 등 지음
고태현 옮김

101가지 코칭의 전략과 기술
: 젊은 코치의 필수 핸드북
101 Coaching Strategies and Technique

글래디나 맥마흔, 앤 아처 지음
김민영, 한성지 옮김

코칭 A to Z 출판목록

- 001 누구나 할 수 있는 코칭 대화 모델 　　　　　　김상복
  - GROW_candy 모델 이해와 활용
- 002 세상의 모든 질문 　　　　　　김현주
  : 아하에서 이크까지, 질문적 사고와 질문 공장
- 003 첫 고객·첫 세션 어떻게 할 것인가 　　　　　　김상복
  (1) 윤리적 가이드라인과 전문가 기준에 의한 고객 만남
  (2) 코칭계약과 코칭 동의 수립하기
- 004 코칭방법론 　　　　　　이석재
  - 조직 운영과 성과 리더십 향상을 돕는 효과성 코칭의 틀
- 005 해석학적 코칭: 내면 세계로의 여정 　　　　　　최병현
- 006 전문 사내코치 활동 방법과 실천 　　　　　　김상복
- 007 영화로 배우는 웰다잉: Coaching In Cinema Ⅰ 　　정익구
- 008 영화로 배우는 리더십: Coaching In Cinema Ⅱ 　　박종석
- 009 크리스찬 리더십 코칭 　　　　　　최병현
- 010 병원 조직문화와 코칭 　　　　　　박종석
- 011 코칭에서 은유와 은유 질문
- 012 고객체험·고객 분석과 코칭 기획: ICF 11가지 역량 해설10
  (10) 코칭 기획과 목표 설정
- 013 코칭에서 공간과 침묵: ICF 11가지 역량 해설4
  (4) 코칭 프레즌스
- 014 아들러 심리학과 코칭의 활용
- 015 코칭에서 고객의 주저와 저항 다루기
- 016 '갈굼과 태움' 어떻게 코칭할 것인가?
- 017 영화로 배우는 부모 리더십: Coaching In Cinema Ⅲ
- 018 정신분석적 코칭의 이해
- 019 행동 설계와 상호책임: ICF 11가지 역량 해설9. 11
  (9) 행동 설계 (11) 진행 관리와 상호 책임
- 020 감정 다루기와 감정 코칭 Ⅰ
- 021 12가지 코칭 개입 유형의 이해와 활용: Coaching In Cinema Ⅳ
- 022 질문 이외의 모든 것·직접적 대화: ICF 11가지 역량 해설7
  (7) 직접적 대화
- 023 MCC 역량과 코칭 질문: ICF 11가지 역량 해설6
  (6) 강력한 질문
- 024 임원 & CEO 코칭의 현실과 코치의 준비
- 025 미루기 코칭의 이해와 활용
- 026 내러티브 기반 부모 리더십 코칭
- 027 젠더 감수성과 코칭관계

■ 집필과정에서 필자의 의사와 출판 상황에 따라 제목이 바뀔 수 있습니다.
■ 필자명이 없는 주제는 집필 상담 가능합니다. 공동 필자 참여 가능합니다.
■ 출판 ■ 근간

호모코치쿠스 17

게슈탈트 코칭: 바로 지금 여기
Gestalt Coaching: Right here, right now

초판 1쇄 발행 2020년 7월 20일

펴낸이	김상복
지은이	피터 브루커트
옮긴이	임기용, 이종광, 고나영
편 집	정익구
디자인	이상진
제작처	비전팩토리
펴낸곳	한국코칭수퍼비전아카데미
출판등록	2017년 3월 28일 제2018-000274호
주 소	서울시 마포구 포은로 8길 8. 1005호

문의전화 (영업/도서 주문) 카운트북
　　　　전화 | 070-7670-9080   팩스 | 070-4105-9080
　　　　메일 | countbook@naver.com
　　　　편집 | 010-3753-0135
　　　　편집문의 | hellojisan@gmail.com 010-3753-0135
www.coachingbook.co.kr
www.facebook.com/coachingbookshop

ISBN 979-11-89736-17-0
책값은 뒤표지에 있습니다.